비극의 탄생 05

시민을 위한 예술을 말하다

아이스킬로스 비극의 부활

비극의 탄생 05 아이스킬로스 비극의 부활
시민을 위한 예술을 말하다

펴낸날 | 2023년 10월 25일

원저 | 프리드리히 니체
번역과 주해 | 이남석

편집 | 정미영, 이승희
디자인 | 랄랄라디자인, 김대진
마케팅 | 홍석근

펴낸곳 | 도서출판 평사리 Common Life Books
출판신고 | 제313-2004-172 (2004년 7월 1일)
주소 | 경기도 고양시 덕양구 중앙로558번길 16-16, 7층
전화 | 02-706-1970 팩스 | 02-706-1971
전자우편 | commonlifebooks@gmail.com

ISBN 979-11-6023-341-4 (94160)
ISBN 979-11-6023-336-0 (세트)

FRIEDRICH

NIETZSCHE DIE GEBURT

DER TRAGÖ

DIE

비극의 탄생 05 아이스킬로스 비극의 부활

시민을 위한 예술을 말하다

프리드리히 니체 원저 | 이남석 번역·주해

평사리
Common Life Books

5권은 지금까지 주장한 내용을 다양한 관점에서 요약하는 동시에 바그너의 음악을 통해 증명한다.

5권은 관조적 입장(21장), 경험적(체험적) 입장(22장), 관찰자 입장(23장), 동경적 입장(24장)을 중심으로 지금까지의 주장을 요약하고, 각각의 요약을 바그너의 악극을 중심으로 증명한다. 따라서 5권은 요약과 증명이라는 상당히 독특한 글쓰기가 행해진다. 5권을 읽을 때는 관점에 따라 요약이 어떻게 달라지는지, 그 요약을 어떻게 증명하는지를 중심으로 살펴보면 좋다.

니체가 했던 말을 5권에서 계속 반복한다고 말하지 말자. 현상적으로 보면 그렇게 느낄 수는 있다. 저자의 의도를 존중하자. 니체는 5권에서 자신의 지금까지의 주장을 전혀 다른 방법인 바그너의 음악극을 중심으로 상당히 정교하게 논증한다. 그 논증의 상세함을 즐기는 게 지금까지 책을 충실하게 읽어 온 독자의 숙제이다.

21장은 관조적 입장에서의 요약이자 증명이다. 니체는 여기에서 「자기비판의 시도」와 「바그너에게 바치는 서문」에서 던졌던 역사적 문제의식을 다시 던진다. 그는 한 국가(고대 아테네와 니체 당대의 독일)가 가장 강력했을 때, 왜 비극이 발생하고 시민들이 이를 즐겨보는가라는 문제를 다시 제기한다. 그는 비극이 가장 꾸밈없는 정치적 감정, 가장 자연스러운 고향 본능, 근원적인 인간적 호전성을 북돋기 때문이라고 답한다. 비극에는 전체 시민의 삶을 분기시키는 순수하며 해방적인 힘이 있기 때문이라고 그는 주장한다. 강력한 국가에서 비극이 발생하고, 강력한 국가의 시민들이 비극을 좋아하는 이유는 여기에 있다고 그는 말한다.

니체는 또한 신화와 음악이 어우러진 비극은 궁극적으로 형이상학적 진리에 도달하게 만든다고 말한다. 니체는 이를 바그너의 〈트리스탄과 이졸데〉로 증명한다. 니체는 이 극을 듣고 보면서 사물 이전에의 보편에 어떤 단계를 거쳐 도달하는가를 상세하게 논증한다.

니체는 여기서 다시 아폴론적인 것과 디오니소스적인 것의 결합을 설명한다. 아폴론적인 예술의 치료적 기능이 자기절멸로부터 인간을 구원하고, 디오니소스적인 예술인 음악이 내면과 내부를 바라보고 진정한 실재에 이르게 만든다고 니체는 설명한다. 니체는 아폴론과 디오니소스가 형제 결속을 하여, 궁극적으로 '디오니소스는 아폴론의 언어로 말하지만, 아폴론은 마지막에 가서 디오니소스의 언어로 말을 한다.'라고 결론짓는다.

22장은 경험적(체험적) 입장에서의 요약이자 증명이다. 22장은 극을 보는 관중이 어떤 경험을 하느냐에 따라 비평가적 청중이나 미학적 청중이 된다고 말한다. 바그너의 〈트리스탄과 이졸데〉가 양자를 구분하는 기준이 된다. 니체는 한발 더 나가 바그너의 〈로엔그린〉이 비평가적 청중의 검증장치라고 말한다.

니체는 〈트리스탄과 이졸데〉에 나오는 백조의 노래를 형이상학적 노래라고 규정하고, 디오니소스적 예술이 아폴론적 효과를 넘어 형이상학의 세계로 안내한다고 말한다. 또한 니체는 비극 속에서 아폴론적 예술이 주는 개체와 디오니소스적 예술이 주는 기쁨의 통일을 만끽할 수 있다고 말한다. 〈트리스탄과 이졸데〉를 듣고 보면서 이렇게 경험을 하는 자는 미학적 청중이다. 이런 체험을 하지 못한 자는 우리가 주위에서 흔히 보는 비평가적 청중이 된다.

니체는 비평가적 청중을 더 구체화시킨다. 교양과 교양인에 의해 교육을 받은 학생, 어린아이, 여성과 전문적인 비평가적 청중은 개체와 기쁨의 통일을 느끼지 못한다. 그들은 비극 속에서 도덕, 인류, 애국 같은 걸 찾아내고, 이것이야말로 극을 관람하는 진정한 방법이라고 떠벌인다.

니체는 바그너의 〈로엔그린〉으로 비평가적 청중을 걸러 낼 수 있다고 보았다. 첫머리부터 독일의 민족 정서를 강력히 자극하는 〈로엔그린〉을 듣고 보면서 독일인의 애국적 열정, 독일 민족의 자긍심, 도덕적 순수함의 찌꺼기에 함몰된다면, 그는 비평가적 청중이다.

진정한 미학적 청중은 〈로엔그린〉을 보면서 다르게 반응한다. 미학적 청중은 〈로엔그린〉의 애국적인 말과 언어에 자신의 감정을 이입하는 비평가적 청중과 다르다. 미학적 청중은 새로운 음악 양식이 전해 주는 말로 표현할 수 없는 감동, 디오니소스적인 예술인 음악 자체가 주는 감동에 흠뻑 빠진다.

23장은 관찰자의 입장에서의 요약이다. 니체는 신화가 죽은 사회와 국가를 끌어들인다. 그는 소크라테스적이며 알렉산드리아적 문화를 신화가 죽은 사회이자 국가로 바라본다.

　니체는 22장에서 구분했던 미학적 관객과 비평가적 관객을 다시 끌어들인다. 그는 비극을 재창조하기 위해서 무엇이 필요한가를 다시 주장한다. 비극의 재창조에 가장 필요한 것은 신화라고 니체는 단정한다. 니체는 신화를 보면서 어떻게 반응하냐에 따라 미학적 관객과 비평가적 관객으로 구분할 수 있다고 말한다. 무대 위의 신화를 축약된 세계, 현상의 단축으로서 신화로 보는 자는 미학적 관객인 반면, 신화를 판타지, 교양으로 받아들이는 자는 비평적 관객이다. 우리들 대다수는 비평적 관객이며, 신화를 망각한 자이며, 신화를 역사학과 비평의 대상으로 전환시켜 버린다고 니체는 한탄한다.

　그럼에도 독일에는 희망이 있다고 니체는 보았다. 독일의 종교개혁가 루터가 찬송가를 만들면서 디오니소스적 예술로 충만한 코랄(민요)을 이용하고 있기 때문이다. 루터의 코랄을 이용한 찬송가 덕분에 독일 신화 재탄생의 맹아가 나타났다고 니체는 말한다.

　니체는 자신을 따르는 자들을 높은 곳으로 끌고 올라가 더 높은 곳에서 관찰하도록 한다. 니체는 그들에게 관찰자의 시선으로 호메로스적 신화의 죽음을 부활시킨 비극을 보게 한다. 그리고 비극이란 결국 신화 파괴를 방지했다는 것, 호메로스 서사시의 신들이 죽어갈 무렵 그리스 비극이 서사시의 신들을 부활시켰다고 주장한다.

　니체는 철학의 칸트와 쇼펜하우어, 음악의 바흐와 베토벤, 종교개혁기의 루터, 끝으로 철학과 음악이 융합된 바그너의 음악극이 비평가적 청중과 교양에 의한 신화 질식의 시대에 신화를 부활시킨다고 주장한다.

24장은 동경적 관점의 요약이자 증명이다. 니체는 지금까지 나온 비극의 모든 요소를 동경적인 관점에서 총정리하고, 바그너의 〈라인의 황금〉, 〈발퀴레〉, 〈지크프리트〉, 〈신들의 황혼〉으로 증명한다.

니체는 비극에서 나오는 연극적 요소를 아폴론적 요소이며, 이는 눈에 드러나는 가시성의 세계라고 말한다. 그는 비극의 주인공이자 영웅은 추악함과 부조화의 인물이지만 사랑을 받는 존재라고 말한다. 여기서 다시 니체는 그런 추악함과 부조화의 인물이란 한 민족이나 국가의 청춘기에 발현되었다는 사실에 주목하라고 말한다. 청춘기 국가, 가장 강력한 국가의 시민이 추악함과 부조화인 주인공을 사랑한다라고 니체는 말한다. 나아가 니체는 왜 이런 인물들이 사랑받는가라고 질문을 던진다. 그는 비극 속 주인공들이 우리들의 삶의 실재인 자연현실성을 모방했기 때문이라고 답한다.

니체의 논지는 이렇다. 평범한 우리의 삶은 추악하고 부조화스럽다. 추악하고 부조화스러운 우리는 추악함과 부조화의 비극 주인공들의 죽음을 보고 쾌락을 느낀다. 이를 음악적으로 표현하면 불협화음이고, 이 불협화음은 협화음을 넘어 우리에게 쾌락을 제공한다.

니체는 여기에서 동경을 제시한다. 개체로서 인간의 삶은 부조화스럽고 추악스럽다. 불협화음은 이런 삶을 음악으로 표현한 것이다. 이런 개체로서의 삶은 파괴되고 새로 만들어져야 한다. 누가 하는가, 바로 헤라클레이토스가 말한 어린아이이다. 그는 그저 모래성을 쌓고 부술 뿐이다. 아무런 이유가 없다. 우리 역시 어린아이이다. 우리는 어린아이를 동경의 대상으로 바라본다. 우리는 그저 태어났을 뿐이고 살아갈 뿐이다.

니체는 아무런 이유 없이 모래성을 쌓고 부수는 어린아이를 바그너의 음악극 〈라인의 황금〉, 〈발퀴레〉, 〈지크프리트〉, 〈신들의 황혼〉에서 찾는다. 지크프리트가 헤라클레이토스의 어린아이이다. 그는 추악하고 부조화스러운 자이다. 니체는 9장에서 던진 근친상간에 의해 태어난 현명한 마법사의 복선이 갖는 의미를 여기서 풀어낸다.

지크프리트는 오이디푸스처럼 근친상간에 의해 탄생한 자이고, 프로메테우스처럼 제우스의 억압적 질서, 종교적 세계를 파괴한 자이다. 그는 근친상간에 의해서 태어난 현명한 자이다. 지크프리트는 모래성을 쌓고 부수는 어린아이, 새로운 질서를 창조하는 헤라클레이토스의 어린아이이다. 니체는 평범한 우리들이 헤라클레이토스의 어린아이처럼, 바그너의 지크프리트처럼 억압적 질서와 종교적 세계를 파괴해야 한다고 말한다. 지크프리트는 누구인가? 니체는 말하지 않았지만, 우리는 당연히 자라투스트라를 떠올릴 것이다. 자라투스트라는 우리의 동경의 대상이다.

25장은 비극이란 어떤 역할을 하는가를 총체적으로 정리하는 장이다. 니체는 3장에서 던진 질문을 25장에서 다시 상기시킨다. 그는 이 책의 전체 주제인 인간의 삶이란 무엇인가, 예술은 어떤 역할을 해야 하는가라는 질문을 던진다. 니체는 비극이 이 두 문제에 어떻게 대답하는가를 보여 준다.

인간의 삶은 지극히 고통스럽다. 불협화음 그 자체이다. 그럼에도 죽는 것보다는 사는 게 낫다. 불협화음은 쾌락이다. 하지만 그래도 고통스럽다. 어떻게 할 것인가? 아폴론과 디오니소스 두 형제가 힘을 합쳐 만든 비극을 보고 즐기면 된다.

비극은 염세주의가 아니라 개체와 기쁨의 통일이다. 사후 행복을 약속하는 종교에 의지하지 말자. 지금 현재가 살 만하다고 형이상학적 위로를 주는 두 신을 경배하자. 현재의 삶이 고통스러움에도 불구하고 그래도 살 만하다. 죽은 정승이 산 개만 못하고, 개똥밭에 굴러도 이승이 좋다. 니체가 내린 비극의 대단원 결말이다.

아마도 최고 권력자였던 카드모스, 최고 예언자였던 테이레시아스, 춤추고 노래하는 사타로스 합창가무단이 이런 노래를 남겼을 법하다.

하루하루를 극심한 고통 속에서
한평생을 지독한 불협화음 속에서
살아가는 사람들이여!
살아가는 인생들이여.

죽어서 영생과 행복을 꿈꾸지 말게나.
힘들고 지쳐도
살아 있는 이 순간이
가장 소중하다네.

관능미에 취하고
소박함을 즐기며
음악에 취하고
어깨춤 추고
웃음 터뜨리며
영원한 진리와
하나가 되세.

차례

일러두기

* 이 책은 *Friedlich Nietzsche: Die Geburt der Tragödie Oder Griechenthum und Pessimismus*을 원본으로 삼았다.
* 원문의 굵은 글씨는 원서를 따랐다.

21장

관조적 입장에서 본
비극

1. 강건한 국가의 건강 음료

앞에서 언급했던 것과 같은 권고적 목소리에서 관조적인 것 Beschaulichen에 적합한 입장으로 돌아가 보자.[1] 반복하건데, 비극의 그토록 놀라운 갑작스러운 깨어남이 한 민족의 가장 내적인 삶의 토대에 어떤 의미가 있는지에 대해서는 그리스인들에게서만 배울 수 있다고 반복하겠다.[2]

페르시아 전쟁에서 승리한 민족은 비극적 신비제의의 민족이다. 다시 말하건대 저 전쟁을 이끈 민족은 비극을 필수적인 건강 음료로서 필요로 했다. 이 민족이 수세대에 걸쳐서 디오니소스적 마신의 가장 강력한 경련에 의해서 가장 내적인 것에 이르기까지 자극을 받은 후에, 이 민족이 여전히 가장 꾸밈없는 정치적 감정, 가장 자연스러운 고향 본능Heimatsinstinckte, 근원적인 인간적 호전성을 여전히 강력하게 드러냈음을 누가 추측하겠는가?[3]

디오니소스적 흥분이 전파된 모든 중요한 사례에서 볼 수 있듯이, 개인의 사슬로부터 디오니소스적 해방은 무엇보다도 먼저 무관심, 심지어 적대감에 이를 때까지 강화되는 정치적 본능의 방해로 눈에 띄게 나타난다.[4] 반면 국가 형성적 아폴론은 **개체화 원리의 수호신**Genius이며, 국가와 고향의 정신Heimatsinn은 개별적 인간Persönlichkeit의 긍정 없이는 살아갈 수 없다.[5]

광란의 축제Orgismus[6]로부터 출발한 하나의 민족은 단지 하나의 길, 인도적인 불교로 향하는 그 길에 이른다. 그 길은 무에의 동경을 견뎌 내기 위해서 공간, 시간 그리고 개인을 넘어서는 저 드문 망아ekstatischen 상태를 필요로 한다. 마찬가지로 다시 이것은 말로 표현할 수 없는 중간 상태의 불쾌감을 하나의 표상에 의해서 극복하는 것을 가르쳐 주는 하나의 철학을 요구한다.

마찬가지로 정치적 본능의 무조건적인 타당성에서 출발한 하나의 민족은 필연적으로 가장 외적인 세속화의 길에서 성공한다. 위대하기는 하지만 가장 무서운 표출이 바로 로마 **제국이다.**[7]

1. 소크라테스주의와 전투를 했던 15장과 소크라테스적인 음악과 전쟁을 벌였던 20장 말미로 돌아가 보자. 니체는 이 두 곳에서 이 글을 읽은 독자들에게 전투와 전쟁에 참여하라고 독려했다.

21장에서 니체는 기존 모든 가치와의 전투에서 한발 물러나 삼자인 관찰자 시각에서 비극이란 도대체 무엇인가를 재정리해 보자고 제안한다.

2. 이 문장은 「자기비판의 시도」 1장 1절의 『비극의 탄생』의 집필 배경을 전제로 한다. 니체는 보불 전쟁의 한가운데에서 『비극의 탄

생』을 집필했다고 밝힌다. 따라서 『비극의 탄생』을 읽을 때는 전쟁의 소용돌이에 빠져 있는 현재 독일에게 비극이 어떤 의미를 지닐지를 살펴봐야 한다. 비극이 현재 독일에게 주는 긍정적이자 적극적인 의미, 전쟁을 수행 중인 독일에 어떤 기여를 할 것인가를 찾아내야 한다.

그 근거는 비극의 전성기였던 고대 아테네 상황이다. 앞에서 봤듯 아테네는 대페르시아 제국과 전쟁을 수행했고, 그 전쟁에서 승리하여 가장 강력한 국가가 되었다. 비극은 이 시기에 최전성기를 구가한다. 니체 당대 독일의 정치적 상황도 고대 아테네와 유사하다. 독일은 프랑스와 전쟁 중이었고, 쇼펜하우어에 근거를 두는 비극적 정신과 바그너의 비극적 음악이 나타났다. 당대 독일은 따라서 고대 아테네의 비극 정신을 배워야 한다.

니체는 어느 국가든 강력한 국가가 되기를 꿈꾼다면, 고대 그리스인들의 비극적 정신과 비극적 음악을 배워야만 한다고 주장한다.

『비극의 탄생』을 읽으면서 흔히 하는 실수가 있다. 철학만 찾는다거나, (연)극적 요소만을 구성하거나, 음악적 요소만을 추적하는 것이다. 이런 독서는 단편적이다. 니체가 왜 이 글을 쓰고, 이 글의 목적이 무엇인가를 놓치게 된다. 역사적 맥락, 정치적 맥락, 상황적 맥락 속에 『비극의 탄생』을 위치시켜 놓고 읽어야 하고, 집필 동기와 목적을 반드시 고려해야 한다. 지엽에 빠져 허우적거리지 않기 위해서 반드시 뿌리를 따라가는 독서를 하자.

3. 이 문장에 대한 이해는 「자기비판의 시도」 1장 1절의 다시 보기를 참조하면 도움이 된다. 니체는 페르시아 전쟁에 승리한 아테네와 고대 비극을 보불 전쟁에서 승리할 독일과 등치시키고, 고대 비

극의 정신과 음악을 창조적으로 계승한 쇼펜하우어의 철학과 바그너의 음악과 등치시킨다. 비극적 정신과 음악은 승리자의 정신이자 음악이다. 비극적 정신과 음악은 '아주 강력한 정치적 감정', '자연스러운 고향 본능', '근원적인 인간적 호전성'을 북돋워 준다고 니체는 주장한다.

'가장 꾸밈없는 정치적 감정', '자연스러운 고향 본능Heimatsinstinckte', '근원적인 인간적 호전성'은 전쟁에서 승리한 국가나 민족, 즉 아테네와 독일 시민의 기본 조건이라고 니체는 보았다. 이 세 가지는 한 국가의 흥성 원리이다. 이 세 가지는 상호 연결되어 작동한다.

'가장 꾸밈없는 정치적 감정'은 개인적인 것으로 한 시민이 자신의 정치적 사유, 관점, 야망, 욕심을 누구의 눈치도 보지 않고 거침없이 표현함을 뜻한다. 고대 아테네인들은 민주주의 국가를 구현하고 살아가면서 자신의 정치적 감정을 거리낌 없이 표현했다.

예를 들면 우리가 잘 아는 소크라테스의 변명을 둘러싼 재판을 생각해 보자. 소크라테스라는 한 시민이 자신의 정치적 사유와 관점을 500여 명의 배심원 앞에서 거리낌 없이 표현하고, 500여 명의 배심원 역시 자신의 정치적 관점에 의거해 재판권을 행사한다.

소크라테스의 제자 알키비아데스를 보자. 그는 아테네가 스파르타와 전쟁하는 와중에 신성모독을 이유로 고소당하자 아테네를 버리고 스파르타로 망명한다. 또한 그는 스파르타에서도 정적에 의해 위기를 맞자 이번에는 아테네의 주적인 페르시아로 망명해 버린다.

소크라테스의 또 다른 제자 크세노폰은 아테네인임에도 불구하고 스파르타를 위해 아테네의 전쟁에 참여하고 쫓겨나기도 했다. 우리가 플루타르코스의 『영웅전』에서 만날 수 있는 대다수 그리스 영웅들은 정치적인 일에 모든 생을 바친 사람들이다. 페리클레스는 전몰자를 기리는 연설에서 아테네인은 나랏일에 참여하는 것을 아주 중시했으며, 모든 결정이 토론에 의해서 결정된다고 말한다.

> [우리에게는] 한 사람 안에 자기 일뿐만 아니라 나랏일을 배려하는 마음이 함께 있어, 설사 제 일에만 매달리는 사람일지라도 나랏일을 이해하는 데 부족함이 없습니다. 사실 나랏일에 참여하지 않는 사람을 [그저] 세상 문제에 무관심한 사람 [정도로 여기는 것]이 아니라 [아예] 쓸모없는 사람으로 여기는 것은 우리 밖에 없습니다. 그리하여 우리들은 그런 세상사 현안들을 직접 판단하거나 또는 제대로 [된 방식으로] 논의에 붙입니다. 우리들은 토론이 행동을 방해하는 장애물이라 여기지 않으며, 오히려 해야 할 일을 행동으로 옮기기 전에 미리 토론을 통해 가르침을 끌어낼 수 없는 것이야말로 장애물이라고 여기기 때문입니다.[1]

아테네인 시민들이 얼마나 정치적이었는가, 자신이 생각하는 가치와 방법을 실천하기 위해 얼마나 애를 썼는가는 플루타르코스 『영웅전』의 아테네인들 편을 살펴보면 구체적으로 알 수 있다. 아테네인들이 변증론이나 수사학을 열심히 배웠던 것도 정치에서 지지 않고 이기기 위해서였다. 모든 국가적 현안의 토론에 참가한 아테네 시민들은 정치적 욕망의 화신으로 성공 지향적 시민들의 전형이라 할 수 있다.

'자연스러운 고향 본능'은 집단적인 것으로서 한 시민이 개인을 떠나 국가와 조국을 사랑하는 것을 말한다. 아테네와 같은 도시국가이든 현재 우리가 보는 거대 국가이든 간에, 시민은 개별 시민의

페르시아 전쟁 전몰자를 기리는 페리클레스의 연설 (필립 폴츠, 1877년)

특성을 버리고 하나의 국가라는 하나의 공동체 안에 모여 살고 있
다. 국가 안에서 개인으로서 개별 시민은 의미를 상실하는데, 이 상
실은 한 국가 안에서 태어났다는 이유만으로 자연스럽게 일어나기
도 하고, 국가가 제공하는 다양한 혜택, 질서, 안전, 복리 등을 향유
하는 데에서 비롯한다.

　페리클레스의 전몰자를 기리는 연설에서 이러한 내용은 잘 나타
난다. 우선 선조들이 자유로운 땅을 물려주고, 영토를 확장했으며,
민주주의가 잘 작동하여 법률상의 평등이 지켜지며, 탁월성에 입각
하여 공무를 집행할 기회가 주어지며, 국가가 적절한 휴식거리를

페르시아 전쟁 당시 싸우
는 그리스와 페르시아 병
사 (기원전 5세기, 아테네
국립 고고학 박물관 소장)

제공한다는 점[2]에서 국가와 조국을 사랑하는 마음이 생겨났다고
말한다.

'근원적인 인간적 호전성'이란 시민이 전쟁 중 자국을 지키기 위
해 모든 힘과 능력을 발휘하여 싸우는 것을 말한다. 한 국가의 시민
이 전쟁이나 전투 중에 자신의 생명을 지키는 것이 아니라 조국과
국가를 위해 자신의 목숨을 바치는 것은 어떻게 가능한가? 국가가
개인적인 '가장 꾸밈없는 정치적 감정'이 실현될 수 있도록 보장하
여야 하는 동시에 집단적인 '가장 자연스러운 고향 본능'이 살아날
수 있도록 애써야 한다. 국가가 개별 시민의 정치적 권리를 최대한
보장할 뿐만 아니라 개별 시민이 자국을 위해 목숨을 바칠 수 있는
조건을 마련해 주어야 한다. 그러면 개별 시민은 국가와 일체감을
가지고 혼신을 다해 국가를 위해 살아간다. 아테네가 대제국 페르

시아와의 전쟁에서 승리할 수 있었던 것은 개별 시민 하나하나가 '근원적인 인간적 호전성'을 최대로 발휘했기 때문이다. 페리클레스는 이를 다음과 같이 말한다.

> …… 그리고 행복이 자유이고 자유가 용기임을 깨닫고 있다면 여러분들은 전쟁의 위험을 관망하기만 해서는 안 됩니다. 왜냐하면 〔전쟁의 위험이 닥쳤을 때〕 목숨을 초개와 같이 버리는 사람들이란, 잘살 희망조차 없는 비루한 사람들이라기보다는, 오히려 자칫 〔전쟁〕에서 지면 처지가 역전되고 상황도 완전히 달라져 살아 봤자 여전히 생활이 위태로워지는 그런 사람들일 수밖에 없기 때문입니다. 적어도 용기 있는 사람에게는 공적인 소망으로 온 힘을 다해 〔싸우다〕 자기도 모르는 사이에 맞이하는 죽음보다 비굴하게 살다가 맞이하는 치욕이 훨씬 더 고통스러운 것입니다.[3]

'가장 꾸밈없는 정치적 감정, 가장 자연스러운 고향 본능, 근원적인 인간적 호전성'은 정치적 관점에서 본다면 바로 페르시아 전쟁에서 아테네 승리의 근본 요인이다. 보불 전쟁의 소용돌이 속에서 『비극의 탄생』을 집필 중인 니체는 독일이 승리할 것이라고 장담한다. 바로 비극적 정신과 비극적 음악이 독일에 존재하기 때문이다.

모든 국가의 흥성 원리인 이 세 가지가 어디에서 비롯되는가? 니체는 '비극'이 이 세 가지 힘의 근원이라고 보았다. 새롭게 탄생한 '가장 꾸밈없는 정치적 감정'은 개별적인 것, 개체적인 것으로서 아폴론적인 것이며, '가장 자연스러운 고향 본능'의 축제 속 어우러짐에서 볼 수 있는 것과 같은 디오니소스적인 것이다. 이 아폴론적인 것과 디오니소스적인 것이 결합한 비극을 시민이 향유하고 즐길 수 있다면, 모든 시민이 '근원적인 인간적 호전성'을 가지고 국가와 조국을 위해 목숨을 바친다고 니체는 생각한다.

니체는 쇼펜하우어의 철학과 바그너의 음악이 아테네의 비극 정신과 음악의 직접적인 계승자라고 생각했다. 독일은 고대 아테네 비극의 새로운 현대적 탄생의 주역이다. 고대 비극의 직접적인 계승자 독일이 과거 독일을 지배했던 프랑스와의 전쟁에서 승리한다는 것은 너무나 당연한 일이라고 니체는 암시한다.

4. 문맥상으로 이해해 보자. '정치적 본능'은 '무관심' 및 '적대감'과 대립하며, 국가의 구성원으로서 공동체의 일에 참가함을 말한다. '정치적 본능'은 인간이 정치적 동물로서 무리를 짓고 정해진 규범과 규칙, 법에 따라 살아감을 말한다. '무관심'과 '적대감'은 공동체의 일에 관심이 없거나 심한 경우 공동체의 규칙 등에 반함을 말한다. 이때 시민은 자신을 옭아매던 '개인'이라는 사슬을 끊고 집단적으로 도취되는 '디오니소스적 흥분' 상태에 도달한다.

역사적으로 살펴보자. 이에 대해서는 1장 5절 디오니소스적 축제가 행해진 곳에서 설명했다. 디오니소스적 축제가 벌어진 곳에서 시민들은 '마취성 음료를 마시'고, '디오니소스적 흥분이 끓어오'르면 '자기망각'에 도달한다. 이 경우 시민들은 '정치적 본능'을 상실하고, 공동체 일에 '무관심'과 '적개심'이 들끓어 오른다. 시민들은 개인으로서 '나'가 아니라 집단으로서 '우리'를 형성하며, 정치에 반하는 집단을 형성하고, 인간과 인간, 인간과 자연은 하나가 된다.

사례를 살펴보도록 하자. 에우리피데스의 『박코스의 여신도들』에 나오는 디오니소스 축제에 참여한 자들과 펜테우스왕의 대립이 전형적인 예이다. 왕이 디오니소스 축제에 참가 금지를 명하는 것은 '정치적 본능의 방해'를 뜻하고, 이를 어기고 참가하여 축제적 일탈 상태에 있는 것은 정치적 '무관심'과 '적개심'을 나타낸다. 축제에 참여한 왕의 어머니와 이모, 왕의 할아버지와 다른 모든 여성과 시민들은 국가를 상징적으로 대표하는 왕의 명령을 거부하는 자들이다. 이들은 축제를 염탐하는 왕을 살해함으로써 '무관심'과 '적개심'을 넘어 극단적인 반정치적 태도를 드러낸다.

일반적으로 말해 보자. 디오니소스 축제가 벌어지는 곳에는 어디에서나 국가 권력과 축제에 참가한 집단 간의 대결이 나타난다. 디오니소스 축제에 참가한 자들은 '우리'라는 하나의 집단이 됨으로써 지금까지 자신을 구속하던 '나'와 '개인'이라는 한계를 벗어나 '정치적 본능'을 거세해 버린다.(이는 종교 집단에서 흔히 발생하는 현상이다. 종교 집회에 참석한 자는 국가의 일원으로 개인을 버리고, 그 종교 집단의 일원이 되며, 결국 정치적 본능을 버리는 결과를 초래한다.) 축제 기간 중 하나가 된 '우리'는 '정치적 본능'과 다른 '모두'라는 힘을 발휘하여 국가와 그 권력과 맞대응할 정도의 힘을 갖춘다.

니체는 디오니소스적 축제가 가져오는, 국가와 디오니소스적 집단의 대립을 구체적으로 다음과 같이 말한다.

유사한 축제는 아주 오래되었으며 여러 곳에서 확인되며, 그중 가장 유명한 것은 바빌론의 사카이엔이라는 명칭의 축제이다. 여기에서 축제는 5일간 진행되었으며, 모든 국가적 그리고 사회적 유대가 갈가리 찢어졌다. 더구나 성적 방종, 무제한적인 매춘에 의한 모든 가족의 파괴가 그 중심을 이루었다.'[4]

피티아에게 신탁을 구하는 리쿠르고스 (외젠 들라크루아, 1835/1845년, 미시간대학교 미술관 소장)

5. 지나칠 정도로 압축된 이 문장을 풀어 말하면 다음과 같다. 아폴론은 국가 형성의 신인 동시에 개체화 원리의 수호신이다. 국가와 고향의 정신이 굳건하게 존재하기 위해서는 그 공동체가 개별적 인간을 존중해야 한다. 아폴론은 바로 이런 역할을 담당한다. 아폴론은 공동체의 신인 동시에 개별적 인간을 존중하는 신이다. 이를 하나씩 다뤄 보도록 하자.

'국가 형성적 신'으로서 아폴론은 우리에게 다소 낯설다. 국가 형성의 신으로서 아폴론은 아폴론을 모시는 델포이 신전의 여사제인 피티아Pythia와 연관하여 추론할 수 있다. 니체는 아폴론을 국가의 신이라고 명명한다.

> 정치적 충동은 스스로 갈가리 산산조각이 나서 소진되지 않기 위해서, 자신의 임무에서 소진되지 않기 위해서 예언하는 여성, 피티아 안에서 스스로 조절한다. 예술의 신이 아니라 치유하고 처벌하고 경고하는 국가의 신, 즉 국가가 수호신과 만나야만 하는 곳에서 국가를 제 갈 길을 가게 하는 신으로서 아폴론은 피티아로 현현한다.[5]

아폴론이 피티아로서만 현현한다는 것은 아폴론의 계시가 피티아의 예언을 통해 나타난다는 뜻이다. 피티아는 다방면으로 예언했지만, 그중에서도 많은 부분은 주로 국가와 관련된 예언이다.[6] 예를 들면 피티아는 솔론의 아테네 법 제정과 스파르타 정치 체제에 대해 조언했으며, 리디아 왕국과 페르시아의 전쟁 결과에서 리디아 왕국의 몰락을 예언했다. 또한 피티아는 테미스토클레스를 통해 페르시아 전쟁의 결과를 예언하기도 했으며, 우리가 잘 아는 소크라테스 변명과 관련하여 예언하기도 했다. 피티아의 예언은 이외에도 아주 많으나 상당 부분이 국가적인 일과 관련하여 나타난다.

국가 형성의 신으로서 아폴론과 관련된 것은 플라톤에게서도 자주 나타난다. 플라톤은 아폴론을 국가의 중요 입법의 신으로 보기도 한다.

> 그러면 입법의 문제로 아직도 남아 있는 것은 무엇이겠습니까? …… 델포이의 아폴론에게는 법령들 가운데서 가장 중대하고 가장 훌륭하며 으뜸가

는 것들이 남아 있다네.[7]

플라톤은 입법에서 아폴론을 제우스와 동등한 위치에 놓는다.

아테네인 : …… 선생네의 법률을 정함에 있어서 그 공을 인정받고 있는
쪽은 신인가요, 아니면 어떤 한 인간인가요?
클레이니아스 : 신입니다. …… 가장 옳게 말하자면, …… 우리네에게 있어
서는 제우스이지만, 여기 이분께서 그 출신이신 라케다이몬(스파르타) 사람
들의 경우에는 아폴론으로 말할 걸로 생각됩니다.[8]

제우스와 아폴론께 맹세코, …… 가령 두 분의 나라들에 법률을 제정해 주
신 바로 그 신들께 우리가 물어볼 수 있겠습니다.[9]

이외에도 플라톤은 아폴론 신전을 비밀투표의 장소[10]이자 감사
관 선출 장소[11]로 언급하고, 증언시 아는 바가 없을 경우 아폴론 등
에게 서약한다[12]고 언급하기도 한다.
개체화의 원리에 대해서는 1장 5절에서 다루었다. 니체는 이외에
도 개별화의 원리에 대해서 여러 번 다루었지만, 개체화의 원리와
개별적 인간의 관계를 다룬 적은 없다. 특히 니체는 개체화의 원리
를 국가와 개별적 인간의 관계 관점에서 다룬 적은 없다. 따라서 개
체화 원리를 정치학으로 방향 전환하려면 추론을 필요로 한다.
니체는 '개체화의 원리와 아폴론'[13]을 하나로 묶음 지어 사유한
다. 꿈의 신이자 예술의 신인 아폴론이 무대 위에서 가상의 세계를
만들어 내듯이, 아폴론은 국가와 개별적 인간의 관계에서 개인을

드러내는 신이다.

아폴론의 시민Volk은 또한 개체들의 시민이다.'14

니체가 이 글에서 아폴론과 국가를 연결하여 설명한 곳은 여기가
처음일 뿐만 아니라 더 이상 언급하지 않는다.

'국가와 고향의 정신Heimatsinn은 개별적 인간Persönlichkeit의 긍정 없
이는 살아갈 수 없다.'를 위를 바탕으로 종합해서 정리해 보자. 국
가 형성의 신으로서 아폴론은 개체화 원리의 신이며, 정치적으로는
국가의 구성원인 개별적 인간들을 전제로 하는 신이기도 하다. 개
별적 인간이 없는 국가는 있을 수 없기 때문이다. 국가와 개별 시민
은 상호 보완적 관계이다. 시민 없는 국가는 있을 수 없고, 국가 없
는 시민은 시민일 수 없는 비정치적 상태에 있다. 한 국가가 존재하
고, 그 국가를 지탱하는 정신이 있다고 한다면, 그 국가는 개별적
인간이 요구하는 최소한의 요구를 충족시켜 줘야 한다. 반대로 한
국가의 시민은 국가가 요구하는 의무를 다해야만 한다.

6. 니체는 1장 5절에서 다른 대다수 나라의 디오니소스적인 흥분이
광분과 광란으로 치달렸으나, 1장 6절에서 디오니소스 축제가 그리
스에서는 방종과 타락으로 치달리지 않았다고 주장했다. 니체는 그
리스에서만 나타나는 예외적인 현상을 2장에서 예술 이론으로 탐
구했다.

여기에서는 이 현상을 디오니소스적 요소와 아폴론적 요소를 공
동체, 국가, 개별적 인간의 관계에서 다룬다. 국가적 또는 공동체적
정신에 억압을 받던 인간은 디오니소스적 흥분에 취하게 되면 개별

적 인간에서 탈주하여 집단적인 광기의 정서를 표출하고 국가에 대한 무관심과 국가에 대한 적대감을 드러낸다. 하지만 국가 형성의 신이자 개별적 인간의 현현의 신으로서 아폴론은 디오니소스적 흥분을 절제시키고, 집단적 정서가 국가에 적대적이지 않게 순화시키며, 각각의 시민에게 개별적 인간임을 잊지 않도록 만든다.

디오니소스적 흥분을 절제된 아름다움으로 표현하게 만드는 것이 아폴론이라면, 국가적 예속에서 탈주하여 만인의 평등과 만물의 공존을 추구하게 만드는 것이 디오니소스이다. 아폴론과 디오니소스는 서로 협력하여 축제를 아름다움으로 표출하게 만든다. 이 때문에 그리스의 디오니소스 축제는 광란으로 치달리지 않았다.

> 대단히 강력한 본능에 아름다움의 족쇄를 채운 것은 아폴론의 민족이었다. 이 민족은 위험한 본능의 요소들, 그 가장 야수적인 짐승들에게 멍에를 채웠다. 사람들이 디오니소스적 축제의 정신화를 다른 민족의 동일한 기원에서 발생한 것과 비교한다면, 헬레니즘의 이상적인 힘에 엄청 놀라곤 한다. …… 이와(사카이엔의 축제) 반대되는 것은 그리스 디오니소스 축제의 형상으로, 에우리피데스가 『박코스의 여신도들』에서 묘사한 것이다.'[15]

니체는 이 다음 내용을 1장 5절에서 묘사한 인간과 인간, 인간과 자연의 합일된 모습으로 채운다. 왜 이것이 가능했는가? 바로 정형화의 신인 아폴론이 광란의 신인 디오니소스와 협력하여 새로운 미美를 만들었기 때문이다.

7. 뜬금없는 '로마'에 당황할 필요는 없다. 니체는 18장 1절에서 알렉산드리아적 문화, 헬레니즘적 문화, 불교적 문화를 나열했다. 알

렉산드리아적 문화를 정치적으로 표현하면 로마 제국이다.

왜 알렉산드리아 대신 로마로 표현했는가? 문화적 측면에서 살펴보면 알렉산드리아가 아폴론적인 문화와 소크라테스적인 문화와 내용상 일치하고, 국가나 정치적 측면에서 살펴보면 로마가 아폴론적인 국가와 소크라테스적인 국가에 더 맞기 때문이다. 지리적 측면에서 살펴보면, 알렉산드리아는 그리스보다 동쪽에 있고, 로마는 그리스보다 서쪽에 있기 때문이다. 니체는 그리스가 나아가야 할 길을 동쪽의 불교적인 길인가, 서쪽의 로마적인 길인가를 대비시켜 표현하기 위해 알렉산드리아 대신 로마를 사용했다.

'정치적 본능의 무조건적인 타당성'이란 법, 규범 등의 아폴론적 가치를 우선시하는 것을 말한다. 그리스는 모든 문제를 정치, 즉 토론으로 해결했던 반면, 로마는 모든 문제를 법으로 해결했다. 니체는 19장 7절에서 '형식에 얽매인 노예 상태', '로마적인 문명의 족쇄'에 얽매인 독일을 신성로마제국과 연관시켜 말했다.

이 단락은 어느 길을 따를 것인가를 예시하기 위한 것이다. 니체는 다음 절에서 고대 아테네가 로마의 길을 따를 것인가, 인도의 길을 따를 것인가에서 제3의 길을 택했다고 말한다. 이는 곧장 니체 당대의 독일에 적용된다. 과거 신성로마제국의 일부였던 독일의 길이 로마의 적자였다고 한다면, 현재 독일은 로마도 인도도 아닌 헬레니즘의 적자로, 헬레니즘 문화의 적자로 거듭나야 한다는 것이 니체의 주장이다.

다시 보기

국가의 흥망성쇠와 예술은 어떤 관계인가? 예술이 건강해야 국가가 흥하는가? 반대로 국가가 건강한 예술을 지도해야 하는가? 플라톤은 『국가』에서 아테네가 펠로폰네소스 전쟁에 패한 뒤, 국가가 주도하여 현명하고 많이 아는 통치자가 건강한 예술을 이끌어 시민의 호전성을 키워야 한다고 처음부터 끝까지 강조한다. 플라톤은 절대적 아름다움을 주장한다. 절대미가 존재하고 그 절대미는 형이상학적인 이데아이다. 플라톤은 절대미를, 아름다움을 규정하는 국가 주도적 요소와 절대미를 아는 철인과 결합시킨다.

니체는 아테네가 페르시아 전쟁에서 승리한 이유를 분석하면서, 시민의 최대 자발성과 자율성에 기인한 '근원적인 인간적 호전성'을 키워야 한다고 강력하게 주장한다. 니체 역시 절대적 아름다움을 인정한다. 하지만 니체는 그 절대미를 가르침의 대상이 아니라 개별 시민이 느껴야 할 형이상학적 존재로 가정한다.

플라톤은 비극이 시민을 나약하게 만들어 나라를 망쳤다고 강조하고, 니체는 비극이 건강한 시민을 키워 국가가 흥성했다고 말한다. 플라톤은 아름다움과 올바름을 결합시켰고 국가와 통치자가 무엇이 올바른 예술인가를 가르쳐야 한다고 말한다. 반면 니체는 디오니소스적인 본질적 아름다움과 아폴론적인 정형적인 아름다움을 결합시켰고, 그 아름다움이 건강한 시민을 만들어 낸다고 강조한다. 니체는 처음부터 아름다움을 논의하는 곳에서 국가 주도적 요소를 배제시킨다.

니체는 보불 전쟁의 와중에 『비극의 탄생』을 집필했다. 그는 국가가 가르치고 주도하는 예술을 거부하고 부정한다. 니체는 쇼펜하우어의 철학 정신과 바그너의 음악이 국가 주도적 산물이라고 생각하지 않는다. 니체는 헤겔의 국가주의적 철학을 부정하고 거부한다. 니체는 비극적 정신과 비극적 음악이 자연스럽게 발생한 독일이 펠로폰네소스 전쟁에서 패전한 아테네와 다르다고 판단한다. 니체는 건강한 예술이 자생적으로 발전하고 있으므로 전쟁에서 승리할 것이란 희망을 품었다. 니체의 희망 사항이다. 니체의 바람은 실현되었다.

니체의 주장은 사실인가? 반대로 플라톤의 예술관은 잘못된 것인가? 아니면 그 반대인가? 누구도 정답을 말할 수는 없다. 확실한 것은 플라톤의 예술관이 공기와 물과 같다면 니체의 예술관은 예리한 쇠꼬챙이와 같다는 점이다. 플라톤의 예술관은 수많은 교육과 가르침에 의해 우리 삶 속에 부지불식간에 녹아들어 가 있고, 니체의 예술관은 날카로워서 받아들이기도 힘들고 견뎌 내기도 힘들다. 편안한 안주安住와 살을 잘라 내고 뼈를 자르는 고통! 궤도 속에서 살아가는 편안함과 궤도 이탈에서 오는 불편함! 예술성 추구의 결과에 따른 전도유망함과 일탈과 파격이 주는 즐거움! 어느 것을 선택할 것인가!

한발 더 나가 보자. 어느 나라나 국력이 흥성해지면 자신만의 예술을 구현하고, 그 예술을 전 세계에 전파시킨다. 우리는 한류를 전 세계에 전파시키고 있다. 그 힘의 근원은 무엇인가? 플라톤적인 것인가, 니체적인 것인가? 왜 세계인은 한류에 열광하고 받아들이는가? 철학적 논의가 필요한 때이다.

2. 비극의 해방적인 힘

인도와 로마 사이에 위치해 있으며 유혹적인 선택을 강요받았던 그리스인들은 고전적으로 순수한 제3의 형식, 즉 물론 그리스인들이 오랫동안 이용하지 않았지만 바로 그 때문에 불멸하는 형식에 도달했다.

신들이 사랑하는 자가 일찍 죽는다는 것[1]은 모든 사물에 적합하지만, 마찬가지로 그들이 신들과 영원히 살아간다는 것 또한 확실하다. 실팍한 영속성은 예를 들면 로마 국가의 본능에 고유하지만 아마도 완전성의 필연적 술어에 속하지 않는 것과 마찬가지로, 사람들은 더 없이 고귀한 자에게 가죽과 같은 질긴 강인함을 요구하지 않는다.[2]

만약 그리스인들이 자신들의 위대한 시대에, 그들은 아주 강력한 디오니소스적 충동과 정치적 충동을 지녔음에도 불구하고 망아적 숙고에 의해서도 그리고 세속적인 권력과 가르침을 따르는 소모적 노력에 의해서도 소진된 것이 아니라, 저 영웅적인 혼합—마치 그리스인들이 고귀하지만 동시에 온몸을 화끈하게 데워 주며 기분을 좋게 해 주는 포도주를 소유했던 것과 마찬가지로—에 도달하는 것이 가능했는데, 어떤 치료 수단 때문이었냐고 질문을 던져 보자. 그러면 우리는 놀라울 정도로 전체 시민의 삶을 분기시키는 순수하며 해방적인 비극의 힘을 상기해야만 한다.[3]

우리가 그리스인들의 경우와 마찬가지로 비극을 모든 총체적인 예방적 치유력으로 조우하고, 가장 강력한 자들과 그 민족의 본질적인 숙명적인 특성 사이에서 유력한 조력자로 마주친다면, 우리는 비극의 최고 가치를 우선적으로 예감할 것이다.

1. 이 말은 메난드로스(기원전 342~292년)의 단편에 나오는 "신이 사랑하는 자는 일찍 죽는다."를 차용했다. 이 말의 유래는 델포이의

델포이에 있는 아폴론 신전의 기둥

아폴론 신전과 연관이 있다. 신화 속 유명한 건축가인 트로포니오스Trophonios와 아가메데스Agamedes는 여러 유명한 건축물을 지었지만, 그중에서도 아폴론을 모신 델포이 신전을 지은 것으로도 유명하다.

그들은 델포이 신전을 짓고 난 후 아폴론에게 보상을 요구했다. 그러자 아폴론은 사흘 동안 하고 싶은 대로 한 후 마지막 날에 선물을 주겠다고 했다. 그들은 사흘 동안 원하는 대로 행동했고 마침내 죽은 채로 발견되었다.[16] 이 말은 신이 인간에게 줄 수 있는 가장 최고의 선물이나 보상은 죽음이란 뜻을 가지고 있다. 실레노스의 삶과 죽음에 던진 지혜를 생각해 보자. 아폴론은 트로포니오스와 아가메데스에게 최대의 복을 준 것이다.

이 말을 논리적으로 살펴볼 필요가 있다. 신이 사랑하는 자가 있다. 그런데 인간으로 태어났다. 그러면 신은 어떤 선택을 할 것인가? 신은 자신이 사랑하는 자를 하루라도 빨리 자기 곁에 두고 싶어 할 것이다. 따라서 신은 자신이 사랑하는 자가 인간으로 태어났다면, 그가 부귀영화를 누리고 오랜 동안 살게 하는 것이 아니라 빨리 죽게 한다. 신은 이런 방법을 통해 자신이 사랑하는 자를 자신의 곁에 오래 둘 수 있다. 결국 요절한다는 것은 신이 사랑한다는 증거가 된다. 인간들은 이런 속임수적 생각을 통해 인간의 요절을 정당화했다.

내용적 측면에서 본다면 그리스의 비극 예술이 긴 생명력을 지니지 않았다는 뜻이다. 신이 그리스 비극을 너무 사랑했으므로, 하루빨리 신의 곁으로 불러들였다는 걸 비유하기 위해 이런 말을 했다.

2. 일찍 죽은 자는 그리스의 비극과 비극적 정신을 말한다. 비유적으로 말하면 그리스 비극은 인류 역사상 아주 잠깐 불꽃처럼 타오르다 사라졌는데, 이는 신이 그리스 비극이란 문화를 진정 사랑했기 때문에 신의 곁으로 불러들인 것이다.

실팍한 영속성을 자랑하는 알렉산드리아적 문화와 국가적 측면에서 로마제국은 오랜 시간 삶을 유지하고 영속성을 발휘했다. 하지만 이는 신의 사랑을 받지 못한 문화이자 국가라는 반증이다. 오랜 영속성을 지닌 것 자체가 그 증거이다.

진정한 예술이란 그리스 비극처럼 잠시 잠깐 활발하게 타오르기 때문에 '가죽 같은 질긴 강인함'을 지니지 않았다. '가죽 같은 질긴 강인함'을 지녔던 로마는 신들의 사랑을 받지 못했다는 증거에 지나지 않는다.

3. '망아적 숙고'는 불교적인 인도의 가르침을 말하고, '세속적 권력과 가르침을 따르는 소모적 노력'은 로마의 정치적인 태도를 본받으려는 행위를 말한다. 그리스인들은 망아적인 디오니소스만의 길을 따른 것도 아니고 정형화적인 로마의 길을 따르지도 않았다. 그리스인들은 비극을 통해 새로운 길을 개척했는데, 비극은 디오니소스적인 것과 아폴론적인 것이 합쳐져서 시너지 효과를 낸 것이다. 그 덕분에 그리스 도시 국가 아테네는 아주 작은 도시국가임에도 불구하고 그 당시 세계 최대의 대국이었던 페르시아와의 전쟁에서 승리할 수 있었다.

다시 보기

18장 1절로 되돌아가 보자. 알렉산드리아적인 문화, 헬레니즘적인 문화, 불교적인 문화가 있다. 이 중 어느 문화로 갈 것인가? 아니면 로마적인 문화로 갈 것인가? 인도적인 문화로 갈 것인가? 그리스, 특히 아테네적인 문화로 갈 것인가? 니체는 독일이 헬레니즘적인 문화와 아테네적인 나라로 가야 한다고 강변한다.

우리는 어느 문화, 어느 길로 가야 하는가? 우리는 아테네와도 다르고 독일과도 다르다. 우리는 인도와도 로마와도 다르다. 어느 길로 가야 할 것인가? 선택의 문제가 아니다. 선택 이전에 이미 우리 안에 어떤 예술과 문화가 발생했는가를 봐야 한다. 그 문화와 예술이 무엇인지 우리는 알고 있는가 자문해 보자. 진지한 토론과 논의가 필요한 시점이다.

3. 신화의 음악의 상호 보완

비극은 가장 격렬한 음악적인 광란의 축제를 수용하며, 그리스인의 경우와 마찬가지로 우리에게서도 음악을 완성 상태로 이끌지만, 비극적 신화와 비극적 영웅을 그 곁에 세워 둔다.[1] 비극적 영웅은 강력한 거인과 마찬가지로 전체 디오니소스적 세계를 자신의 등 뒤에 걸머지고서 우리를 그 세계로부터 해방시킨다.[2] 다른 한편 비극은 동일한 비극적 신화를 통해서 비극적 영웅의 인물에게서 이러한 삶Dasein에 대한 탐욕스러운 쇄도로부터 구원해 주는 걸 알고 있으며, 손을 들어 경고하면서 다른 삶이 있으며 더 나은 쾌락이 있다는 걸 상기시켜 준다. 투쟁하는 영웅은 자신의 승리에 의해서가 아니라 몰락에 의해서 불길한 방식으로 이 쾌락을 미리 알려 준다.[3]

비극은 자신의 음악이라는 보편적 타당성과 디오니소스적 감수성을 지닌 청중 사이에 고귀한 우화, 즉 신화를 위치시키고, 청중들에게 음악만이 신화의 조형적 세계의 활성화를 위한 최고의 묘사 수단이라는 가상을 불러일으킨다. 이와 같은 고귀한 속임수 Täuschung는 이제 청중들이 자신의 사지를 놀려 디티람보스적 춤을 추도록 하고 아무런 생각을 하지 않고 광란의 축제가 주는 자유에 빠져든다. 청중들은 어떤 속임수가 없다면 음악 그 자체를 맘껏 즐길 수 없다.[4]

신화가 음악으로부터 우리를 보호했듯이, 다른 한편에서 본다면 신화는 우선 음악에게 최상의 자유를 제공한다. 이에 대한 답례로 음악은 비극적 신화에게 그토록 효과적이며 설득력 있는 형이상학적 의미를 부여한다. 저 유일무이한 도움이 없다면, 언

아틀라스 (2세기, 나폴리 국립 고고학 박물관 소장)

어와 형상은 형이상학적 의미에 도달하는 것이 불가능하다. 음악을 통해서 가장 최상의 쾌락이라는 저 확실한 예감, 몰락과 부정을 통한 길이 마침내 도달하게 될 예감이 비극의 관객을 덮친다. 그러면 비극의 관객은 사물의 가장 내적인 심연이 확실히 자신에게 걸어오는 말이 들리는 것처럼 생각한다.[5]

1. 비극이 공연되고 있는 상태를 말한다. 비극은 음악이 전체적으로 깔려 있으며, 음악을 배경으로 스토리에 해당하는 신화와 신화 속 영웅이 비극의 주인공으로 나서서 연기와 노래를 한다. 내용상으로

보면 비극은 디오니소스적인 것과 아폴론적인 것이 합일된 상태를 보여 준다.

2. 이는 아틀라스가 지구를 등에 걸머지고 있는 것과 비극에서 비극적 영웅이 비극의 내용 전체를 짊어지고 있는 것을 비유한다. 아틀라스가 비극적 영웅이고, 지구가 비극 전체이다. 비극에서는 비극적 영웅이 마치 비극의 모든 스토리와 음악 전체를 이끌고 있는 듯이 보인다는 걸 이처럼 표현했다. 이 때문에 비극의 관객이나 비극을 대본으로 읽는 자는 비극적 영웅의 삶과 말에 집중하고, 비극의 주인공이 비극의 모든 것인 양 착각한다.

니체는 비극을 내용으로 읽지 말고, 비극적 영웅의 삶과 죽음으로 보지 말고 음악으로 느끼라고 말했다. 비극적 영웅(형상)은 음악 안에서 자유로울 뿐이다. 반대로 음악(본질)은 비극적 영웅 없이는 자신을 제대로 드러낼 수 없다. 음악과 비극적 영웅은 상호 보완 관계에 있으며, 어느 하나 없이는 제대로 관객에게 다가갈 수 없다.

3. 내용상으로 보면 '이러한 삶'은 현재의 삶, 이승의 삶을 말하는 반면, '다른 삶'은 사후의 삶, 죽은 뒤의 삶을 말한다. '더 나은 쾌락'은 형이상학적 즐거움을 뜻한다.

비극을 보는 관객의 입장에 서 보자. 관객은 현재 고통을 받는 비극적 주인공을 보면서 '나는 그래도 저 주인공의 삶보다 덜 고통스럽다.'라는 위로와 위안을 얻게 마련이다. 반대로 관객은 비극의 주인공이 마침내 죽지만 사후 행복을 찾는 걸 보고서 '나도 죽어서 비극의 주인공처럼 더 나은 삶을 살 수 있을 것이다.'라는 희망을 갖는다. 마침내 관객은 비극 주인공의 삶을 통찰하면서 인간의 운명 뒤에는 인간이 알 수 없는 또 다른 세계, 형이상학적 세계가 있음을 깨닫는 즐거움을 얻게 된다.

비극의 관람에서 얻어지는 '위로와 위안', '희망'과 '즐거움'은 누구나 다 좋아하는 성공과 승리의 방정식에서 얻어지지 않는다. 주인공이 온갖 고난과 고초를 당하고 죽는 것이 비극이기 때문이다. 역설적이지만 '위로와 위안', '희망'과 '즐거움'은 세상을 살아가는 자라면 누구나 겪고 싶지 않는 주인공의 패배와 죽음의 방정식에서 얻어질 뿐이다.

우리는 일상에서 성공보다는 실패, 승리보다는 패배하는 경우가 더 많다. 실패와 패배 그리고 이에 따르는 고통에 절망하지 말자. 비극에 따르면 실패, 패배 그리고 고통은 더 나아질 것이라는 '위로와 위안', 더 많은 '희망'과 '즐거움'을 위한 사전 장치일 뿐이다.

4. 전체적으로 디오니소스적인 것이 중심을 이루는 단락이다. '보편적 타당성'은 형식적으로 보면 5장의 서정시와 6장의 민요 형식을 말하고, 표현 양식으로 보면 7장과 8장의 합창가무단을 뜻한다. 내용적으로 보면 음악이 세상의 모든 사람에게 공감을 불러일으킨다는 것을 뜻한다. 철학적으로 보면 음악이 형이상학적 본질, 근원적 일자를 드러냄을 의미한다.

'디오니소스적 감수성'은 인간이 내면에 가지고 있는 음악적 소양으로서, 인간이라면 누구나 음악을 즐기고 향유할 수 있다고 말한다. '고귀한 속임수'는 인간의 눈과 귀를 속이는 신화와 비극적 영웅을 말한다.

청중과 음악을 매개시키는 것은 무엇인가? 청중이 음악에 쉽게 다가가고, 음악을 쉽게 받아들일 수 있는 방법은 무엇인가? 청중은 음악을 통해 형이상학적 본질을 어떻게 느낄 수 있는가? 청중은 음악 자체만으로는 음악에 다가가기 어렵고 형이상학적 이데아를 느끼기 쉽지 않다. 음악을 보다 더 잘 느끼고, 형이상학적 이데아에 쉽게 다가갈 매개체가 필요하다. 그 소재란 다름 아닌 비극의 이야기에 해당하는 신화와 비극적 주인공인 영웅이다. 신화라는 스토리와 비극적 영웅의 행위에 음악이 실리면, 음악을 좋아하는 타고난 소양을 지닌 청중은 음악을 쉽게 받아들이고, 이를 통해 형이상학적 이데아에 손쉽게 다가갈 수 있다.

청중은 음악에 몸을 실은 신화와 비극적 영웅이라는 속임수가 속임수라는 것을 알아야 한다. 청중은 속임수에 속음으로써 음악에 몸을 맡기고 춤을 추면서 하나가 되고, 그럼으로써 형이상학적인 근원적 일자에 다다른다.

5. 전체적으로 아폴론적인 것이 중심을 이루는 단락이다. 신화가 없다면, 비극적 주인공이 없다면, 청중은 음악을 제대로 느낄 수 없다. 이 점에서 신화는 음악에게 더 많은 자유를 부여한다. 청중은 신화라는 스토리에 실린 음악을 들으면서 근원적 일자에 다가갈 수 있게 된다.

반대로 음악이 없다면, 언어(신화)와 형상(비극적 영웅과 주인공)은 자신의 뜻을 제대로 전달할 수 없는 상태가 된다. 언어는 태생 자체가 입장에 따라 서로 다른 의미를 전제하기 때문이다. 예컨대 억압받고 있는 자가 말하는 '자유'와, 억압을 하는 자가 말하는 '자유'는 동일한 '자유'이지만 서로 다른 의미를 내포한다. 모든 언어는 처한 입장에 따라 서로 다른 의미를 갖는다.

하지만 음악에 '자유'가 실린다고 가정해 보자. 그 '자유'는 다른 이해를 허용하지 않는다. 1장 전체 다시 보기에 실린 베토벤의 9번 교향곡에 실린 실러의 「환희의 송가」를 들어 보라. 베토벤의 음악에 실린 〈환희의 송가〉가 무엇을 의미하는지는 음악을 듣는 사람 모두에게 동일한 의미로 다가간다.

비극의 관람자는 신화와 비극적 영웅에 실린 음악을 들음으로써 서로 다르게 이해하는 것이 아니라 동일한 감정을 공유하면서 하나가 된다. 음악이 없다면 언어와 형상은 갈지자 행보를 하고, 언어와 형상이 없다면 음악은 낯선 소음이 될 수도 있다. 언어와 형상을 빌린 음악과 음악에 실린 언어와 형상이 서로 어우러질 때 비극은 비극다워진다. 청중은 이런 비극을 보면서 근원적 일자와 합일한다.

다시 보기

불교적인 인도의 길과 기독교적인 로마의 길이 있다. 망아와 몰아, 깨달음의 열락이란 길이 있고, 구원과 영생의 길이 있다. 이 두 길 외에 또 다른 길이 있다. 신들이 너무 사랑해서 자신의 곁에 두고 싶어 단명한 그리스의 아테네적인 길이다. 무정형의 정신만의 세계도 아니고 정형미 넘치는 형상만의 세계도 아닌 제3의 길이 바로 이 길이다.

이 길은 이미 우리 삶의 선택지에서 사라졌다. 신들이 거둬 갔기 때문이다. 하지만 이 길을 되찾아 보자. 쉽지 않다. 이미 사라졌기 때문이다. 그래도 방법이 있다. 아이스킬로스와 소포클레스의 비극 작품을 꺼내 보자. 니체가 말한 대로 내용을 따라 읽지 말고 음악적으로 느껴 보자. 입으로 소리 내어 웅얼거리면서 최대한 음악에 가깝게, 음악스럽게 연주를 해 보자. 음악으로 접한 아이스킬로스와 소포클레스의 작품은 무엇인가 느껴 보자. 그 음악적 비극 속에서 아폴론적인 정형미를 찾아보자.

아이스킬로스와 소포클레스의 작품이 내용이 아닌 음악으로 다가오는 순간, 우리는 어쩌면 한 번도 경험해 보지 못한 새로운 세계를 느낄지도 모른다. 그 길이 제3의 길, 그리스적인 길이다.

그것이 쉽지 않다면 니체가 뒤에서 예시하는 〈트리스탄과 이졸데〉 3막을 줄거리가 아닌 음악으로 느껴 보자. 이 작품을 하나의 심포니로 느끼고서, 음악의 원세계에 다가가 보자. 그리고 그 길이 인도적인 길과 로마적인 길과 전혀 다른 길이라면, 새로운 감상의 즐거움을 고양시켜 보자.

4. 음악을 통한 형이상학에의 접근

내가 마지막 문장에서 아마도 극소수만 곧장 이해 가능한 잠정적인 표현으로 이러한 까다로운 표상을 제시했다면, 나는 이 자리에서 나의 친구들Freund에게 다시 한번 시도하라고 간청할 것이며, 우리의 공통적인 경험의 개별적인 사례에 근거하여 보편적인 명제의 인식을 준비하라고 요청할 것이다.[1]

나는 이 사례에서 이러한 도움을 받아 음악적 감정에 접근시키기 위해서 무대 과정의 형성자, 연기하는 인물의 말과 정념을 이용하는 저 사람들을 염두에 두지 않을 것이다.[2] 왜냐하면 이러한 모든 사람들은 음악을 모국어로 사용하지 않으며, 저 도움에도 불구하고 가장 내적인 신성한 장소를 언급하지도 않으므로 음악 인식의 현관문 앞에도 도달하지 못하기 때문이다. 게르비누스와 같은 대다수 사람들은 이 길 위에서 현관문 앞에도 도달하지 못할 것이기 때문이다.[3]

나는 이러한 사람들이 아니라 음악과 직접적인 혈연관계에 있는 사람들, 그 안에서 자신의 음악적 모태를 소유한 사람들, 무의식적인 음악적 관계를 통해서 사물과 관련을 맺는 사람들에게 관심을 가졌다. 나는 이러한 천부적 음악가들에게 〈트리스탄과 이졸데〉 3막을 언어와 형상의 어떤 도움을 받지 않고 엄청난 교향악적 악장으로 순수하게 인식할 준비가 되어 있는지, 모든 영혼의 날개를 경련하듯이 펼치지 않고서도 숨을 멈출 수 있는지 묻고 싶다.[4]

여기에서처럼 세계 의지의 심실Herzkammer[5]에 귀를 갖다 댄 사람, 천둥처럼 울리는 강이나 부드럽게 흩어지는 시냇물과 같은 삶에 대한 맹렬한 갈망이 여기에서 세계의 모든 혈관에 쏟아져 들어간다고 느끼는 사람, 그는 갑자기 파괴되지 않을까? 그는 인간적 개체라는 비참한 유리와 같은 껍질을 쓰고서 '드넓은 밤의 세계라는 공간'[6]에서 울려 퍼지는 헤아릴 수 없이 많은 욕망Lust의 외침과 출산에 따른 고통의 외침을 메아리로 듣게 되는 걸 참아야 할 것이다. 그는 이와 같은 형이상학의 목자적 윤무[7]를 보면서 자신의 원고향으로 계속 도망가서는 안 된다.

하지만 개체적 존재를 부정하지 않고서 그러한 작품을 전체로서 인식할 수 있다면, 그러한 작품의 창조자를 분쇄하지 않고서 그러한 창조물을 창조할 수 있다면, 우리는 그러한 모순의 해결책을 어디에서 얻을 것인가?[8]

1. 이 단락은 앞의 절들이 철학적 측면에서 어렵게 이야기했다면, 4절부터는 예시를 들어 설명하겠다는 뜻이다.

2. 19장 3절의 오페라에서 나타난 무대 기술자들이나 작가들을 염두에 둔 말이다. 레치타티보로 관객들에게 감동을 주지 못하는 창작자는 관객들을 오페라에 몰두시키기 위해서 무대를 장식하는 기술자와 언어와 표상을 사용하는 작가를 고용했다.

다른 측면에서 본다면 비극을 무대 장치나 대사를 중심으로 평가하는 사람은 논외의 대상으로 한다는 뜻이다. 이런 자들은 자신의 고정관념 때문에 음악을 중심으로 한 설명을 이해할 수 없기 때문이다.

3. 니체는 게르비누스를 극도로 혐오했다. 그는 게르비누스를 '천박하고 미련한'[17] 또는 '정말 어리석은'[18] 자라고 불렀다. 게르비누스는 니체가 찬양하는 실러, 베토벤, 괴테 등을 좋게 보지 않았다.

게르비누스(Georg Gottfried Gervinus, 1805~1871년)는 독일의 시문학사를 정리했으며, 독일에 셰익스피어를 적극적으로 소개했고, 단체를 만들어 독일 태생의 영국 작곡가인 헨델의 악보를 총정리하기도 했다. 그는 셰익스피어를 독일의 지적 자산으로 간주한 반면 헨델을 영국의 음악 자산으로 여기기도 했다. 하지만 그는 셰익스피어 작품을 시적 관점이 아니라 윤리적 또는 도덕적 가르침으로 바라보는 한계를 노출했다.

'가장 내적인 신성한 장소'는 형이상학적 본질의 세계를 말한다. 게르비누스 같은 사람은 셰익스피어에 대한 평가에서 볼 수 있듯이 시와 음악의 세계를 도덕적이거나 윤리적인 가르침 정도로만 이해하기 때문에 근원적 일자에 접근할 수 없는 한계를 지닌다. 그는 근원적 일자를 느낄 수 있는 문을 열기는커녕 그 '현관문 앞에도' 도달하지 못한다.

트리스탄과 이졸데 (로젤리오 데 에구스키사, 1910년, 빌바오 미술관 소장)

4. 니체는 비극을 제대로 느끼고 싶다면, 『비극의 탄생』을 제대로 이해하고 싶다면, 〈트리스탄과 이졸데〉 3막을 완전히 즐기라고 권고한다. 니체는 이 작품을 고대 그리스 비극의 창조적 계승의 예시로 이해했다. 니체는 이 작품을 감상할 자세를 이 글에서 제시한다.

우선, 니체는 이 작품을 제대로 느끼기 위해서 음악의 모태에서 태어나고 모든 걸 음악적으로 들을 뿐만 아니라 모든 사물과의 관계도 음악적으로 해석할 것을 요구한다. 다른 말로 하면 게르비누스나 속물들처럼 시와 음악을 도덕적 또는 윤리적 관점에서 바라봐서는 안 된다.

둘째, 니체는 이 작품에 나오는 가사와 무대 장치 인물들에 사로잡히지 말고, 이 작품을 교향악 그 자체로 받아들이라고 권한다. 관객이 언어에 집중하면, 내용의 흐름을 잘 파악할 수는 있지만 음악이 주는 감동을 놓치기 쉽다. 관객이 무대 장치에 집중하면, 눈의 즐거움을 얻을 수 있지만 음악이 주는 느낌을 놓치기 마련이다.

셋째, 마지막으로 니체는 무대 장치에 쏠리는 눈을 감고, 가사에 치우치는 귀를 닫고, 〈트리스탄과 이졸데〉 3막을 온몸으로 교향악처럼 느끼라고 말한다. 니체는 우리가 베토벤 교향곡 9번 4악장을 듣는 것과 같은 태도로, 이 작품을 감상하라고 권한다. 그러면 우리는 음악과 하나 되며, 음악을 통해 모두가 하나의 공통 감정을 느낄 수 있으며, 결국 음악이 전하는 형이상학적 세계에 접근할 것이라고 니체는 주장한다.

5. Herzkammer를 주로 심장Herz으로 번역한다. 나쁘지 않지만 정확한 번역은 아니다. 심장은 심방Herzvorhof과 심실Herzkammer로 구성되어 있다. 심방은 정맥과 연결되고, 심실은 동맥과 연결되어 있다. 심실은 심장에서 피를 신체 각 부분에 보내는 역할을 하므로, 쉬지 않고 박동한다. 〈트리스탄과 이졸데〉를 보고 듣는 사람은 천둥이 치고 시냇물이 흐르는 것과 같은 심실의 박동을 강력하게 느낄 수 있을 것이다.

6. 니체는 '드넓은 밤의 세계'를 〈트리스탄과 이졸데〉 3막에서 끌어온다. 그는 'weiten Reich der Weltennacht'을 'weiten Raum der Weltennacht'으로 바꿔서 말한다. 'Reich'는 세속적, 정치적 '공간'의 개념이 강하다면, Raum은 물리적, 철학적 '공간'의 개념이 강하다. 트리스탄은 칼을 맞고 곧 자신이 죽을 것이라고 여기고, '드넓

은 밤의 세계'에 들어갈 것이라고 말한다. 그는 곧장 '드넓은 밤의 세계'를 '신성하고 영원하며 완전한 망각의 세계'라고 말한다. 니체는 '드넓은 밤의 세계'를 형이상학적 세계로 이해한다.

사람들은 〈트리스탄과 이졸데〉 3막을 교향악으로 들으면, 이제까지 자신이 개체로 존재했던 모든 걸 깨뜨리고서 하나의 새로운 세계인 '드넓은 밤의 세계', 곧 형이상학적 세계의 입문자가 될 수 있다. 단 이 세계를 접하기는 쉬운 일이 아니다. 이 세계는 스스로 삶을 유지하고자 하는 자신만의 '욕망'을 가져야 하며, 이 욕망을 새로운 세계로 낳기 위해서 엄청난 '출산의 고통'을 겪어야 하고, 이 세계에 접하는 개체에게 이 고통들을 감내해야 한다고 강요하기 때문이다. 또한 '드넓은 밤의 세계'는 개체로서 나를 떠난 너무 낯선 세계이기 때문이다.

음악의 모태에서 태어나고 음악으로 모든 사물을 해석할 수 있는 자라면 이 엄청난 고통 앞에서 주눅 들면 안 된다. 그는 개체로서 삶을 유지하던 '원고향'으로 되돌아가서도 안 된다. 그는 용감하게 고통을 즐기면서 '드넓은 밤의 세계', 형이상학적 이데아의 즐거움을 느껴야 한다.

7. '형이상학의 목자적 윤무'는 다음 5절 전체 내용에 해당한다. 목자는 양치기를 뜻한다. 양치기는 〈트리스탄과 이졸데〉 3막에서 피리 소리를 들려줌으로써 부상을 당한 트리스탄이 자신의 고향, 다시 말하면 형이상학적 세계에 돌아왔음을 깨닫게 해 주는 역할을 한다.

8. '개체적 존재를 부정하지 않고서 그러한 작품을 전체로서 인식할 수 있다'는 모순이다. 개체는 전체를 인식할 수 없다. 개체는 전

체의 부분이기 때문이다. 개체가 하나의 작품 전체를 인식하기는 불가능하다. 개체적 존재가 '드넓은 밤의 세계'를 창조한 그러한 작품을 인식하기는 불가능하다. 모순이다. 그러나 해결할 방법이 있다. 개체가 자신을 부정하면 된다.

'그러한 작품의 창조자를 분쇄하지 않고서 그러한 창조물을 창조할 수 있다'는 것 역시 모순이다. '그러한 작품의 창조자'는 바그너이다. '그러한 창조물'은 '드넓은 밤의 세계'를 창조한 〈트리스탄과 이졸데〉 3막이다. 바그너는 개체이기 때문에 '그러한 창조물'을 만들 수 없다. 따라서 바그너를 죽여야만 '그러한 창조물'이 나타날 수 있다. 모순이다. 그러나 해결할 방법이 있다. 작품의 창조자를 분쇄하면 된다.

개체가 전체를 인식하고, 바그너가 '드넓은 밤의 세계'를 창조한다는 모순을 해결할 방법은 없는가? 니체는 5절에서 이 모순에 대한 답을 한다. 이 모순의 해결은 디오니소스적인 음악만으로 불가능하고 아폴론적인 가상이라는 속임수에 있다.

다시 보기

니체는 〈트리스탄과 이졸데〉를 고대 그리스 비극의 창조적 계승이라고 보았다. 7장과 8장을 보자. 니체는 합창가무단을 비극의 고갱이로 간주한다. 춤추고 노래하는 합창가무단이 없다면 비극은 비극이 아니다.

〈트리스탄과 이졸데〉 3막을 보자. 합창(가무)단[19]의 역할이 없다. 아니 합창(가무)단이 아예 없다. 비극의 창조적 계승인 〈트리트탄과 이졸데〉에 합창(가무)단이 없다면, 니체가 지금까지 말한 비극에 관한 역설은 모두 말장난이고 거짓말이란 말인가? 니체의 주장 대로라면 합창가무단이 없는 비극이란 비극이 아니다.

니체는 21장을 참여자의 시각이 아닌 관조자적(관객) 시각으로 『비극의 탄생』을 요약 정리한다. 그 주요 틀은 디오니소스적인 것과 아폴론적인 것이다. 디오니소스적인 것의 핵심은, 합창가무단임을 이제 다 아는 사실이다. 그렇다면 이 요약에 어떤 형태로든 합창가무단이 들어가야 한다. 하지만 합창가무단은 어느 한 구석에도 설명되어 있지 않다. 〈트리스탄과 이졸데〉를 아무리 샅샅이 살펴도 합창(가무)단이 없다.

합창가무단은 어디로 사라졌는가? 〈트리스탄과 이졸데〉 3막을 다시 듣고 다시 보자. 3막 전체가 하나의 곡이다. 〈트리스탄과 이졸데〉에는 서곡이 없고 전주곡이 있을 뿐이다. 전주곡은 끝나지 않고 곧장 극 속으로 이어진다. 〈트리스탄과 이졸데〉에는 처음부터 끝까지 쉬지 않고 연주가 흐른다. 여기에는 레치타티보가 없다. 처음부터 끝까지 무한히 흐르는 선율만이 존재한다.

또 한 가지 특기할 만한 사실이 나타난다. 오케스트라의 역할이 달라진다. 지금까지 오페라에서 오케스트라는 반주의 역할을 맡았다. 〈트리스탄과 이졸데〉에서 오케스트라는 등장인물의 노래에 반주만 하는 게 아니다. 오케스트라 자체가 필요에 따라 자신의 역할을 한다. 주인공과 주인공 사이에서 오케스트라 자체가 하나의 등장인물 역할을 하고 자신만의 (목)소리를 내고 있다. 오케스트라는 이전 반주자의 지위에서 독립하여 고대 비극의 합창(가무)단과 같은 역할을 하고 있다.

극Drama은 언어를 필요로 한다. 즉, 오케스트라는 인간 음성의 모방이다. 나는 우리가 가수를 일반적으로 제거해야만 한다고 생각한다. 왜냐하면 극의 가수는 난센스Unding이다. 또는 우리는 가수를 오케스트라 안에 넣어야만 한다. 하지만 극의 가수는 음악을 변경시키는 것이 아니라 합창 (가무)단으로서, 즉 오케스트라와 함께 완전한 인간의 음성으로 기능해야만 한다. 합창(가무)단의 복원 …… [20]

〈트리스탄과 이졸데〉 안에서 합창가무단이 사라지지 않았다. 오케스트라가 합창가무단을 대신했다. 과도한 아폴론적인 것, 지나치게 비대해진 아폴론적인 것은 비극을 몰락으로 끌고 갔다. 합창가무단을 대체한 오케스트라는 아이스킬로스의 비극으로 되돌아가려는 시도이다.

무대 앞에 자리를 잡은 오케스트라는 고대 비극의 합창가무단과 같은 위치에 있다. 오케스트라는 무대와 관객들 사이에서 음악의 향연을 벌여 무대 위 공간을 가상의 현실세계로 만든다. 오케스트라는 합창가무단처럼 춤추고 노래하지 않지만, 독자적 역할을 맡아 합창가무단의 역할을 한다. 〈트리스탄과 이졸데〉를 보고 듣는 관객이라면, 주인공들의 음악 사이에 흐르는 오케스트라의 연주를 합창가무단으로 여기고 그들의 노래와 춤에 눈과 귀를 기울여야 한다.

5. 〈트리스탄과 이졸데〉를 통해 본 사물 이전의 보편에의 접근

여기에서 우리의 가장 높은 수준의 음악적 흥분과 저 음악 사이에 비극적 신화와 비극적 영웅이 몰려들어 오는데, 이는 근본적으로 음악만이 직접적으로 말해 줄 수 있는 모든 보편적 사실의 비유일 뿐이다.[1] 하지만 우리가 순수한 디오니소스적 존재로서 느낀다면, 신화는 단지 비유로서 전체적으로 우리들 곁에서 아무런 효과도 없이 초라하게 서 있으며, **사물 이전의 보편** universalia ante rem의 메아리에 우리의 귀를 기울이도록 요청하는 것을 한 순간도 귀 기울이지 못하게 만들 것이다.[2]

여기에서 거의 산산조각 난 개체의 재건을 목적으로 하는 **아폴론적인 힘**이 환희에 가득 찬 속임수Täuschung라는 건강한 향유를 들고 갑자기 툭 튀어나온다.[3] 갑자기 우리는 다만 미동도 않은 채 몽롱하게 바라보면서 '낯익은 피리 소리, 이것이 어째서 나를 일깨우는가?'라고 질문하는 트리스탄을 보고 있다고 믿게 된다.[4]

그리고 이전에 우리에게 존재의 중심점에서 나오는 공허한 탄식으로 다가왔던 것이 이제는 우리에게 '바다는 황량하고 공허하다'와 같은 말로 울려 퍼진다.[5]

그리고 우리가 숨도 못 쉬고서 모든 감정을 경련하듯이 펼친 곳에서 그리고 우리와 이런 존재를 연결시키는 것이 거의 없는 곳에서 구원되기를 갈망할 때, 우리는 이제 죽을 지경으로 부상을 당했지만 죽음에 이르지 못하는 영웅, 절망에 가득 차서 '그리워라! 그리워라!, 죽어 가면서도 그리워라, 그리워서 못 죽겠네.'라고 소리치는 영웅의 말을 듣고 보게 된다.[6]

그리고 이전에 지나칠 정도로 너무 아픈 고통 뒤에 호른의 환호 소리가 가장 아픈 고통처럼 우리의 심장을 찢어 놓았다면, 이제 이졸데가 탄 배가 들어온다고 환호하는 쿠르베날이 우리와 이러한 '환호 그 자체' 사이에 서 있다.[7]

따라서 동정Mitleiden이 우리 안에 강력하게 들어온다면, 어떤 의미에서 동정이 세계의 원고통으로부터 우리를 구원한다.[8] 이는 신화의 비유적 형상이 가장 높은 수준인 세계 이념의 직접적 관조로부터 우리를 구원하고, 사유와 언어가 무의식적인 직접적 의지의 폭발적 분출로부터 우리를 구원하는 것과 같다.[9] 저 장엄한 아폴론적 형상에 의해서 소리의 영역이 조형적 세계로 다가오는 것처럼, 트리스탄과 이졸데의 운명만이 저 조형의 세계에서, 모든 것 중에서 가장 섬세하게 표현된 질료 속에서 형성되고 조형적으로 각인된 것처럼 우리는 생각하게 된다.[10]

1. 바그너의 악극이 공연되는 곳을 상상해 보자. 무대 위에는 비극적 영웅이 있고, 그 주인공을 그린 이야기가 진행된다. 무대 앞에 음악을 연주하는 오케스트라가 있고, 여기에서 음악이 흘러 퍼진다. 관객은 무대 밖에서 무대 위를 바라본다. 바그너의 〈트리스탄과 이졸데〉를 바라보는 대부분의 관객은 주인공과 등장인물들의 행위와 노래에 집중한다. 니체는 주인공의 행위와 노래가 아니라 들려오는 음악에 몸과 마음을 실으라고 권한다. 음악이 공통적인 사실을 전달해 주기 때문이다. 보편적인 것과 공통적인 것에 대해서는 16장 5절을 참고하면 좋다.

2. 니체는 '사물 이전의 보편'에 대해서 16장 3절에서 다루었다. 우리가 디오니소스적 존재로 비극과 〈트리스탄과 이졸데〉를 감상한다면, 신화나 신화적 영웅이 감상에서 차지하는 역할은 그리 크지 않다. 누누이 강조한 것처럼 음악만이 형이상학적 세계를 느낄 수 있는 사물 이전의 보편을 전달하고, 주인공이 사용하는 개념이 중심 역할을 하는 언어는 사물 이후의 보편을 전달하기 때문이다.

3. 4절 말미에서 모순을 어떻게 해결할 것인가에 대한 답변이다. 다

시 아폴론이다. 앞에서 설명한 것처럼 관객이 디오니소스적 존재로서 비극, 〈트리스탄과 이졸데〉를 감상한다면 좋지만, 대다수 관객은 음악에 충분히 동화되기 쉽지 않다.

비극의 창조자들은 이 부족을 어떻게 메웠는가? 아폴론적인 가상, 비극적 주인공과 영웅을 통해 해결했다. 비극 작가는 무대 위에 비극적 주인공과 영웅을 내세우고, 그들의 말과 행위에 음악을 실음으로써 관객들이 사물 이전의 보편 세계에 쉽게 다가갈 수 있게 만들었다. 관객들은 음악과 상호 조화를 이루는 비극적 영웅의 행위와 말을 느낌으로써 형이상학적 세계에 수월하게 다가간다.

4. 〈트리스탄과 이졸데〉 3막의 흐름에서 살펴보자. 겉으로 드러난 내용이다. 양치기가 트리스탄의 시종 쿠르베날에게 트리스탄이 왜 아프냐고 묻고, 쿠르베날은 양치기에게 트리스탄을 치료해 줄 배가 오는지 잘 살펴보라고 대답한다. 양치기가 피리를 불고 사라진다. 그러자 트리스탄이 위와 같이 '낯익은 피리 소리, 이것이 어째서 나를 일깨우는가?'라고 말한다. 이때 정신을 잃다 깨어난 트리스탄이 양치기의 낯익은 피리 소리를 듣고 고향에 돌아왔음을 깨닫는다.

문맥상으로, 니체가 전하고자 하는 내용을 중심으로 살펴보자. 〈트리스탄과 이졸데〉 3막을 보고 듣는 관객이 있고, 무대 위에는 극한의 고통을 겪고 있는 비극적 영웅 트리스탄이 있다. 이때 트리스탄이 부르는 '낯익은 피리 소리, 이것이 어째서 나를 일깨우는가?'는 관객들이 항상 형이상학적 세계와 공존하고 있음을 알려 준다. '낯익은 피리 소리'라는 노래는 우리가 항상 인지하지는 못하지만, 한 번도 우리 곁을 떠난 적이 없는 형이상학적 세계를 알려 주는 음악이다. '이것이 어째서 나를 일깨우는가?'는 관객들에게 형이상학적 세계를 인지할 수 있음을 알려 주는 말이다.

5. 〈트리스탄과 이졸데〉 3막의 흐름에서 살펴보자. 겉으로 드러난 내용이다. 이 말은 흐름상으로 보면 트리스탄의 위 해설 4보다 앞에 있다. 쿠르베날이 양치기에게 이졸데를 태운 배가 들어오는지 보라고 말하자, 양치기가 '바다는 황량하고 공허하다.'로 답한다. 양치기는 이졸데를 태운 배가 바다 위에 없다는 말을 이렇게 노래로 부른다.

  문맥상으로 살펴보자. 이졸데를 태운 배도, 다른 어떤 배도 없는 텅 빈 바다, 아무것도 없는 바다를 양치기가 쿠르베날에게 이 노래로 알린다. 양치기가 말한 '바다는 황량하고 공허하다.'는 '존재의 중심점'인 형이상학적인 이데아, 근원적 일자 또는 어둠의 세계를 나타낸다. 일반적으로 대부분의 관객이 이 말을 통해 형이상학적인 근원적 일자를 바라볼 힘을 얻는다.

6. 〈트리스탄과 이졸데〉 3막의 흐름에서 살펴보자. 겉으로 드러난 내용이다. 트리스탄은 이졸데를 태운 배가 들어오는 것과 같은 환각 상태에 빠진다. 하지만 배는 들어오지 않는다. 양치기의 피리 소리가 가까이 들렸다가 멀리 사라진다. 트리스탄은 이졸데를 너무 그리워한다. 이때 트리스탄은 '그리워라 ……'라고 노래 부른다.

  문맥상으로 살펴보자. 트리스탄에게 이졸데는 단순한 그리움의 대상만은 아니다. 이졸데는 부상을 당한 트리스탄을 살릴 수 있는 약을 갖고 있다. 이졸데는 트리스탄의 그리움을 해결해 주는 동시에 트리스탄의 생명을 살릴 수 있는 자이다. 이졸데는 형이상학적 본질 그 자체이다. 관객은 형이상학적인 본질을 그리워하고 만나기를 바란다. 형이상학적 본질을 만나는 관객은 이졸데를 만난 트리스탄처럼 현재의 고통을 잊을 뿐만 아니라 사후세계의 행복도 얻을 수 있다.

7. 〈트리스탄과 이졸데〉 3막의 흐름에서 살펴보자. '환호 그 자체'는 트리스탄과 이졸데가 노래하지 않는다. 쿠르베날이 이졸데가 탄 배가 들어온 것을 보고 '오 이 기쁨이여! 환희여! …… 배다!'라고 외친 것을 니체는 '환호 그 자체'로 바꿔서 말한다. 쿠르베날은 주인 트리스탄을 살릴 수 있는 이졸데가 탄 배가 바다 위에서 보이자 '기쁨의 삼각 깃발이 즐겁고 환하게 펄럭인다.'라고 노래한다.

문맥상으로 살펴보자. 구성상으로 보면 쿠르베날과 우리(관객) 사이에 '환호 그 자체'가 있다. 우리는 쿠르베날의 노래 소리에서 '배다!'라는 환호를 듣지만, 그것은 현상일 뿐이다. '배다!'는 그리움의 대상이자 치료제이며 형이상학적 본질을 의미하는 이졸데를 만날 수 있는 가능성의 은유이다. 관객은 '배다!'라는 환호를 통해서 이제 근원적 일자와 하나가 될 수 있는 지점에 도달한다.

이상이 4절에서 니체가 말한 '형이상학의 목자적 윤무'를 설명한 것이다. 니체가 〈트리스탄과 이졸데〉 3막에서 인용한 네 구절은 우리가 비극을 감상하면서 형이상학적 본질에 어떻게 접근하는가를 예시적으로 보여 준다.

8. Mitleiden을 '동정'으로 번역하기는 하지만 의미 전달에는 부적합하다. 여기서 Mitleiden은 mit의 '함께', leiden의 '고통을 겪다'를 합하여 '함께 고통 겪음'이란 뜻이다. '함께'는 무대 위의 비극적 주인공이자 영웅인 트리스탄과 이를 보는 관객을 말하고, '고통 겪음'은 관객이 고통을 겪고 있는 트리스탄을 보고 동병상련으로 같이 몸도 마음도 아파하는 것이다. '함께 고통 겪음'은 비극 무대 위 주인공의 고통을 함께 마음 아파함으로써, 아파하는 동안 인간이 태

어나면서부터 타고나는 고통을 잠시 잠깐 동안이나마 망각하는 것을 말한다.

19장 5절에서 '예술의 임무' 중 하나가 '주체를 가상의 치유적 향유를 통해서 의지 반응의 경련으로부터 구제해 주는 것'이라고 선언했던 니체의 말은 여기에 해당한다. 아폴론적인 가상 세계는 비극적 주인공의 고통으로 나타나고, 이를 보는 관객은 주인공의 고통을 통해 자신의 고통을 완화시킨다.

9. '신화의 비유적 형상'과 '사유와 언어' 모두 아폴론적인 것이다. 우리는 비극을 관람하면서 '신화의 비유적 형상'의 도움으로 이해하기 어려운 세계 이념을 쉽게 받아들일 수 있다. 또한 우리는 일상 삶을 살아가면서 '사유와 언어'의 도움으로 나도 모르게 폭발할 수 있는 의지를 제어할 수 있다.

10. 아폴론적인 예술은 정형예술이다. 일정한 형상을 표현하는 정형예술은 눈에 보이지 않는 음악예술을 눈에 보이는 것처럼 만든다. 트리스탄과 이졸데는 조형적으로 표현된 아폴론적 정형예술이다. 트리스탄과 이졸데의 불행에 가득한 운명은 음악으로 표현되지만 관객들에게 형상화된 형태로 다가온다.

다시 보기

'낯익은 피리 소리, 이것이 어째서 나를 일깨우는가?'

'바다는 황량하고 공허하다'

'그리워라! 그리워라!, 죽어 가면서도 그리워라, 그리서 못 죽겠네'

'환호 그 자체'

이 네 구절은 겉으로 보면 이해하기 쉽지 않다. 〈트리스탄과 이졸데〉의 내용을 완전히 외우고 있지 않거나 대본을 찾아 꼼꼼히 읽어 보지 않으면, 순서가 바뀌어 있다거나 니체가 자의적으로 인용하고 있음을 알아차릴 수 없다.

니체는 순서를 바꾸고 자의적으로 인용함으로써, 자신의 의도를 전달한다. 우리는 그 의도를 찾아내고, 저자가 전달하려는 메시지를 파악해야 한다. 그 결과, 위에 예시한 인용 네 구절은 인간이 음악을 통해 어떻게 형이상학적인, 근원적 일자에 다가가는지 그 과정을 알려 준다. 우리는 음악을 통해 어떻게 근원적 일자에 다가갈 수 있는가? 국적과 사상, 성별과 이념, 인종과 종족을 달리하는 수많은 사람들이 베토벤의 《합창》 4악장을 들으면서 비슷한 느낌을 갖는다면, 그 느낌을 어떻게 설명할 수 있을까? 생전 처음 들어 보는 낯선 북소리에 묵직한 가슴 울림을 느끼고, 처음 듣는 현악 소리에 가녀린 가슴 떨림을 느꼈다면 어떻게 설명할 수 있을까? 음악이 느낌이라면, 음악이 마음을 울리는 것이라면, 하나의 음악에서 비슷한 느낌을 얻는다면, 그 느낌을 글로 표현하기 쉽지 않다. 이럴 때 니체가 위에서 든 네 구절의 예시를 다시 상기해 보면, 그 느낌을 정리할 수 있다.

6. 자기절멸로부터 구원하는 아폴론적인 마법의 힘

이와 같이 아폴론적인 것은 디오니소스적인 보편성에서 우리를 떼어 놓고 우리가 개체에 사로잡히도록 한다. 아폴론적인 것은 개체에 대해 우리의 동정적 흥분Mitleidserregung[1] 을 느끼게 만들고, 아폴론적인 것은 개체를 통해서 위대하고 숭고한 형식을 갈망하는 미적 의식을 충족시킨다. 아폴론적인 것은 삶의 형상들을 우리들 곁에 끌어 들여오고 우리가 그 안에 내재된 삶의 핵심을 생각해서 파악하도록 자극한다.[2]

아폴론적인 것은 엄청난 무게를 지닌 형상, 개념, 윤리적 가르침, 공감적 자극sympathischen Erregung의 도움을 받아 인간을 축제적 광란 상태의 자기절멸로부터 끄집어낸다.[3] 아폴론적인 것은 디오니소스적 과정의 보편성과 관련하여 인간을 속임으로써, 인간이 개별적인 세계 형상, 예를 들면 트리스탄과 이졸데를 보고 있다는 환상Wahne, **음악을 통해서 더 낮고 더 내적인 것을 보게 될 것이라**는 환상으로 이끈다.[4]

의학 지식을 갖춘 아폴론 그 자체가 우리를 속여서 마치 디오니소스적인 것이 아폴론적인 것의 종복으로 그 효율성을 증가시키는 게 가능한 것처럼 자극한다면, 마치 음악이 아폴론적인 내용을 위한 본질적인 묘사 기술인 것처럼 자극한다면, 아폴론의 이런 마법이 못하는 것이 무엇이 있겠는가?[5]

1. '동정적 흥분'은 다음 단락에 나오는 '공감적 자극sympathischen Erregung'과 같은 말로, 불행한 주인공의 삶에 관객들이 공감함을 말한다.

2. 관객은 비극을 통해서 얻는 게 있다. 위대한 신이나 뛰어난 영웅마저도 극한의 고통을 받고 있으므로, 내가 살아가고 있는 삶 역시 고통스럽더라도 살 만하다는 것이다. 관객은 이러한 삶의 교훈을 어떻게 얻을 수 있는가를 설명한 단락이다.

그 순서는 다음과 같다. 비극을 보는 관객은 주로 디오니소스적인 음악에 흠뻑 취해 모두 하나가 된 상태에 있다. 반면 관객은 아폴론적인 형상화의 작용으로 무대 위 개체로 존재하면서 고통을 받는 신이나 영웅을 바라본다. 관객은 무대 위 신이나 영웅이 받는 고통을 보면서 함께 고통을 받는다고 느끼는 '동정적 흥분'에 도달한다. 관객은 아폴론적인 형상화인 영웅이나 신이 어떻게 고통을 이겨 내고 담담하게 삶을 영위하는가를 바라보면서, 그들의 숭고함에 감동한다. 그 결과 관객은 주인공을 통해 자신의 고통 받는 삶을 되돌아보면서, 인간의 삶과 고통이 숙명적으로 연결되어 있으며, 이 고통을 견뎌 내는 것이 인간의 삶이라고 여긴다.

니체가 비극의 전형적인 예로 들고 있는 〈트리스탄과 이졸데〉 3막을 본다고 생각해 보라. 관객은 장엄하고 비장하게 흐르는 음악 속에서 자신의 모든 느낌을 내던질 듯하다. 하지만 관객은 트리스탄의 고통에 눈을 고정시키고 자신도 모르게 주인공의 삶에 자신을 대입시키고 함께 고통을 겪는다.

관객은 이졸데를 만날 수 있고 살아날 수 있다는 희망과, 너무 아프기 때문에 이졸데를 보기도 전에 죽을지 모른다는 절망 사이에 널뛰고 있는 트리스탄을 바라본다. 관객은 트리스탄의 희망찬 기대의 찬가와 간절한 절망의 노래를 들으면서 트리스탄이 마지막까지 힘을 내 주기를 바란다.

마침내 이졸데는 도착하지만 트리스탄은 죽는다. 이 장면을 보면서 관객은 자신도 모르게 자신의 삶을 관조한다. 관객은 트리스탄과 이졸데의 비극적 죽음을 보면서 숭고한 예술미를 느낀다.

관객은 비극을 보면서 인간을 하나로 만드는 디오니소스적 음악에 심취하지만 그 음악에 빠져 허우적거리지 않고 일종의 '삶의 교훈'을 깨우친다. 아폴론적인 개체화 원리의 주역인 주인공이 음악 속에서 자신의 삶을 보여 주기 때문이다.

3. 디오니소스적 축제는 대부분 자기파괴로 귀결되었지만, 아테네의 디오니소스 축제만은 새로운 힘을 잉태했다. 왜 그런가? 니체가 지금까지 던진 질문이다. 아테네 고유의 아폴론적인 것 때문이다. 아폴론적인 것은 도대체 무엇인가? '형상, 개념, 윤리적 가르침, 공감적 자극'이다.

인간은 아폴론을 아주 복잡한 신성을 가진 것으로 보았다. 아폴론은 꿈의 신, 의술의 신, 진리의 신, 화살의 신, 태양의 신, 예술의 신 등으로 호명되었다. 니체는 아폴론이 이런 복잡한 성격을 가졌음을 특히 진리와 예술의 관점에서 분석했다.

도대체 아폴론은 어떤 의미에서 예술의 신이 되었는가? 아폴론이 꿈을 표상하는 신인 한에서만 그렇다. 아폴론은 완전히 '빛이 나는 자'이다. 그는 아주 깊은 원천에서 태양의 신이자 빛의 신으로서 장려하게 드러나는 자이다. '아름다움'이 그의 요소이다. 영원한 젊음이 그의 것이다. 하지만 꿈의 아름다운 가상 역시 그의 영역이다. 불완전하게 이해되는 대낮의 현실과 반대로 이러한 상태의 완전성, 더 높은 진리는 아폴론을 진실을 말하는 신으로 격상시킨다. 하지만 아폴론은 또한 예술가적인 신이기도 하다. 아름다운 가상의 신인 동시에 진리 인식의 신이기도 하다. 하지만 가상이 속일 뿐만 아니라 기만하는 곳에서 병적으로 작동하지 않기 위해서 꿈의 형상을 넘어서지 않는 저 부드러운 경계선 또한 아폴론의 존재에 없어서는 안 된다. 저 부드러운 경계선이란 저 적당한 한계, 야만적 흥분으로부터 저 자유, 정형의 신으로서 저 지혜와 휴식이다. 아폴론의 시선은 당연히 '태양처럼' 고요하다. 그

의 시선이 분노하고 불쾌하게 빛날 때조차, 아름다운 가상의 신성함이 아폴론 위에 서린다.'[21]

태양의 신은 아름다움의 신이며, 아름다움의 신은 진리의 신이다. 진리의 신 아폴론은 '꿈의 신'이기 때문에 가상으로 드러나는 '형상'을 표출하고, '개념'을 통해 가르치며, 일정한 '한계선'을 정해 넘어가지 않도록 '윤리적 가르침'을 주며, 서로에 대한 측은지심의 '공감적 자극'을 일깨우는 신이다. 아폴론의 이러한 기능 때문에 아테네의 디오니소스적 비극은 자기절멸이 아니라 아테네인들이 '가장 꾸밈없는 정치적 감정, 가장 자연스러운 고향 본능, 근원적인 인간적 호전성'을 발휘할 수 있게 했다.

4. 다시 디오니소스적인 것으로 회귀다. 비극에서 아폴론적인 것은 어떤 역할을 하는가? 아폴론적인 것은 비극 속에서 관객에게 개별적인 것을 보게 만들지만(이것은 일종의 속임수!), 궁극적으로 디오니소스적인 음악 그 자체를 더 잘 느끼게 만든다. 우리는 무대 위에 있는 아폴론적 개체인 트리스탄과 이졸데를 눈으로 보지만, 흐르는 음악을 통해서 형이상학적 본질의 세계에 접근한다.

5. 아폴론은 의술의 신이기도 하다. 아폴론이 의술의 신인 것은 여러 부분에서 찾을 수 있다. 일단 가장 먼저 알아볼 수 있는 것은 『일리아스』에서 아폴론이 역병의 신으로 나온다는 점이다. 그는 딸을 빼앗긴 자신의 사제가 한 말을 듣고 그리스 진영에 역병을 실은 화살을 쏘았다.

왕에게 분노한 그는

진중에 더러운 역병을 보내니

수많은 사람들이 쓰러졌다.'22

　오디세우스가 소 백 마리를 뜻하는 헤카톰베를 역병의 신 아폴론에게 바치고 기도했고, 이때 그리스 진영의 젊은이들이 파이안을 불렀다고 한다.

아카이오족 젊은이들이

포이보스 아폴론신을 달래는 노래

파이안paean을 하루 종일 불렀다.

아폴론은 이 노래를 듣고 즐거워했다.'23

　파이안은 아폴론을 찬양하는 노래임을 앞에서 살펴보았다. 하지만 파이안은 또한 의술의 신이기도 하다. 8장 4절 해설 4에서 보듯이 호메로스의 『일리아스』에서 파이안은 전쟁에서 부상당한 자를 고치는 의사로 표현된다. 아폴론을 찬양하는 노래, 파이안은 치료의 인격화이다. 이 점에서 아폴론은 치료의 신으로 등장한다.

　또 다른 측면에서 아폴론은 치료의 신이기도 하다. 아스클레피오스는 아폴론의 아들이며, 아스클레피오스의 아들인 포달레이리오스와 마카온 역시 트로이 전쟁에서 활약한다. 아스클레피오스는 죽은 자들을 살려 낸다는 이유로 제우스의 벼락을 맞고 죽는다. 이에 분격한 아폴론은 벼락을 만드는 제우스의 아들을 살해한다. 제우스는 아폴론을 달래고자 아스클레피오스를 의술의 신으로 승격시킨다. 아폴론은 의술의 신이 된 아스클레피오스의 아버지이므로 의술

아스클레피오스(왼쪽)의 지팡이를 뱀이 칭칭 감고 있다. 아스클레피오스가 의술의 신임을 증
명하는 상징이다. 아폴론상(오른쪽)에도 뱀이 조각되어 있다. 아폴론 역시 치료의 신이자 의술
이 신임을 보여 준다. 아스클레피오스와 아폴론 동상 (2세기, 글립토테케 미술관 소장)

에 정통한 치료의 신이라고 할 수 있다.

　문제는 니체가 왜 아폴론을 의술의 신으로 서술하면서 이 글을
쓰는가이다. 니체는 의술의 신을 일종의 비유로 사용한다. 디오니
소스적인 것은 계속 살펴보았듯이 그리스를 제외하고 한 국가나 집
단을 자기절멸에 이르게 하는 역병과 같은 존재이다. 디오니소스적

인 것이 자기절멸의 질병으로 기능하는 걸 막을 수 있는 것, 다시 말해 한 국가의 시민들이 1절에 나오는 '가장 꾸밈없는 정치적 감정, 가장 자연스러운 고향 본능, 근원적인 인간적 호전성'으로 무장하게 만들 수 있는 치료제가 필요하다. 디오니소스 축제가 사회나 국가에 능동적 힘을 부여하는 요소로 그리고 건강한 힘으로 받아들여지기 위해서는, 가장 치명적인 약점을 가장 강력한 강점으로 바꿀 수 있는 일종의 마법이 필요하다. 아테네에서 이 역할을 의술의 신 아폴론이 맡는다.

파이안은 병을 치료하는 마법사들이 부르는 신성한 마법 음악이다. 파이안은 전쟁에서 부상을 당한 병사를 치료하는 의사이다. 파이안은 아폴론을 찬양하는 노래이다. 아폴론은 질병을 치료하는 일종의 마법을 지닌 의술의 신이다. 아폴론은 아테네에서 디오니소스적 축제가 가져올 치명적 질병을 가장 강력한 치료제로 바꾸는 역할을 한다.

아폴론은 '디오니소스적인 것'을 자신의 '종복'으로 삼아 질병으로 발전하지 못하게 한다. 아폴론은 죽은 자를 살릴 수 있는 '의술의 신'의 아버지로서, '음악'을 자신을 표현하는 수단으로 만들어 관객들에게 다가가게 만든다. 아폴론은 이 점에서 세상의 그 어떤 치명적 질병도 치료할 수 있는 마법적인 힘을 지닌 신이다. 자기절멸적이고 디오니소스적인 것은 아폴론적인 것의 견제를 받아 긍정적이며 더 강력한 힘을 발휘한다.

다시 보기

아폴론은 꿈의 신이자 예언의 신이며, 태양의 신이자 광명의 신이며, 음악의 신이자 시의 신이자 예술의 신이며, 궁술의 신이자 전쟁의 신이며, 역병의 신이자 의술의 신이다. 아폴론은 백조, 솔개, 독수리, 까마귀, 늑대, 노루, 암사슴, 돌고래 등으로 상징된다. 아폴론을 대표하는 나무는 월계수이다. 아폴론은 의술의 신 아스클레피오스의 아버지이며 피타고라스의 아버지이며, 소크라테스가 의지했다[*24]는 점에서 소크라테스의 정신적 스승이자 아버지이기도 하다.

니체는 아폴론과 소크라테스를 연결하여 말, 언어, 개념, 표상의 신이자 이성의 신으로 확장하고, 더 나아가 '진리의 신이자 개념의 신, 예술의 신으로 바라보고, 미의 신으로 간주한다. 또한 니체는 아폴론을 소크라테스의 윤리적 사상과 척도와 한계에 근거하여 도덕과 윤리의 신으로 확대시킨다. 더 나아가 앞에서 살펴본 것처럼 니체는 아폴론을 국가 형성의 신으로 보기도 한다.

아폴론은 올림포스의 여러 신들과 비교하여 아주 다양한 신성과 능력을 지니고 있다. 이는 인간이 아폴론에게 기대하는 것이 그만큼 많다는 뜻이다. 아폴론을 어떻게 해석하고 이해할 것인가에 따라 아폴론은 사뭇 다른 모습으로 나타난다. 아폴론은 이성 중심적인 사회와 국가의 측면에서 본다면 현재 우리의 목적 지점이다. 반대로 목적을 이루기 위해 끊임없이 커피와 카페인과 같은 각성제를 들이켜야 하는 현대 사회와 국가에서, 디오니소스는 포기하고 버려야 할 폐기 대상이다.

아폴론만이 존중받는 사회와 국가에서 사는 것이 옳다고 생각하는가? 아니면 아폴론과 더불어 디오니소스도 존중받는 사회와 국가에서 사는 것이 옳다고 생각하는가? 니체는 비극을 예로 들면서 취하지만 각성을 잃지 말아야 하고, 깨어 있지만 도취할 줄 알아야 한다고 강변한다. 적당히 취하고 적당히 각성하는 것, 신경정신과를 멀리할 수 있는 길이다. 비극의 정신이 우리에게 주는 오늘날의 지침이다.

7. 내면을 바라보게 만드는 음악

극Drama[1]은 완성된 극과 자신의 음악 사이에 존재하는 저 예정된 조화 상태에서 언어연극이 도저히 다가갈 수 없는 가장 높은 수준의 가시성에 도달한다.[2]

독자적으로 작동하는 멜로디의 선율Melodienlinien에 실려 있는 모든 생생한 장면의 형태들이 우리 앞에서 명료하게 울려 퍼지는 선율Linien로 단순화되는 것처럼, 이렇게 어우러진 선율은 진행 중인 과정과 더불어 가장 섬세한 방식으로 감정을 일으키는 화음의 변화Harmonienwechsel로 우리의 마음을 울린다.[3] 화음의 어떤 변화에 의해서 우리는 사물의 관계를 감각적으로 지각 가능한, 결코 추상적이지 않은 방식으로 직접 인지한다.[4] 이는 우리가 이러한 관계에서 등장인물Character과 멜로디 선율의 본질이 순수하게 드러난다는 것을 화음의 변화를 통해서 인식하는 것과 마찬가지이다.[5]

음악이 무엇보다 더 많이 그리고 더 내면적으로 보게 하고, 섬세한 그물망처럼 장면의 진행을 우리 앞에 펼쳐 놓는 동안, 무대의 세계는 내부를 바라보는 우리의 승화된 눈앞에서 마침내 확장되는 것과 똑같이 내부로부터 설명한다.

언어 시인이란 완전한 메커니즘을 다수 갖추고 있지만 간접적인 길인 언어와 개념에서 출발하여 누구나 볼 수 있는 무대 위 세계의 저 내적인 확장과 그 내적인 해명에 도달하려고 애쓰는 자인데,[6] 어떻게 그 언어 시인이 음악적 비극과 유사한 것을 제공할 수 있단 말인가?[7] 음악적 비극도 언어를 사용하기는 하지만, 음악적 비극은 동시에 언어의 토대와 탄생지를 그 곁에 나란히 놓을 수 있으며, 우리들에게 언어의 형성을 그 내부에서부터 설명한다.[8]

1. '극'은 좁게 말하면 앞에서 말한 〈트리스탄과 이졸데〉 3막을 말하고, 넓게 말하면 비극을 가리킨다. 지금까지 6절이 주로 아폴론적인 것을 중심으로 '극'을 설명했다면, 여기에서부터는 디오니소스적인 것, 음악을 중심으로 설명한다.

2. 하나의 장면과 그에 어울리는 멜로디 선율이 존재한다. 예컨대 트리스탄이 이졸데가 오기를 간절히 기다리는 장면에는 그와 어울리는 단 하나의 선율이 존재한다. 우리는 트리스탄의 간절한 표정을 보지 않더라도 흐르는 선율만으로도 그 간절한 상황을 느낄 수 있다. 트리스탄이 이졸데가 오기를 간절히 기다리는 장면을 보자.

이졸데가 내게 웃음 지으며 위로와

달콤한 휴식 주고

마지막 치료약을 가져온다.

아, 이졸데, 이졸데!

당신은 얼마나 아름다운가!

쿠르베날, 어째서 이졸데가 안 보이지?

내용이 갑자기 급반전한다. 마침내 쿠르베날이 배가 들어오는 광경을 바라본다.

> 오 이 기쁨이여! 환희여!
> 아, 배다! 북쪽에서 배가 오는 게 보인다.

이러한 변화에는 당연이 화음의 변화가 따르게 마련이다. 우리는 가사가 들리지 않더라도, 화음만의 변화만으로도 간절한 기다림이 실현되는 환희의 장면을 느낄 수 있다. 과정의 변화와 이에 따르는 화음의 변화는 과정 자체를 보다 더 깊이, 더 근원적으로 표현하고 느끼게 해 준다.

3. 아폴론적인 것은 형상이기도 하지만 언어로 표현된 '개념'이라고 6절에서 설명했다. 이졸데의 웃음이 트리스탄에게 '위로와 달콤한 휴식'을 준다는 말을 했을 때, 이를 말과 개념으로 이해하는 것과 음악으로 느끼는 것을 비교해 보자. '위로와 달콤한 휴식'을 말로 들어 보자. 이 말은 추상적인 개념으로 우리에게 다가오지만, 그 '위로와 달콤한 휴식'이 무엇인지 말하기는 쉽지 않다. 반면 '위로와 달콤한 휴식'에 흐르는 음악이 무엇인지 말로 표현할 수는 없지만, 그 음악을 들으면 우리는 그 느낌을 몸과 맘 그리고 피부로 직접 느낄 수 있다.

4. 등장인물과 선율의 관계를 다룬 글이다. 남성적 영웅으로서 사랑하는 여인을 기다리는 트리스탄의 선율과 여성적 영웅으로서 다친 연인에게 조금이라도 빨리 가고 싶은 이졸데의 선율은 다를 수밖에 없다. 아니 달라야만 인물의 성격이 더 정확하게 드러나고, 효과적으로 전달

된다. 우리는 〈트리스탄과 이졸데〉를 선율로 듣기만 해도 누구의 것인가 느낄 수 있다. 바그너가 처음 사용한 라이트모티브Leitmotiv는 이런 효과를 극적으로 드러냈다.

5. 음악이 무대 위의 현상을 보다 본질적으로 느낄 수 있게 만든다는 뜻이다. 우리는 음악을 통해 무대 위를 바라보면, 그 무대 위 세계가 전달하는 느낌을 훨씬 더 잘 이해할 수 있다.

6. '다수의 완전한 메커니즘'이란 언어 시인이 무대 위 배우에게 실행시킬 수 있는 다양한 장치를 말한다. 시인은 배우에게 설명하기, 운문으로 말하기, 논리적으로 표현하기, 화내거나 슬프게 말하기 등 아주 다양한 글을 제시할 수 있다. 시인이 아주 다양한 방법을 사용한다 해도, 음악만큼 더 깊게 무대 위 세계를 설명할 수는 없다. 언어극은 19장 3절에서 말한 '가사의 수사학'의 한계에 빠진다. 니체는 언어극의 한계를 다음과 같이 지적했다.

이제 바그너는 대자적 음악으로서 언어극의 전달 가능성의 약점을 인식했다. 우선 언어극은 사상, 언어, 몸짓을 통해 감정을 작동시키려 하고, 그 결과 수사학으로 전락한다. 열정Leidenschaft이 항상 설득력이 있는 건 아니지만, 여기에서는 설득력이 있어야만 하고 그 덕분에 장황해진다. 언어는 남용되고 소모되는 하나의 방식으로 심중을 털어놓는다. 따라서 언어 작가는 열정의 표현을 발견하기 위해서 말과 사상을 익숙하지 않은 방식으로 채색하지만, 그럼으로써 이해 불가능성으로 빠져든다. 다른 한편 언어 작가는 사상과 문장의 깊이를 통해서 전체를 고양시키지만 허위에 빠진다. 즉, 열정은 자신을 실제로 표현하지 못하고 스스로 전달하지도 못한다.'[25]

7. 언어 시인과 음악 중 어느 것이 무대 위 세계를 더 잘 전달할 수 있는가? 니체는 단연코 음악이 언어 시인보다 무대를 더 잘 이해할 수 있게 만든다고 주장한다.

8. 비극에서 음악과 언어의 관계를 다룬 내용이다. '언어의 토대와 탄생지를 그 곁에 나란히 놓'는다는 것은 언어 시인의 말에 음악을 조응시킨다는 것, 언어와 음악이 하나가 된다는 것을 뜻한다. 그럼으로써 음악은 그 언어가 어디에서 비롯하고 무엇을 전달하고자 하는지를 보다 더 확실하게 드러나게 돕는다. 니체는 이를 다음과 같이 말했다.

> 바그너는 음악, 언어 그리고 몸짓을 결합시킴으로써 무엇보다도 말과 몸짓을 통해서만 표현되었던 내적인 것의 근본적 동요를 직접 서술할 수 있게 되었다. 이제 말과 몸짓은 쉽게 이해되었다. 이제 극의 서술자는 다시 자연스러워졌다.(이전 서술자는 흥분을 일으키고 문장을 말해야만 했다 등등.) 극의 전체 흐름은 단순해졌고, 이상적인 요소는 거대한 구조적 복잡성을 통해서 만들어지지 않았다. 음악은 매 순간 모든 것을 고양시킬 수 있었다. 언어는 사유의 언어에서 감정의 언어로 전환되었고, 훨씬 더 압축되었으며, 노래에 불필요한 조동사는 제거되었다.[26]

다시 보기

〈트리스탄과 이졸데〉를 처음부터 끝까지 보고 들어 보자. 보고 듣고 난 다음 트리스탄과 이졸데는 불륜이었고 간통이었으며, 그 죄 때문에 벌을 받아 죽었다고 결론 내렸는가? 소포클레스의 『오이디푸스왕』을 머릿속으로 비극으로 재현하면서 읽어 보자. 읽고 난

다음 오이디푸스는 아버지를 살해하고 어머니와 근친상간했기 때문에 벌을 받아서 눈이 멀었다고 결론 내렸는가? 셰익스피어의 비극『오셀로』를 읽어 보자. 사랑에 눈이 멀었고 질투심 때문에 결국 벌을 받아 죽었다고 결론 내렸는가?

이런 식의 도덕적 결론을 내리지 않았으리라고 생각한다. 음악극이든 연극이든 비극에는 뭐라 딱 잡아 말하지 못하지만 저 가슴 한가운데에 울리는 그 무엇이 있다. 이것이 바로 비극이다.

〈트리스탄과 이졸데〉를 다시 처음부터 끝까지 하나의 '교향악'으로서, 그 다음에는 '신화'로서 들어 보자. 도덕적 잣대로 트리스탄을 심판할 수 없고 해서도 안 된다. 말, 언어, 표상, 교훈의 세계에서 벗어나 음악의 세계로 트리스탄을 느껴 보자. 〈트리스탄과 이졸데〉의 유난히 간결한 말투와 빈 구석구석을 가득 채운 오케스트라의 음악에 심취해 보자. 레치타티보가 없으며, 끊어질 듯 하면서도 끊어지지 않고 끝없이 이어지는 무한선율에 몸을 맡겨 보자.

〈트리스탄과 이졸데〉가 '사랑의 형이상학!'[27]이며, '형이상학적 목표'[28]이며, '삶에 대항하는 형이상학적인 것'[29]이자 '영혼으로부터 해방, 일상, 기만, 삶에서 벗어남'[30]이라는 것이 느껴졌다면 최고의 감상자이다.

〈트리스탄과 이졸데〉는 음악이자 해방이다. 너절한 종교적, 윤리적, 도덕적 잣대를 벗어 버리고 말, 언어, 표상, 개념의 잣대를 들이대지 말자. 음악 그 자체로 보고 듣고 즐기자. 니체의 간원대로 형이상학적인 근원적 일자에 접근할 수 있으리라. 다른 비극도 도덕적, 윤리적, 국가주의적 잣대로 감상하지 말자. 비극에는 말로 표현할 수 없는 그 무엇이 있다.

8. 진정한 실재로 인도하는 음악

하지만 이처럼 앞에서 기술된 내용을 바탕으로, 비극에서 아폴론적인 것은 단지 장엄한 가상, 특히 앞에서 상술했던 저 아폴론적인 속임수라는 것, 이 아폴론적인 것의 작동에 의해서 우리는 디오니소스적 쇄도와 과잉으로부터 벗어났다고 엄밀하게 말할 수 있을 것이다. 확실히 기본적으로 음악과 극의 관계는 위에서 말한 것과는 어느 정도 반대이다. 즉, 음악은 세계의 고유한 이데아이며, 극은 단지 이러한 이데아의 반사, 고립된 가상적 형상 그 자체이다. 멜로디의 선율과 생생한 형상 사이의 저 일치성, 화음과 저 형상의 특징적 관계 사이의 저 일치성은 음악적 비극의 관람에서 생각되는 것과는 반대되는 의미에서 사실이다.[1]

눈에 띄게 움직이며 살아 있으며 내부로부터 관찰되는 형상을 우리가 좋아하지만, 이 형상은 현상에 지나지 않으며, 이 형상에는 진정한 실재, 세계의 핵심으로 인도하는 어떤 가교도 없다. 하지만 음악은 이러한 핵심으로부터 터져 나와 말을 건다. 그리고 저러한 방식의 헤아릴 수 없이 많은 현상들은 동일한 음악을 통과하지만, 본질 그 자체를 절대 상술하는 것이 아니라 그 외적인 모상일 뿐이다.[2]

영혼과 육체에 관한 대중적이며 전적으로 허구적인 대립으로는 음악과 극의 어려운 관계에 대해서 하나도 설명하지 못할 뿐만 아니라 모든 것을 혼란으로 이끌 뿐이다. 어떤 근거를 접한 우리 미학자들의 저작에서 저 대립의 비철학적 날것이 곧장 잘 알려진 교리가 되었다. 하지만 미학자들은 현상과 물자체의 대립에 관해 아무것도 알지 못하거나 동일하게 알려진 근거로부터 어떤

것도 배우려 하지 않았다.[3]

1. 이것은 다음과 같은 말이다. 비극은 음악과 극으로 구성되어 있다. 음악은 디오니소스적인 것이고 극은 아폴론적인 것이다. 관객의 입장에서 비극은 외적인 측면에서 아폴론적인 것인 극이 디오니소스적 쇄도와 과잉을 막아 주는 것으로 보인다.(6절 내용.) 하지만 내용적 측면에서 보면 디오니소스적인 것인 음악이 세계의 본질, 이데아 그 자체이고 아폴론적인 것인 극은 이데아의 현상에 지나지 않는다.(7절 내용.)

하지만 관객으로서 우리가 비극을 바라보게 되면, 형상이 선율과 화음을 살려 주는 것 같은 속임수에 빠진다. 하지만 실제로는 선율과 화음이 형상을 드러내는 것이라는 점을 잊어서는 안 된다.

2. 현상과 본질의 관계를 다시 철학적으로 다룬 내용이다. 극의 주인공과 극의 스토리는 현상인 형상이고, 음악은 본질이다. 형상은 현상으로서 본질의 세계에 다가갈 수 없고, 음악은 본질에 다가갈 수 있다. 현상이 아무리 다양한 형상을 띠고 무대 위에서 연출된다 할지라도 현상은 현상일 뿐 본질에 다가가지 못한다.

3. 이 단락을 이해하기 위해서는 13장 5절에 나오는 영혼이 육체에 갇혀 있다는 감옥설, 19장 3절에 나오는 가사가 음악보다 중요하다는 것을 비유적으로 설명한, 영혼이 두뇌보다 고귀하다는 설을 참조하면 좋다.

니체는 영혼과 육체, 영혼과 두뇌를 대립하는 것으로 이해해서는 안 된다고 주장한다. 니체식으로 이야기하면 영혼만을 강조하는 음악과 육체만을 강조하는 극은 서로의 독자적 영역을 차지할 수는 있지만 비극을 만들어 내지 못한다. 영혼, 음악을 강조하는 디오니소스적인 것만 있다면 무절제와 방탕, 반국가주의적이자 반사회적 일탈로 귀결된다. 반면, 육체, 극만을 강조하는 아폴론적인 것만 있다면 본질에 접근하지 못한 채 규범, 이성, 지성, 윤리와 도덕, 냉정, 냉엄, 규칙, 국가주의적 형식화로 귀결된다. 왼쪽에는 디오니소스적인 날개와 오른쪽에는 아폴론적인 날개가 제대로 작동할 때 예술은 진정한 예술이 될 수 있어 하늘로 날아올라 갈 수 있다.

오페라를, 레치타티보를 생각해 보라. 니체가 아폴론적인 것에 포섭된 양식이라고 비판했지만, 그 안에는 최소한의 음악적 요소와 대화적 요소의 양 날개가 날개짓을 한다. 이 최소한의 날개짓 덕분에 오페라는 아직도 생명력을 유지하고 있는지도 모른다.

다시 보기

플라톤은 형이상학적 세계관을 정초한 자이다. 종교는 신이라는 이름으로 형이상학적 세계관을 구조화했다. 니체는 「자기비판의 시도」 2장에서 『비극의 탄생』이 '예술가의 형이상학을 배경으로 하는 예술가의 비밀로 가득 찬 책'이라고 말함으로써 스스로 자신이 형이상학자라고 했다. 니체는 『비극의 탄생』에서 여러 번 자신의 형이상학적 세계관을 드러낸다.

니체의 형이상학은 플라톤이나 종교와는 전혀 다르다. 음악을 매개로 하기 때문이다. 플라톤과 종교의 형이상학은 위에서 아래로 내려오는 하향식이다. 이데아나 신이 사물의 다양한 실재를 구현하고 만들어 낸다. 반면 니체의 형이상학은 느낌적이다. 이데아이든 근원적 일자이든 간에 형이상학적 존재가 있으며, 그 근원적 존재를 음악을 통해 느낄 수 있다고 니체는 주장한다. '음악은 세계의 고유한 이데아'이기 때문에 사람들은 음악을 통해 '세계의 고유한 이데아'를 느끼고 접할 수 있다. '음악은 세계의 고유한 이데아'이자 선율로 표현됨으로써 '고유한 이데아의 실현태'가 된다. 즉, 음악은 이데아인 동시에 실재이다.

니체는 음악에서 느끼는 공통적 느낌이 근원적 일자와의 만남 그 자체라고 여러 차례에 걸쳐 주장했다. 우리는 니체의 주장이 허무맹랑하다고 무시할 수 없다. 음악을 통해 서로 다르고 다양한 '우리'는 공통된 감정의 '공감'을 느끼고 하나가 되기 때문이다. 더구나 니체는 디오니소스적 축제를 통해 인간과 동물, 인간과 자연이 다름을 잊고서 하나가 될 수 있다고 누누이 강조하기 때문이다.

니체의 형이상학은 고리타분하고 위압적인 초월적인 근원적 일자를 전제하지 않는다. 니체의 형이상학은 인간의 마음 속에 있는 근원적 일자를 끄집어낸다. 니체의 형이상학은 인간과 자연, 인간과 우주가 느낌으로써 하나가 될 수 있다고 말한다. 내가 우리이자 자연이자 우주이고, 우리와 자연 그리고 우주가 내 안에서 하나라는 느낌을 만들어 낸다. 이 모든 걸 매개하는 고유한 이데아가 음악이다. 음악이 곧 이데아이고 이데아가 음악이다. 음악은 곧 우리의 공통된 느낌을 끄집어내는, 눈에 보이지 않는 현실태이다. 우리는 본질이자 현실태인 음악 속에서 형이상학적 존재를 느낄 수 있는 길을 찾을 수 있다.

9. 아폴론적 예술 효과의 저편에 있는 디오니소스적인 음악

비극에서 아폴론적인 것은 자신의 속임수를 통해서 디오니소스적인 음악의 원요소에 승리를 완벽히 획득하며, 이 승리를 자신의 의도, 특히 드라마의 최상의 명료화에 이용했음이 우리의 분석에서 나온다. 물론 여기에는 저 아폴론적인 속임수가 파괴되고 절멸되어야 한다는 중대한 제한이 가해져야 할 것이다. 우리가 직조기의 직물이 상하 운동에서 만들어짐을 볼 수 있는 것처럼, 극이란 음악의 도움을 받아 모든 운동과 형성의 명료성을 내적으로 해명하면서 우리들 앞에 펼쳐지는 것으로서 전체적인 효과에 도달한다. 하지만 그 효과는 모든 **아폴론적인 예술 효과의 저편에 놓여 있다.**[1]

비극의 전체적인 효과에서 디오니소스적인 것이 다시 중요성을 획득한다. 비극은 아폴론적 예술의 영역에서는 절대 울려 퍼질 수 없는 울림과 함께 끝이 난다. 그리고 아폴론적인 속임수는 속임수 그 자체라는 것, 비극이 진행되는 동안 유지되는 고유한 디오니소스적 효과의 베일 가리기임이 입증된다. 디오니소스적인 것의 효과는 아주 강력해서, 극의 말미에 가면 아폴론적인 것은 디오니소스적 지혜로 말하기 시작하고 자신과 자신의 아폴론적 명료성을 부정하는 영역에 도달한다.[2]

따라서 비극에서 아폴론적인 것과 디오니소스적인 것의 놀라운 관계는 실제로 두 신의 형제 결속을 통해 상징화된다. 디오니소스는 아폴론의 언어로 말하지만, 아폴론은 마지막에 가서 디오니소스의 언어로 말한다. 그럼으로써 비극과 예술의 최상 목적이 성취된다.[3]

1. 비극의 효과는 무엇에서 발생하는가? 관객들은 비극을 보면서

감동을 얻는데, 이는 어디에서 기원하는가? 현상적으로 보면 아폴론적인 것이 모든 걸 보여 주는 것 같다. 하지만 실제로는 디오니소스적인 것이 비극의 효과를 드러낸다. 관객들은 비극을 보면서 아폴론적인 현상 보이기에 몰입하지 말고, 보이지 않지만 흐르고 있는 음악적 요소를 놓치지 말아야 한다. 그래야만 비극을 제대로 느낄 수 있다.

2. 비극에서 우리가 느끼는 감정은 모두 디오니소스적인 것이라는 뜻이다.

3. 친족 관계로 보면 아폴론과 디오니소스는 이복형제이다. 아폴론은 제우스와 레토의 자식이고, 디오니소스는 제우스와 세멜레의 자식이다. 니체는 이복형제의 관계를 비극을 구성하는 실질적인 형제로 설명한다. 둘 중 어느 하나가 사라진다면, 비극은 비극이 아니다. 아폴론적인 것이 없다면 비극에서 형상이 사라지고, 디오니소스적인 것이 없다면 비극에서 본질이 사라진다. 비극이 제대로 구성되기 위해서는 형상과 본질의 적절한 결합을 필요로 한다.

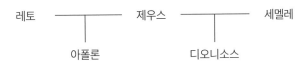

다시 보기

아폴론이 말, 글, 개념, 도덕, 윤리 등 이성의 신이라면, 디오니소스는 감정, 욕망, 욕구, 분출의 신이다. 아폴론이 무대 위 등장인물과 무대 장치의 신이라면, 디오니소스는 관객석과 무대 전체를 감도는 음악의 신이다. 아폴론과 디오니소스가 의기투합하여, 고대 비극과 〈트리스탄과 이졸데〉를 만들었다.

아폴론은 절제와 절도의 신이자, 윤리와 도덕의 신이자, 진리의 신이라면, 디오니소스는 취함과 일탈의 신이자, 쾌락과 환희의 신이자, 생산과 번영의 신이다. 아폴론신만의 영향력에 짓눌려 사는 자는 지나치게 이성적이며 냉정하고, 디오니소스신만을 따르는 자는 넘쳐나는 감정과 일탈로 고생한다. 이성이 부족한 인간은 감정만 앞세우고, 욕망만 내세운 인간은 지혜롭지 못하다. 지나치게 절제하는 자는 따뜻하지 못하고, 계산만 하는 자는 인간적이지 못하다. 취하기만 하는 자는 고통을 겪게 마련이고, 지나치게 냉정한 자는 사람들과 같이 지내지 못한다.

비극이 아폴론적인 것과 디오니소스적인 것의 적절한 결합물이 듯, 인간 역시 일상을 살아가기 위해서 아폴론신의 덕목과 디오니소스신의 덕목을 필요로 한다. 한쪽의 지나친 과잉은 다른 것의 부족을 야기하기 마련이다. 디오니소스적이면서 아폴론적인 인간이 인간의 진정한 면모이다.

21장 다시 보기

21장은 일종의 요약이자 결론의 시작점이다. 21장은 일종의 결론형 안내 지침서이자 지금까지의 내용 요약서이다. 니체는 21장의 들어가는 말에서 '권고적 목소리에서 관조적인 것에 적합한 입장'으로 글을 바꿔 쓴다고 말한다. 니체는 21장에서 지금까지의 설명적이고 전투적인 글쓰기 방식을 버리고 삼자적 시각에서 담담하게 비극이란 무엇인가를 집필한다.(다양한 시각에 대한 내용은 22장 1절 다시 보기에서 다룬다.)

21장은 한편으로 보면 학자적인 관찰자 시선이고, 다른 한편으로 보면 관객의 시선에서 비극이란 무엇인가를 집필한 내용이다. 21장에는 어떤 동적 흥분이나 시대 문제와 싸우는 절박함이 없다. 담담하고 냉정한 시선으로 무대 위 여러 요소들, 스토리, 주인공, 음악을 바라볼 뿐이다.

절별로 보면 다음과 같다. 1절 국가와 예술의 관계에서 본 비극의 시대적 배경, 2절 삶을 분기시키는 비극, 3절 아폴론적인 가상과 디오니소스적인 본질, 4절 현대적 비극의 적절한 예시로서 〈트리스탄과 이졸데〉의 3막, 5절 아폴론적인 가상을 통한 본질에의 접근, 6절 디오니소스적 보편성에서 벗어나게 만드는 아폴론적인 것, 7절 본질에 접근하게 만드는 디오니소스적인 것, 8절 아폴론적인 것과 디오니소스적인 것의 상호 견제 역할, 9절 아폴론과 디오니소스의 형제 결의로서 비극 등이다. 요약한 내용을 보면 지금까지 집필한 내용을 총망라함을 알 수 있다.

월계관을 쓴 아폴론이 수염이 나고 비극적인 복장을 한 디오니소스에게 인사한다. (기원전 4세기, 국립 예르미타시 미술관 소장)

니체의 글이 어렵다면 21장을 먼저 읽고 나서 책 전체를 읽어도 좋다. 위의 각 절별 내용을 이해하고, 앞의 각 장에 하나씩 대입하여 읽어 보면 좋다. 〈트리스탄과 이졸데〉 3막을 열심히 보고 들으며, 비극이란 도대체 무엇인가를 몸으로 느끼고 이 책을 다시 읽어 보는 것도 도움이 된다. 마지막으로 디오니소스와 디오니소스적인 것, 아폴론과 아폴론적인 것을 개념적으로 정리하고, 이 양자가 비극과 〈트리스탄과 이졸데〉에서 어떤 역할을 하는지 살펴보며 이 책을 읽는 것도 좋은 방법이다.

21장을 읽으면서 관점의 변화, 시선의 변화에 따른 내용의 변화에 주목하지 않고서, 니체가 같은 말을 또 하고 있다고 비난하지 말자. 관점의 변화는 용어와 문체의 변화를 가져오고, 시선의 변화는 대상과 내용의 변화를 가져온다. 그 미묘한 차이를 읽어 내기까지는 많은 노력을 필요로 하고, 그 차이를 읽어 내면 커다란 즐거움이 다가온다. 그 미묘한 차이를 가려 내는 마음으로 21장을 읽어 보자.

경험의 입장에서 본
미학적 청중

1. 아폴론적 정점의 파괴―아폴론적 정점의 파괴

사려 깊은 친구aufmerksame Freund[1]라면 진정한 음악적 비극의 효과를 자신의 경험에 비추어 순수하고 있는 그대로 눈앞에 그려 보자. 나는 두 측면에서 이런 효과의 현상을 설명했다고 생각하므로, 사려 깊은 친구는 이제 자신의 경험[2]에 비춰 생각할 것이다.

사려 깊은 친구는 자신이 눈앞에 살아 움직이는 신화와 관련하여 일종의 전지 상태로 상승했다고 느꼈던 것을 상기해야 할 것이다. 그래서 이제 그는 눈으로 보는 힘이 겉뿐만이 아니라 속까지도 들여다볼 수 있음을 알게 되었다. 또한 그는 이제 음악의 도움으로 마치 살아 움직이는 풍부한 선율Linien과 음형Figuren[*31]처럼 의지의 역동, 동기의 투쟁, 팽팽해진 열정을 볼 수 있었으며, 그럼으로써 무의식적 흥분의 가장 연약한 비밀에 이르기까지 내려갈 수 있었다.[3]

사려 깊은 친구는 가시성과 변용 지향적 충동의 최고 상승을 의식하는 동안에도, 이와 같이 긴 일련의 아폴론적 예술 효과가 의지 상실적 관조Anschauen 속에서 저 행복한 머묾Verharren, 즉 조각가와 서사시인, 고요한 아폴론적 예술가가 자신의 예술 작품을 통해서 사려 깊은 친구에게서 불러일으키려 했던 머묾을 산출하지 **못한다**는 것을 명쾌하게 느꼈다. 요컨대 그 머묾은 **개체** 세계의 저 관조 지향적 정당화, 아폴론적 예술의 정점이자 총체 그 자체일 뿐이다.[4]

사려 깊은 친구는 무대 위의 변용된 세계를 바라보지만, 이를 또한 부정한다. 그는 자신 앞에 있는 비극적 영웅(주인공)을 서사시적 명료성과 아름다움으로 바라보지만, 그의 파멸에 기뻐한다. 그는 가장 내적인 것에 이르기까지 장면의 진행을 파악하지만, 파악할 수 없는 것 속으로 기꺼이 도피한다. 그는 영웅(주인공)의 행위를 정당한 것으로 느끼지만, 이 행위가 행위의 장본인을 파괴하면 더 즐거워한다. 사려 깊은 친구는 영웅(주인공)이 겪게 될 고통에 몸서리치지만, 그럼에도 그 고통을 보면서 한층 고양되고 강력한 쾌감을 예감한다.[5] 그는 예전보다 훨씬 더 많이 보고 더 깊이 보지만, 눈이 멀기를 바란다.[6]

우리는 이러한 놀라운 자기분열, 아폴론적 정점의 이러한 근본적 파괴를 디오니소스적 마법이 아니라면 어디에서 도출할 것인가.[7] 디오니소스적 마법은 겉으로 볼 때 가장 자극받은 아폴론적 흥분, 이와 같이 충만한 아폴론적 힘을 자신의 시종으로 강제할 수 있지 않았던가. **비극적 신화**는 아폴론적 예술 수단에 의한 디오니소스적 지혜의 형상화로서만 이해된다. 비극적 신화는 현상의 세계를 가장자리까지 몰아가고, 여기에서 현상세계는 스스로 부정되고 진정하고 유일한 실재 품 안으로 다시 돌아간다.[8] 그 다음 여기에서 현상세계는 이졸데와 함께 자신의 형이상학적 백조의 노래를 부르는 것처럼 보인다.

기쁨의 바다

일렁이는 큰 파도 속에,

향기로운 물결

울려 퍼지는 울림 속에,

숨결의 세계

나부끼는 모든 것 속에—

빠져들고—가라앉고—

의식하지도 못하지만—가장 수준 높은 쾌락이여![9]

1. '친구Freund'를 비교해서 살펴보자. 20장 3절의 '권고적 목소리'에서 '자, 나의 친구들이여, 나와 함께 디오니소스적 삶과 비극의 재탄생을 믿자'에서 나오는 'Freund'는 '동지'의 의미가 강하다. 21장 4절의 '관조적인 것'에서 '이 자리에서 나의 친구들이 다시 한번 시도하라고 간청'한다에서 나오는 'Freund'는 이 책을 읽고 있는 '독자'라는 의미가 강하다. 22장 여기에서 '사려 깊은 친구라면'에서 나오는 Freund는 '애호가'의 의미가 강하다.

22장의 '친구'의 의미는 '자신의 경험에 비춰 생각'하다에서 추론할 수 있다. 22장의 '친구'는 동지나 독자가 아닌 비극을 보면서 몸과 마음으로 '비극을 진정으로 사랑하는 자'를 말한다. '비극을 진정으로 사랑하는 자'인 '친구'는 비극을 사상과 이론으로 접근하는 것이 아니라 '경험'으로 접근하고 온몸으로 사랑하는 자를 말한다.

Freund를 중심으로 『비극의 탄생』을 읽는 방식은 동지적 관점, 이론적 관점, 경험적 관점 세 가지이다. 니체가 동일한 주장을 관점에 따라 어떻게 다르게 설명했는지 음미해 보는 것도 아주 좋은 책 읽기의 방식이다.

2. '두 측면'은 21장 1절에서 '권고적 목소리에서 관조적인 것'으로 나아가고 설명한 데서 찾을 수 있다. '권고적 목소리'는 니체가 자신의 독자들에게 자신과 뜻과 행동을 같이하자고 권유하는 것이고, '관조적인 것'은 니체가 자신의 독자들에게 비극을 학자적, 이론적 관점에서 보자고 한 것이다. 22장에서는 이 두 측면과 다른 '경험적 관점'에서 비극을 다룬다. 따라서 22장을 읽을 때는 비극을 관람한 경험을 중심으로 읽는 것이 좋다. 고대 그리스 비극을 직접 보지 못하므로, 21장에서 니체가 제시한 〈트리스탄과 이졸데〉를 경험한 걸 중심으로 읽는 것도 한 방법이다.

3. 이 문장을 이해하기 위해서는 상상이 필요하다. 아테네 비극 공연장으로 가 보자. 그리고 눈을 감자. 무대 위에 프로메테우스가 커다란 바위에 결박되어 있고, 독수리가 그의 간을 쪼고 있다. 헤르메스는 프로메테우스에게 제우스의 비밀을 알려 달라고 간청한다. 무대 앞에서는 합창가무단의 노래와 춤이 이어지고 있다.

사려 깊은 비극의 애호가는 마치 전지전능한 신처럼 그 모든 장면을 손바닥 위에 올려놓은 듯이 바라본다. 그는 프로메테우스가 인간을 사랑해서 불, 과학, 기술 등을 인간에게 전수했으며, 인간을 위해 모든 걸 바치겠다고 마음먹고 있는 '의지의 역동'을 볼 수 있다. 이때 튜바의 낮은 음이 프로메테우스의 말에 걸맞게 깔린다고 상상해 보자. 반면 비밀을 알려 달라고 간청하는 헤르메스를 상상해 보자. 헤르메스의 간절함이 바이올린의 선율로 들린다고 상상해 보자.

사려 깊은 애호가는 제우스 파멸의 비밀을 알려 달라고 간청하는 헤르메스와, 어떤 경우에도 알려 줄 수 없다고 단호히 거부하는 프로메테우스 사이에 '동기의 투쟁'을 역시 환하게 살펴볼 수 있다. 헤르메스를 상징하는 바이올린과 프로메테우스를 대신하는 튜바가 사사건건 충돌을 하며 갈등을 고조시킨다고 상상해 보자.

사려 깊은 애호가는 프로메테우스가 헤르메스의 회유에도 불구하고 어떤 고통을 감내하겠다는 것, 죽음도 불사할 것이라고 외치는 '팽팽해진 열정'에 감동한다. 튜바의 울림이 한층 더 굵고 강력하게 울려 퍼질 것이라고 상상해 보자.

사려 깊은 애호가는 '눈앞에 살아 움직이는 신화'를 보면서, 알 수 없는 깊은 감동의 세계에 빠져들지만, 그 깊은 감동의 세계가 어디에서 오는지, 무엇인지 어림짐작할 수 있을 뿐이다. 그는 수없이 많이 몰려든 관객들 속에서 '무의식적 흥분의 가장 연약한 비밀'인 근원적 일자의 세계, 삶의 고통과 사후 행복이 무엇인지를 느끼고, 다른 관객들 역시 자신과 동일한 흥분을 느낀다는 사실에 마음이 한껏 부풀어 오른다.

진정 비극을 사랑하는 자라면, 니체가 말한 비극 정신과 비극 예술에 심취한 자라면, 비극 공연을 보면서, 사물의 '겉뿐만이 아니라 속까지도 들여다볼 수' 있는 '전지의 상태'로 고양될 것이다. 『결박된 프로메테우스』만이 아니라 여러 비극도 이런 방식으로 상상해 보자. 니체가 말한 〈트리스탄과 이졸데〉를 감상하면서, 위와 같은 방식으로 상상해 보자. 니체가 말한 '사려 깊은 친구'가 바로 '나'라는 것을 알 수 있을 것이다.

4. 이 문장의 이해를 가로막는 것은 '머무르다', '고수하다'라는 뜻을 지닌 'Verharren'이다. 이 단어는 우리말로는 '안주', '머물다', '상태'라는 말로 번역되었다. 영어로 체념resignation, 지속continuance, 무관심이나 무심indifference으로 번역되곤 한다. 의미상으로 본다면 Verharren은 관객이 비극을 물끄러미 보고 있는 상태이자 관객이 비극을 보면서 느끼는 어떤 감정의 일시적 상태를 말한다. 여기에서는 '머묾'으로 번역했다.

이 단락은 주로 비극에서 아폴론적인 것의 효과와 한계를 지적한 내용이다. 비극을 사랑하는 사려 깊은 애호가가 무대 위에서 진행되는 사건의 흐름과 주인공의 행동을 어떻게 느끼는가? 사려 깊은 애호가는 눈에 들어오는 비극적 신화와 주인공의 비참한 죽음을 보고 어떤 느낌을 갖는가? 사랑하는 연인 이졸데, 삶의 희망을 가져오는 이졸데를 애타게 기다리던 트리스탄의 죽음, 또한 트리스탄의 죽음을 확인한 이졸데의 죽음에서 사려 깊은 애호가는 무엇을 느끼는가?

가시성과 변용의 신 아폴론이 신화로 탄생하고 무대 위 눈에 보이는 예술로 나타나지만, 사려 깊은 애호가는 주인공들의 죽음에 무언가 허전하고 공허한 것을 느낄 수밖에 없다. 비극에서 아폴론적인 것이 주는 감동은 개체인 주인공의 삶과 죽음을 눈으로 바라보는 '관조 지향적'인 것이다. 따라서 그 '머묾'이란 본질적인 것, 근원적 일자와의 합일을 주지 못하는 피상적인 것에 지나지 않는다.

5. 이 단락은 주로 비극에서 아폴론적인 것의 효과를 보완하는 디오니소스적인 것의 효과를 말한다. 이 단락은 사려 깊은 애호가가 비극 주인공의 파멸을 어떻게 받아들이는가를 다룬다. 사려 깊은 애호가는 비극 주인공의 파멸이나 죽음을 기쁘게 받아들인다. 오이디푸스가 자신의 눈을 찌를 때, 안티고네가 눈이 먼 오이디푸스를 인도하며 돌아다닐 때 우리는 어떤 감정을 느끼는가? 우리가 눈으로 비극 대본을 읽는 것이 아니라, 노래와 춤과 음악이 어우러진 오이디푸스의 불행을 보면, 어떤 생각이 들겠는가? 안타까운가? 불쌍한가? 아니면 아버지를 죽이고 어머니와 근친상간을 했으므로, 용서받지 못할 죄를 지었으므로 벌을 받는 것이 너무나 당연하다고 생각하는가?

  절대 그런 생각을 하지 않을 것이다. 그런 생각을 하거나 그런 태도로 감상을 했다면 비극을 잘못 받아들이는 것이다. 사려 깊은 애호가는 오이디푸스의 비극이 주는 메시지를 정확하게 '파악할 수 없다'는 사실에 곤혹스러워한다. 그는 오이디푸스의 죽음이 주는 '강력한 쾌감을 예감'한다. 그는 비극의 주인공이 당하는 고통이 클수록 주인공이 겪게 될 행복도 커진다는 사실에 행복감을 느끼게 마련이다.

6. 신화적 측면에서 살펴보자. 이 말은 눈이 멀면 더 많이 보고 더 깊이 본다를 뒤집은 것이다. 테베의 테이레시아스처럼 고대 예언자 중에는 장님이 많았다. 장님인 예언자는 눈이 보이지는 않지만 다양한 방법으로 앞일을 예언할 수 있었다. 테이레시아스는 오이디푸스가 눈을 뜨고 있지만 과거에 어떤 일이 벌어졌는지(아버지 살해), 현재 어떤 일이 벌어지고 있는지(어머니와의 근친상간)를 지적했고,

앞으로 어떤 일이 벌어질지(오이디푸스가 장님이 되어 떠돌아다닐 것이라는 사실)를 알지 못한다고 예언한다. 오이디푸스는 눈을 뜨고서 많이 배우거나 익힌 지식과 지혜를 가지고 테베가 겪고 있는 스핑크스의 문제를 해결한다. 하지만 오이디푸스가 가진 지혜는 눈이 먼 장님 테이레시아스의 지혜만 못했다.

지식이라는 측면에서 이 말을 살펴보자. 일반적으로 지식이나 지혜의 상당 부분은 눈을 통해서 얻는다. 책이든, 신문이든, 인터넷이든 다양한 정보는 눈을 크게 뜰수록, 많이 볼수록 많이 얻을 수 있다. 하지만 인간은 자신이 보고 싶은 것만 보고 듣고 싶은 것만 듣는 속성이 있다. 이른바 확증 편향이다. 인간은 자신이 본 것을 더 파헤치고, 본 것만을 지식으로 여기는 경향이 강하다. 다른 말로 하면 자신의 눈으로 본 것 이외에는 다른 것을 보지 못하거나 무가치한 것으로 여긴다는 소리이다.

비극의 맥락에서 살펴보자. 아폴론적인 것은 눈에 보이는 것이지만 디오니소스적인 것은 눈에 보이지 않는다. 눈에 보이는 아폴론적 주인공의 이야기와 행위는 관객에게 잘 보이지만, 디오니소스적 음악은 눈에 보이지 않고 들릴 뿐이다. 사려 깊은 애호가는 눈에 보이지 않는 디오니소스적 음악을 통해 아폴론적인 신화와 아폴론적 주인공의 행위를 더 많이 보고 더 깊이 바라볼 수 있다. 결론적으로 말하면 근원적 일자를 보기 위해서는 아폴론적인 것에 매몰되어서는 안 된다. 매몰되지 않기 위해서는 눈이 멀어야 한다.

결론적으로 '눈이 멀다'라는 것은 디오니소스적 음악에 심취하여 눈을 감음도 되고, 이론적 세계에 눈을 닫음도 뜻하고, 근원적 일자에 다가가기 위해서는 눈에 보이는 것을 보지 않아야 함을 뜻하기도 한다. 눈을 감을 때만이 비극의 진정한 힘을 느낄 수 있다. 뜬 눈은 감은 눈보다 많은 걸 느낄 수 없다.

7. 주인공의 파멸에서 오는 기쁨은 무엇에서 비롯하는가? 아폴론적인 것을 보완해 주는 디오니소스적인 음악에서 비롯한다. 사려 깊은 애호가는 아폴론적 비극적 신화와 주인공의 비극적인 죽음이 비극의 종결이 아니라 새로운 희망의 시작으로 받아들인다. 디오니소스적인 것의 힘 덕분이다.

8. 비극에 나타난 신화를 아폴론적 관점과 디오니소스적 관점에서 정의한 것이다. 아폴론적인 것은 수단이고 디오니소스적인 것은 본질이라는 기본 사상이 이 정의에도 관철된다. 니체는 비극적 신화란 아폴론적 예술을 수단으로 이용하여 디오니소스적 지혜를 드러내는 것이라고 정의한다.

아폴론적 예술이란 비극적 영웅인 주인공과 비극적 스토리이다.

바그너의 원문	니체의 수정문
In dem wogenden Schwall,	In des **Wonnemeeres** wogendem Schwall,
in dem tönenden Schall,	in der **Duft-Wellen** tönendem Schall,
in des Welt-Atems wehendem All --- ertrinken, versinken --- unbewußt --- höchste Lust!	in des Welt-Atems wehendem All --- ertrinken, versinken --- unbewußt --- höchste Lust!

주인공과 스토리는 가상의 세계이자 현상의 세계이다. 비극은 디오니소스적 음악을 배경으로 아폴론적 예술을 무대 위에서 표현하는 것이다.

'현상세계를 가장자리까지 몰아'간다는 것은 아폴론적인 형상이 본질에 가깝게 다가감을 뜻한다. 이때 아폴론적인 예술이 디오니소스적 음악과 결합하면, 현상세계는 본질세계, 실재세계의 '품 안'으로, 다시 말하면 실재세계 속에서 머물게 된다.

사려 깊은 애호가인 친구는 무대 위에서 현상세계인 아폴론적인 것을 바라보지만, 음악을 통해 디오니소스적인 실재세계, 본질세계에 도달하고 향유하게 된다.

9. 비극이 주는 즐거움은 '가장 수준 높은 쾌락'이며, 이를 아폴론적인 것과 디오니소스적인 것에 맞춰 설명한 내용이다. 니체의 인용문은 바그너의 원문과 약간 다르다.

니체는 바그너의 원문에 'Wonnemeeres(기쁨의 바다)'와 'Duft-Wellen(향기로운 물결)'이란 단어를 추가했다. 니체는 이 두 단어를 넣음으로써 대비 효과를 극명하게 드러내는 동시에 형이상학적 상태를 명료히 하고자 한다. '기쁨의 바다', '향기로운 물결', '숨결의 세계'와 '일렁이는 큰 파도 속에', '울려 퍼지는 울림 속에', '나부끼는 모든 것 속에'는 대비된다.

전자가 안정적인 상태라면, 후자는 동적인 상태이다. 전자가 형이상학적 세계라면, 후자는 현상세계이다. 전자가 인간이 바라고 기원하는 행복 추구라면, 후자는 인간이 고통스럽게 살아가는 현실 세계이다. 비극 공연의 관점에서 본다면, 전자는 주인공이 추구하는 것이고, 후자는 주인공이 겪는 고통이다.

하지만 전자와 후자는 분리되지 않는다. '일렁이는 큰 파도 속에' '기쁨의 바다'가 있으며, '울려 퍼지는 울림 속에' '향기로운 물결'이 있으며, '나부끼는 모든 것 속에' '숨결의 세계'를 느낄 수 있다. 즉, 고통 속에 형이상학적 즐거움이 존재한다.

형이상학적 행복이란 하늘에 떠 있는 것이 아니다. 이 행복은 인간이 현재의 고통 속에 빠져들고, 주인공이 고통 속에 '빠져들고' '가라앉고' 있을 때 '의식하지 못하지만' 고통 속에 있는 것이다. 인간은 아폴론적인 형상으로서 자신에게 부여된 운명의 고통을 겪지만, 그 고통을 이겨 냄으로써 '의식하지 못하지만' 근원적 일자의 세계를 만나게 된다. 인간은 고통을 이겨 냄으로써 형이상학적 즐거움에 도달한다.

다시 보기

15장 9절에 "관조적인 자Beschaulichen로서 저 엄청난 투쟁과 변동의 목격자가 되는 것을 허락받아 보자.", 21장 1절에 "권고적 목소리 exhortativen Tönen에서 관조적인 것Beschaulichen에 적합한 입장으로 돌아가 보자.", 22장 1절에 "사려 깊은 친구는 이제 자신의 경험nach seinen Erfahrung에 비춰 생각할 것이다."라는 말이 나온다.

15장 9절의 관조적인 자는 말 그대로 삼자적인 시각에서 관전하는 자이다. 하지만 그는 관전하는 자에 머물지 못한다. 양자의 투쟁을 바라보는 자는 '참전할 수밖에' 없기 때문이다. 16장부터 20장까지 르네상스 이후 벌어진 비극의 생존 투쟁을 관전하는 자는 오페라 대 바그너의 악극과 비극 철학의 투쟁에서 어느 한 편에 설 수밖에 없다. 어느 한 편을 드는 것은 곧 양자의 생존을 건 투쟁에 참전하는 것이나 마찬가지이다.

　반면 21장의 관조적인 자는 학문적인 시각에서 정리하는 자이다. 그는 지금까지 존재했던 비극을 둘러싼 투쟁을 바라보면서, 비극이란 도대체 무엇인가를 역사적 측면, 철학적 측면, 예술적 측면에서 담담하게 정리하는 자이다. 그의 눈은 담담하게 바라볼 뿐이다. 그의 가슴은 뜨겁지만 그의 머리는 냉정하다.

　22장의 '자신의 경험에 비춰' 보는 자의 가슴은 뜨겁게 타오른다. 그는 비극을 관람하면서 가슴속 깊이 느꼈던 감정을 불처럼 토해 낸다. 그는 동정과 공포에서 오는 카타르시스도 아니며 종교적 윤리적 감동에서 오는 승화와는 전혀 다른 감동을 느낀다. 그는 자신의 벅찬 감동을 설명할 수도 없고 하지도 못한다. 그는 말로 설명할 수 없는 막연한 그 무엇에 감동할 뿐이다. 비극이 주는 감동은 '자신의 경험에 비춰' 보는 거울이다. 그 거울 이상도 이하도 아니다. 거울은 그가 느끼고 감동하는 것만큼 비춰 준다.

2. 개체와 예술적 기쁨의 통일

　따라서 우리는 진정한 미적 청중의 경험에 근거하여 비극 예술가가 다음과 같이 창조한다고 생생하게 그려 볼 수 있다.[1] 즉, 개체의 풍부한 신인 비극적 예술가는 어떤 의미에서 자신의 작품이 '자연의 모방'으로 결코 파악되지 않는 자신의 형상을 창조한다는 것, 하지만 그 다음 그의 무시무시한 디오니소스적 충동이 현상세계의 배후에서, 그리고 현상세계의 절멸을 통해서 근원적 일자Ur-Einen의 태내에서 가장 높은 예술적 최고의 기쁨Urfreude을 예감하기 위해서 이러한 현상세계 전체를 삼켜 버린다는 것이다.[2]

물론 우리 미학자들은 원고향으로의 이러한 회귀, 비극 내에서 두 예술 신들의 형제 결의, 청중의 아폴론적 흥분과 디오니소스적 흥분에 관한 어떤 것도 알려 주지 못한다.[3] 반면 그들은 지치지도 않고서 영웅과 운명의 투쟁, 인륜적인 질서의 승리 또는 비극에 의해서 작동된 정념의 분출을 고유한 비극적인 것이라고 특징짓는다.[4] 그들의 어떤 집요함을 보면, 나는 우리의 미학자들이 일반적으로 미적으로 예민한 인간이 결코 아니며, 비극을 들으면서도 아마도 도덕적 본질만 고려한다고 생각한다.[5]

아리스토텔레스 이래, 비극적 효과에 관한 설명, 즉 청중의 예술적 상태, 청중의 미학적 행위에 대해 추론할 수 있는 설명이 제시된 적이 없다. 동정과 공포가 진지한 진행을 통해 홀가분한 해방감을 야기한다든지,[6] 또는 우리가 선하고 고귀한 원리의 승리에서, 인륜적인 세계관의 의미에서, 영웅의 헌신에서 숭고함과 감격을 느낀다[7]는 설명이 있었다. 따라서 나는 수없이 많은 사람들에게 이것, 단지 이것만이 비극의 효과라는 것, 그래서 이러한 모든 것이 그 해석적 미학자들과 함께하면 최고의 **예술**로서 비극에 관해 어떤 것도 경험하지 못했다는 결론이 추론된다고 믿었다.

저 병리학적인 해방이 의학적 현상인지 아니면 도덕적 현상인지 문헌학자들이 알지 못한 아리스토텔레스의 저 카타르시스론[8]은 괴테의 다음과 같이 유명한 예감을 떠올리게 한다. 그는 다음과 같이 말했다.

생생한 병리학적 관심이 없었다면, 나는 어떤 비극적 상황을 다루는 데 결코 도달하지 못했을 것이고, 따라서 비극적 상황을 추구하기보다는 회피

했다. 고대인들의 경우 가장 파토스인 것이 또한 미학적 놀이였다는 것은 그들의 장점 중 하나이지 않겠는가? 우리들의 경우 그러한 작품을 산출하기 위해서는 자연 진리Naturwahrheit가 함께해야만 하지 않았는가?[9]

우리는 실제로 가장 파토스적인 것이 어떻게 해서 또한 미학적 놀이일 수 있는가를 음악적 비극과 함께 놀랍게도 경험했으므로,[10] 이제 우리의 장려한 경험에 따라 이러한 마지막 심오한 최종 질문을 긍정해도 좋다. 이 때문에 우리는 이제 비극적인 것의 근원 현상을 다소 성공적으로 서술했다는 것을 믿어도 좋다.

이제 저 대표적 효과를 미학 외적인 영역에서 여전히 설명하면서 병리학적이고 도덕적인 과정을 넘어서지 못하는 자는 자신의 미학적 본능에 자포자기해야 할 것이다. 우리는 이런 자에게 게르비누스의 방식에 따른 셰익스피어의 해석과 그 대용품으로서 '시적 정의'의 근면한 발견을 권유하는 바이다.[11]

1. 관객과 예술가의 관계를 서술한 글이다. 이 단락은 비극 예술가가 미적 청중의 경험을 수용하여 어떻게 비극을 창작하는가를 설명하겠다는 걸 밝힌다. 따라서 이후의 글을 읽을 때는 창작자의 창작 원리이기는 하지만 관객의 경험을 전제하고 있음에 유의해야 한다.
2. 내용적 측면에서 설명하면 다음과 같다. '자연의 모방'에서 모방의 의미는 2장 2절 아리스토텔레스의 사상을 중심으로 설명했다. "'자연의 모방'으로 결코 파악되지 않는" 것은 디오니소스적인 예술인 음악을 말한다. 비극이란 아폴론적인 형상의 예술인 '자연의 모방'과 눈에 보이지 않는 '의지 그 자체의 모방'인 디오니소스적 예

술의 결합이다. 비극은 눈에 보이는 예술과 눈에 보이지 않는 예술, 이 양자 결합이 낳은 시너지 효과의 예술로서, 관객으로 하여금 형이상학적인 근원적 일자와 결합하게 만든다.

이 단락은 예술 창작자의 입장에서 설명하면 다음과 같다. 비극 창작자는 미적 청중들이 비극을 보면서 '유일한 실재의 품 안'에 들어가는 것을 경험상 알고 있다. '유일한 실재의 품 안'에 관객들이 들어서도록 만들기 위해서는 우선 눈에 보이는 현상세계, 즉 '자연의 모방'이 존재해야 한다. 관객들은 자연의 모방이 존재해야만 비극에 쉽게 빨려들기 때문이다. 하지만 '자연의 모방'만으로는 관객을 완전히 인입할 수 없다. 주인공과 스토리는 현상이기 때문이다.

비극 창작자는 '자연의 모방'에 가장 들어맞는 '의지 그 자체의 모방'인 음악을 작곡해야 한다. 비극 예술가는 창작하면서 아폴론적인 형상예술인 '자연의 모방'과 디오니소스적인 음악예술인 '의지 그 자체의 모방'의 꽉 찬 결합을 추구한다. 이렇게 창작한다면, 미적 청중들은 새로운 작품을 보면서 '형이상학적 백조의 노래'에서 보여지듯이 다시 한번 '유일한 실재의 품 안'에 뛰어든다.

3. '원고향으로의 회귀'에 대해서는 21장 5절에서, '두 신의 형제 결의'에 대해서는 21장 9절에서, '아폴론적 흥분'에 대해서는 21장 6절에서, '디오니소스적 흥분'에 대해서는 21장 7절에서 다루었다.

4. 일반적으로 우리가 비극을 읽는 다양한 태도를 보여 준다. 억지로 꿰어 맞춘다면 20장 1절에 나오는 고등 교양 기관 선생들 패거리와 종이의 노예인 저널리스트들이 비극을 읽는 방식이다.

'영웅과 운명의 투쟁'은 비극의 주인공들이 자신에게 닥친 가혹한 운명을 어떻게 받아들이는가를 중심으로 비극을 읽는 것이다.

오이디푸스는 아무리 벗어나려고 해도 벗어날 수 없었던 친부 살해와 어머니와 근친상간의 운명을 지니고 있었다. 프로메테우스는 절대신인 제우스의 비밀을 알고 있지만 이를 드러내서는 안 되는 운명을 지니고 있었다. 트리스탄은 자신이 구해 주지만 사랑에 빠져서는 안 되는 여인 이졸데와 사랑에 빠지는 운명에 처한다. 뒤에 나오는 로엔그린은 고난에 처한 엘사를 구해 주지만 엘사는 하지 말아야 할 질문을 함으로써 죽을 운명에 처한다. 이런 독해 방식은 비극 속에서 영웅과 운명의 대결, 영웅의 헌신적인 노력과 체념을 교훈으로 끄집어낸다.

'인륜적인 질서의 승리'는 비극 주인공들이 운명과 숙명 때문에 어쩔 수 없이 죄를 짓지만, 그 죄 때문에 파멸하는 것으로 비극을 읽는 방식이다. 이런 독해는, 오이디푸스는 근친상간과 친부 살해 때문에, 프로메테우스는 절대신을 무시한 죄 때문에, 트리스탄은 간통 때문에, 엘사는 하지 말아야 할 질문을 했기 때문에 파멸했다고 이해한다. 이러한 독해는 인간이란 도덕적으로 살아야 한다는 유아적 교훈을 절대 가치로 상승시킨다.

'비극에 의해서 작동된 정념의 분출'은 비극 주인공이 자신도 모르게 어떤 생각을 하고 어떤 행동을 하면, 우리도 비극 주인공의 생각과 행동에 맞춰 감정을 발산하는 것을 말한다.

5. 속물적인 미학자 또는 대다수 비극 독자는 '원고향으로의 이러한 회귀' 등을 받아들이지 않고 '영웅과 운명의 투쟁'으로 비극을 이해하곤 한다. 비극의 올바른 감상자라면 '원고향으로의 회귀' 등을 적극 수용해야 하고, '영웅과 운명의 투쟁' 등의 독해 방식을 버려야 한다. 이외의 비극 독해 방식은 말 그대로 눈으로 '읽는 것'으

로서 교훈 중심적 독해이다. '원고향으로의 회귀' 방식으로 비극을 느끼는 것은 말 그대로 음악으로 비극을 받아들이는 것이다.

6. 비극에서 주인공이 당하는 고통을 보고 청중이 느끼는 동정과 공포에 대해서는 3장 4절, 8장 7절, 9장 2절, 12장 7절, 17장 1절에서 다루었다. 니체는 주로 아리스토텔레스의 이론에 근거하여 설명한다.

7. 실러의 견해를 말한다. 실러는 『미적 그리고 철학적 에세이 Aesthetical and Philosophical Essays』의 「우리가 비극에서 얻는 쾌락 The Pleasure We Derive from Tragic Objects」에서 비극의 주인공이 겪는 고통과 투쟁이 인간의 도덕적 감정을 승화시킨다고 말한다.

가장 높은 수준의 도덕적 의식은 오직 투쟁 속에서만 존재하고, 가장 높은 도덕적 쾌락은 항상 고통에 수반된다.

결론적으로 우리에게 상당한 높은 수준의 도덕적 쾌락을 확보해 주는 시의 종류는 뒤섞인 감정들을 수용하며, 고통 또는 불행을 통해 우리를 즐겁게 한다. 이것은 특히 비극이 행하는 일이다. 그리고 비극의 영역은 도덕적 정당성을 노리고서 육체적인 정당성을, 또는 더 높은 도덕적 정당성을 위해 낮은 수준의 도덕적 정당성을 희생시키는 모든 것을 포괄한다. 아마도 가장 낮은 수준에서 가장 높은 수준에 이르기까지 도덕적 쾌락의 척도를 형성하고, 이러한 정당성의 원리에 의해서 고통 또는 쾌락의 정도의 경험을 결정하는 게 가능해진다. 또 다른 비극의 질서라는 것도 동일한 원리 위에서 아주 철저한 원리의 목록화를 형성하기 위해서 범주화될 수 있다.[32]

니체는 도덕적 관점으로 비극을 보는 실러의 견해를 부정한다.

8. 카타르시스는 생리적인 측면에서는 설사약을 먹고 배변 활동하는 걸 뜻하고, 문학적인 측면에서는 비극을 보고서 얻어지는 감정의 정화를 뜻한다. 이 내용을 살펴보도록 하자.

앞의 문장은 아리스토텔레스의 '정화'를 뜻하는 카타르시스 Katharsis에 관한 논의가 의학적 현상인지 도덕적 현상인지 불분명하다는 소리이다. 실제로 아리스토텔레스의 카타르시스에 대해서는 의견이 분분하다. 우리가 비극에서 얻는 카타르시스에 대해서는 아리스토텔레스의 이론을 바탕으로 어느 정도 정리할 수 있다.

아리스토텔레스의 카타르시스론은 음악 교육론과 비극 감상론 두 측면에서 나타난다. 우선 음악 교육론 측면에서 카타르시스는 아울로스라는 악기와 연관된다. 아울로스는 사티로스 중 하나인 마르시우스가 능숙하게 불던 악기이자, 일반적으로 디오니소스를 상징하는 악기이다. 아리스토텔레스는 아울로스라는 악기가 욕망의 정화에 기여한다고 보았다.

아울로스는 인격을 표현하는 도구가 아니라 아주 강력한 흥분을 표현하는 도구이다. 아울로스를 적절하게 사용할 때는 가르침이 아니라 욕망의 정화에 기여할 때이다.[33]

아리스토텔레스에 따르면 손으로 연주하는 아폴론의 키타라가 이성, 지성의 교육에 적합한 반면, 입으로 부는 악기인 아울로스는 인간의 다양한 욕망을 해소시켜 주고, 그 결과 감정의 정화에 도달할 수 있다고 한다. 아울로스가 카타르시스의 기능을 행하는 것은 아울로스라는 악기의 성격에서 기인한다. 아울로스라는 악기는 입으로 불기 때문에 입으로 부는 동안에는 말을 할 수 없다. 말, 언어는 이성을 강화시키는 기능을 한다는 것은 주지의 사실이다. 키타라는 악기를 연주하는 동안에도 입으로 말하거나 노래를 부를 수 있다는 점에서 이성과 지성의 교육에 적합한 악기이다.

아울로스가 이성에 부적합하다는 사실을 아리스토텔레스는 아울로스와 관련된 옛 신화에서 찾는다.

따라서 고대인들의 신화에는 어떤 의미가 있다. 그 신화에 따르면 아테네가 아울로스를 발명했지만 그것을 곧 버렸다고 한다. 아울로스가 얼굴을 추하게 만들기 때문에 여신이 아울로스를 좋아하지 않았다는 것은 그들에게 그리 나쁜 생각이 아니다. 한층 더 그럴 듯한 이유가 있는데 아테네가 아울로스 연주가 정신에 아무런 도움이 되지 않았기 때문에 아울로스를 거부했다는 것이다. 왜냐하면 우리는 지식과 예술을 아테네 여신의 것으로 돌리기 때문이다.'[34]

아울로스는 '정신에 아무런 도움이 되지' 않는 악기이다. 아테네는 지혜의 상징이므로 지혜를 수반하지 않는 악기를 사랑할 리 없다. 반대로 디오니소스 축제에서는 반드시 아울로스가 등장한다. 아울로스 가락은 끊어질 듯 이어지면서 인간의 저 깊은 가슴 속에서 끓고 있는 다양한 욕망을 음악으로 전환시킨다. 우리는 아울로스, 우리식으로 말하면 피리 가락을 들으면서 인간의 맘속에 꿈틀거리는 기본적 욕망을 느낀다. 디오니소스적 악기는 이런 점에서 인간의 이성이 아닌 감성의 해소에 기여한다. 아울로스가 카타르시스 기능을 행한다는 것은 지적이거나 교육적인 것과 거리가 먼 감

아폴론의 키타라와 마르시우스의 아울로스 연주 (아테네 국립 고고학 박물관 소장. Jean-Pierre Dalbéra 사진, www.flickr.com/photos/dalbera/30673129491)

아울로스(왼쪽)와 키타라(오른쪽)의 생김새 (『브리태니커 백과사전』(11판), 1911년)

정적 측면인 것이다.

감상의 측면에서 카타르시스를 살펴보자. 아리스토텔레스는 비극감상론에서 다시 카타르시스론을 언급한다. 그는 관객이 비극 주인공의 고통을 바라보면서 동정과 공포를 느끼면, 그 결과 감정의 카타르시스가 발생한다고 보았다.

> 비극은 …… 동정과 공포를 야기시키는 사건과 더불어 그러한 감정의 카타르시스를 완수한다.[35]

동정과 공포가 왜 카타르시스를 야기하는가를 묻는 것은 비극 주인공이 왜 고통을 당하게 되는가를 묻는 것과 같다. 비극의 주인공은 오이디푸스처럼 운명에 의해서든, 안티고네처럼 강력한 자기의지에 의해서든, 프로메테우스처럼 절대자에 대한 저항의식에 의해서든, 오레스테스처럼 복수의 동기에 의해서든 죄를 짓는다. 그 죄의 대가로 비극의 주인공은 영웅이나 신이어도 감당할 수 없는 고통을 겪고, 인간이라면 꿈에서조차 상상할 수 없는 고통을 당한다.

비극은 기본적으로 비극적 영웅의 고통을 무대로 올린 것이다. 관객은 주인공이나 영웅의 고통을 보면서 감정이입에 의해 함께 동정심을 느끼고, 그 고통이 자신에게 다가오지 않을까 두려워하는 공포심을 갖는다. 관객은 비극을 보면서 타자 지향적인 동정과 자기파괴적인 공포 사이에서 고뇌한다. 관객은 비극 주인공의 고통에 동정심을 갖지만, 자신에게 그 고통이 다가오지 않기를 바란다. 관객은 주인공의 고통을 통해서 자신에게 그 고통이 다가오지 않았음에 안도하는 동시에 자신은 그런 죄를 짓지 않겠다고 다짐한다. 관객은 비극 주인공의 고통을 보면서 자신이 그런 고통을 당하지 않고 있다는 안도의 한숨을 쉬면서 고상한 도덕적인 정화인 카타르시스를 느낀다.

> 동정 또는 공포 그리고 모든 감정적 본능에 의해서 영향을 받았던 사람들은 유사한 경험을 하고, 각자가 그러한 감정에 민감해지는 한에서 다른 사람들과 모두 어떤 방식으로 정화되고, 그들의 영혼은 밝아지고 행복해진다. 마찬가지로 욕정을 정화하는 멜로디는 인간에게 순수한 기쁨을 가져다준다.[36]

더구나 수없이 많은 고통을 당한 주인공이 신에 의해 구원을 받는다면, 관객은 훨씬 더 강력한 카타르시스를 느낀다. 예컨대 오이디푸스가 마침내 신의 곁으로 편안하게 돌아가고, 프로메테우스가 더 이상 고통을 당하지 않게 되면 우리는 말할 수 없이 편안한 느낌을 갖는다. 비극의 결과가 해피엔딩이라면, 그 비극은 관객에게 구원에 의한 카타르시스를 제공한다. 어머니를 살해한 오레스테스가 유죄와 무죄의 중간 지점에서 아테네에 의해서 무죄를 선고받았을 때, 관객은 오레스테스의 구원에 맘속 깊이 편안함을 느낀다.

> …… 오레스테스의 구원을 야기하는 정화 ……[37]

아리스토텔레스가 카타르시스를 어떤 의미로 사용했는가에 대해서는 정확하게 정리된 것은 없다. 그러나 우리는 명확하게 정리할 수 있다. 아리스토텔레스의 카타르시스란 비극의 음악적 측면에서 욕망의 정화인 동시에 비극의 감상적 측면에서 도덕적 승리를 뜻한다. 아울로스라는 악기가 인간 욕망의 정화제라는 것은 결국 비극 감상에서 오는 도덕적 승리를 의미한다. 관객은 아울로스라는 악기를 통해 자신의 욕망을 다 털어 버리며 순진무구의 상태가 되고, 그 결과 비극이 전해 주는 도덕적 메시지를 잘 받아들이게 된다.

아리스토텔레스는 아울로스란 악기에 관해 뜻밖의 정보를 제공해 준다. 고대 아테네가 짧은 시기를 제외하고 아울로스라는 악기를 시민들이 배우도록 장려했다는 점이다. 아테네는 처음에 청년이나 시민들이 아울로스를 사용하도록 했다가 금지시켰다. 그 후 아테네는 부가 축적되었고 페르시아 전쟁에서 승리를 하자 다시 시민들에게 아울로스를 배우도록 했다.[38] 아테네의 아울로스 학습과 향유는 아울로스라는 악기가 단순히 인간을 향락으로만 이끄는 것이 아니라 위에서 살펴본 바대로 카타르시스의 기능이 있기 때문이라고 추론할 수 있다.

9. 이 문장에 대한 이해는 12장 7절 에우리피데스와 파토스의 해설을 참조하면 좋다. 대다수 비극 작가는 관객의 파토스를 불러일으키기 위해서 주인공이 감당할 수 없을 정도로 커다란 고통을 겪게 만든다. 관객은 이 고통을 보고 파토스를 느낀다. 우리가 현재 접하는 대다수 비극은 주인공이 겪는 극한의 고통을 다루므로, 이 고통을 보고 파토스를 느끼게 마련이다. 아리스토텔레스는 파토스를 잘 다룰수록 비극의 본래 정신에 접근한다며, 에우리피데스의 작품이 이에 충실하다고 보았다.

괴테는 자신과 같은 작가들이 파토스를 제대로 다루었는가에 대해 부정적이다. 그는 이러한 심정을 원문의 인용문 다음에 아래와 같이 서술했다.

…… 나는 진정한 비극을 쓸 수 있을지 없을지 스스로 충분히 판단하지 못하겠다. 나는 그러한 책임을 떠맡는다고 단순히 생각만 해도 겁에 질리고, 고작 단지 시도하는 것만으로도 내 스스로 파괴될 수 있다고 여긴다.[39]

'자연 진리'는 독일어 원문에 Naturwahrheit로, 영어 번역본에는 truth of nature 또는 hearty sincerity 등으로 되어 있다. 이것이 정확히 무엇을 의미하는지는 불분명하다. Naturwahrheit는 사전적으로 본다면 '자연 그대로임' 또는 '사실적임'을 뜻한다. 내용상으로 본다면, 괴테 당대의 작가들이 비극을 지을 수 있는 토대를 '사실'에 근거하고 있음을 의미한다.

10. 이 문장은 12장 7절에서 나온 아리스토텔레스가 칭찬한 에우리피데스식 파토스 강화법이 아니라 음악에 근거한 파토스 강화법을 뜻한다. 비극 주인공의 극적인 고통이 관객들에게 단순히 파토스를 주는 것이 아니라 그 고통에 잘 맞는 음악이 관객의 파토스를 강화한다는 뜻이다.

11. 게르비누스의 '시적 정의Gerechtigkeit' 또는 '시적 올바름'에 대해서는 21장 4절의 해설에서 설명했다. '시적 올바름'이란 시의 내용에서 도덕적이고 윤리적인 올바름을 찾는 것을 말한다.

다시 보기

햄릿의 삼촌 살해와 어머니의 죽음은 우리에게 무엇을 주는가? 오셀로, 맥베스, 리어왕의 죽음은 우리에게 어떤 감정을 불러일으키는가? 로미오와 줄리엣의 죽음은? 오이디푸스의 죽음은? 프로메테우스, 트리스탄과 이졸데, 〈로엔그린〉의 엘사의 죽음은?

우리는 희극도 읽지만 왜 비극도 읽는가? 우리는 왜 웃음을 선사해 주는 코미디극도 보지만 한없이 무거운 비극도 보는가? 우리네 삶이 그토록 힘들고 지치고 고통스럽다면, 그냥 웃기고 또 웃기는 그런 기쁨을 주는 극만을 보는 것이 좋지 않을까? 오페라에는 왜 그리 비극적인 내용이 많은가? 우리는 행복하고 즐거운 이야기도, 음악도 많은데 왜 하필 힘든 이야기와 슬픈 음악을 듣는가?

지금까지 비극을 바라보는 태도는 하나는 동정과 공포론이고 다른 하나는 도덕과 윤리 승리론이다. 대충 구분한다면 전자는 아리스토텔레스의 견해이고 후자는 실러의 견해이다. 우리가 비극을 읽는 방식도 이 두 가지에서 벗어난 적이 없다.

동정과 공포 그리고 카타르시스만으로 우리의 비극 보기, 읽기, 듣기를 다 설명할 수 없다. 또한 도덕과 윤리의 승리! 이걸 느끼기 위해서 비극을 본다면 너무 제한적이다. 정의가 승리하는 문학적 사례는 널리고 널렸다. 굳이 비극이 아니더라도 현실 속에서 늘 패배하는 정의는 상상과 소설과 영화에서는 항상 승리한다. 예술에서 고상한 도덕의 승리는 고상한 윤리의 현실 패배라는 값싼 보상에 지나지 않는다.

비극을 왜 보고 듣고 읽는가? 니체의 형이상학적 답변에 기대지 말고, 나만의 답변을 해 보자. 그 답변을 찾았다면, 니체가 아폴론적인 것과 디오니소스적인 것에서 그 근거를 찾아 새로운 세계관을 제시했듯이 새로운 이론적 근거와 철학적 근거를 찾아보자. 그리고 정교하게 다듬어 보자. 예술을 이해하는 새로운 지평이 열릴 것이다.

3. 비평가적인 청중

따라서 비극의 재탄생과 더불어 **미학적 청중** 또한 다시 태어났다. 극장의 이 자리에 절반은 도덕적 주장과 절반은 학자적 주장으로 결합한 드문 **대용품**Quidproquo인 '비평가'가 지금까지 앉아 있었다.[1] 연기하는 예술가는 비평적 태도를 취하는 그러한 청중들과 무엇을 시작해야 할지 실제로 아무것도 몰랐으므로, 불안해하면서 자신에게 영감을 주는 극작가 또는 오페라 작곡가들과 함께 이와 같이 황폐하고 향락에 무능한 존재 속에서 최후의 나머지 삶을 찾으려 했다.[2]

하지만 지금까지 관중은 그러한 종류의 '비평가'들로 구성되어 있었다. 학생, 어린아이, 가장 순진한 여성적 피조물은 자신의 앎에 역행하여 이미 교육과 저널에 의해서 예술 작품에 대해 동일하게 인식하도록 준비되어졌다.[3] 예술가들 중에서 고상한 성격의 소유자들은 그러한 관중들에게 도덕적-종교적 자극을 주었으며, 진정한 청중을 흘려야 할 자리에 '인륜적 세계 질서'의 요구가 강력한 예술적 마법이 대신 들어섰다. 또는 극작가들은 현재 정치적, 사회적인 것에 대한 크고 작은 자극적 경향을 아주 명료하게 드러냈고,[4] 그 결과 청중들은 자신의 비판적 능력을 소진하고서 잊어버렸으며, 애국적 또는 호전적 계기들과 같은, 또는 의회 연설 무대 앞에 서 있는 것과 같은, 또는 유죄 판결을 받은 범죄와 악습과 같은 유사한 정념에 빠져들었다. 고유한 예술적 의도의 어떤 소외로 인해 도처에서 경향성의 숭배가 만연했다.[5]

여기에서 모든 거짓 예술에서 이전부터 나타났던 것, 즉 저 경향성의 급속한 악화가 나타났다. 따라서 예를 들면 실러 시대에 진지하게 수용되었던 것으로서 극장을 도덕적인 시민교양의 행사로 이용하려던 경향은 이미 믿을 수 없을 정도로 진부한 무가치한 교양으로 여겨졌다.[6]

1. 비평가적 관객과 미학적 청중은 대비된다. 기존의 청중이나 관객, 오페라를 즐기는 관객이나 청중은 비평가적 태도를 취했다고 한다면, 쇼펜하우어의 철학과 바그너의 음악극을 즐기는 관객은 예술을 예술로 즐기는, 근원적 일자와 합일하는 미학적 청중이다.

비평가적 관객의 원형은 11장 7절에서 에우리피데스의 비극을 객석에서 조용히 감상하고 있는 소크라테스이다. 소크라테스가 비극을 도덕적 또는 윤리적 관점과 학문적 관점에서 바라보았듯이, 소크라테스의 방계 자식들이나 마찬가지인 비평가적 관객 역시 예술이나 비극을 올바름과 정의의 관점에서 감상한다.

2. '황폐하고 향락에 무능한 존재'는 비평가적 청중을 말한다. '황폐하고'는 앞 문장의 '학자적 주장'과 연결되며 '향락에 무능한'은 '도덕적 주장'과 연결된다. '최후의 나머지 삶'이란 인간이라면 가지고 있어야 할 최소한의 삶을 지칭하는 것이자 디오니소스적 가치를 말하는 것이다. 이는 쾌락적이며 유희적인 삶의 태도를 말하는 동시에 예술을 예술 그대로 즐길 줄 아는 태도를 말한다.

전체적으로 풀어 말해 보자. 연기자들은 항상 관객과 직접 만나는 자이다. 그의 행동과 말과 노래는 항상 관객의 평가 대상일 수밖에 없다. 문제는 관객들이 비평가적 태도를 취한다는 점이다. 그들은 엄격한 도덕적 잣대와 이론적 관점에서 연기자들을 비평한다. 연기자들은 관객의 평가에 귀 기울이고 그들이 요구하는 대로 연기하고 노래하고 춤출 수밖에 없다.

그럼에도 진정한 연기자들은 관객들이 디오니소스적 요소, 삶에 대한 진정한 태도, 유희와 쾌락을 통한 근원적 일자와 만날 수 있도록 노력한다. 그들은 극작가와 오페라 작곡가들의 대본을 읽고 또 읽으며 디오니소스적 가치들을 관객들에게 어떻게 전달할 것인가 고민한다. 진정한 연기자들은 관객들이 '최후의 나머지 삶'을 느끼기를 바라고, 이를 전달해 주기 위해 애쓴다. 연기자들은 관객들이 도덕적 잣대나 이론적 태도만이 예술을 즐기는 유일한 것이 아님을 알려 주기 위해 애쓴다.

3. '자신의 앎에 역행하여'는 인간이 선천적으로 예술을 향유할 수 있지만, 사회와 국가에 의해 예술을 수단적으로 받아들인다는 점이다. 인간은 특별한 외부의 간섭이 없다면, 비극과 같은 음악 중심적 예술을 있는 그대로 받아들일 수 있다.

4. 니체가 말하는 예술을 예술답지 못하게 만드는 세 가지 경향이다. 첫째, 종교적 관점에서 예술을 끌고 가는 것, 둘째, 도덕적, 윤리적 세계관으로 예술을 바라보는 것, 마지막으로 국가주의적인 또는 민족주의적인 방향으로 예술을 몰고 가는 것이다.

19장 5절에서 니체가 말한 '예술의 임무'란 무엇인가를 다시 찾아보자. 니체는 '예술의 임무'를 '암흑의 공포를 바라보는 눈을 구원해 주고 주체를 가상의 치유적 향유를 통해서 의지 반응의 경련으로부터 구제해 주는 것'이라고 말했다. 1장 6절에서 니체가 묘사한 '예술 상태'는 인간과 인간의 하나 됨, 인간과 자연의 하나 됨이다.

결론적으로 니체의 디오니소스적 예술 및 아폴론적 예술과 관련한 수많은 설명을 상기해 보자. 디오니소스적 음악은 근원적 일자를 느끼는 것이다. 또한 아폴론적 예술은 꿈과 같은 가상을 통한 정형미의 완성이다.

우리가 알고 있는 예술은 무엇인가? 우리는 무수히 많은 교육을 통해서 예술의 본래적 임무를 잊어버렸다. 우리의 미의식은 종교적이거나 윤리적이거나 애국적이다. 혹, 부정할지도 모른다. 하지만 우리는 파안대소하는 부처님이나 하나님을 불경스럽다고 느끼고, 나신의 성모마리아나 관세음보살을 천박하다고 평가하고, 자신도 모르게 국뽕적인 영화나 반일적인 장면이 나오는 영화나 드라마에 울컥한다.

위의 세 가지 예술 관람 태도를 벗어나 예술을 감상할 수 있다면, 예술을 있는 그대로 즐길 수 있는 드문 자이다.

5. '경향성의 숭배'는 위에서 말한 종교적, 윤리적, 정치적 관점 등의 예술관을 말한다. 이러한 관점들이 예술을 지배하게 되면, 예술은 그 본연의 자리를 잃어버린다.

6. 비극의 재탄생에 따라 새롭게 등장한 미학적 청중이 예술을 향유하는 시대에 극장을 도덕적인 시민교양 예술을 설교하는 장소로 이용하는 것은 진부해진다는 뜻이다.

다시 보기

우리는 모두 비평가이다. 특별한 정치 현상이 발생하면 우리는 선술집 정론가가 되고, 유명한 영화 한 편이 뜨면 맥주집 평론가가 된다. 연예인의 크고 작은 사건에 대해서도 우리는 SNS로 한마디 올려야 직성이 풀린다. 각종 운동 경기에 대해서도 우리는 한마디씩 거들곤 한다.

우리는 모든 현상이나 사건에 대해 한마디씩 거든다는 점에서 비평가이다. 설왕설래가 많다는 것은 올바른 현상이다. 설왕설래가 더 올바른 현상이 되기 위해서 한 가지가 더 필요하다. 우리는 모두 자유로워야 한다. 나만의 가치와 관점을 가지고 현상을 평가하고 말하는 것이다. 이것은 쉽지 않다. 우리는 태어나기 전부터 도덕적, 윤리적, 종교적, 정치적 가치관에 의해 길들여진 인간 그 자체이기 때문이다. 길들여진 인간은 길들여진 사고를 하고 길들여진 말을 하고, 그것만이 옳다고 생각한다.

나는 어디까지 자유로운가? 나는 어디까지 자유로울 것인가? 질문을 던져 보고, 길들여지지 않는 날것의 인간이 되자. 하나의 현상을 나의 관점으로 보고 평가하자.

4. 교양의 반영으로서 예술 감상

연극과 음악회에서는 비평가, 학파에서는 저널리스트가, 사회에서는 신문이 지배하는 동안, 예술은 가장 낮은 수준의 오락수단으로 타락했으며 미학적 비판은 허영에 가득 차고 기분 풀이적이며, 자기 중독적이자 빈약하고 비독창적인 사교의 결속 수단 등으로 이용되었다. 쇼펜하우어의 저 호저豪猪 우화 가 사교의 의미를 이해하게 도와준다. 결론적으로 예술에 관해서 그렇게 많이 지껄이면서도 그 내용이 그토록 적은 시대는 전혀 없었다.

하지만 베토벤과 셰익스피어에 대해 즐겁게 대화할 준비가 된 사람과 교제할 수 있는가? 누구나 이 질문에 자신의 느낌에 따라 대답할 수 있다. 하지만 그는 이 질문에 대해 일반적으로 답변하려 하고 깜짝 놀라서 이미 입을 다물 수 없다는 걸 고려한다면,

그 답변에서 자신이 어떤 '교양'을 가정하고 있는지를 드러낼 것이다.[2]

1. 호저의 우화는 쇼펜하우어의 글에 나온 내용이다. 이 단락을 이해하기 위해서는 쇼펜하우어가 언급한 내용을 읽어 보자. 원문은 아래와 같다.

어느 추운 겨울날, 호저들이 자신의 체온으로 추위를 막기 위해서 아주 촘촘히 몸을 움츠리고 앉았다. 하지만 곧 호저들은 자신들 몸의 가시를 느끼고서 서로 다시 떨어져 앉았다. 이제 다시 따뜻함이 필요해지자 다시 몰려 앉았고, 가시의 불편함 때문에 다시 물러났다. 호저들은 서로 가장 잘 참을 수 있는 적절한 거리를 발견하기 전까지 두 가지 악 사이에 내팽개쳐진 셈이었다. 따라서 인간 삶의 공허함과 외로움 때문에 필요한 사회는 인간을 모여 살게 한다. 하지만 인간의 수없이 많은 불쾌하고 충동적인 자질과 참을 수 없는 결점은 인간을 떨어지도록 만든다. 인간들이 마침내 발견하고 인간들이 함께 있는 것을 감내하게 만들 만한 적절한 거리는 정중함과 좋은 매너들이다. 이걸 따르지 못한 자는 영어로 '적절한 거리를 지켜라.'라는 말을 듣는다. 이에 따르면 서로 필요한 따뜻함은 완전하게 충족되지는 않는 반면, 아픈 가시는 느껴지지 않는다는 것은 사실이다. 그럼에도 상당한 내적 따뜻함을 가지고 있는 자라면, 고통과 불쾌함을 제공하지도 않고 받지도 않기 위해서 사회로부터 떨어져 있어야 할 것이다.[40]

니체가 호저 우화를 왜 이야기했는가를 알아보자. 쇼펜하우어는 호저 우화를 통해 '정중함과 좋은 매너'가 있을 때, 싸우기 좋아하

호저 (프란츠 안톤 폰 샤이델, 1731~1801년)

는 인간들이 구성한 사회가 원활하게 굴러간다는 이야기를 하고자
한다. 니체는 쇼펜하우어의 호저 우화를 '예술과 관련된 여러 다양
한 논의'에 비유한다. 이 다양한 논의란 '허영에 가득 차고 기분 풀
이적이며, 자기 중독적이자 빈약하고 비독창적인' 내용들로 가득한
사이비 비평가적인 태도들이다.

비평가, 저널리스트, 다양한 여론 선도자들은 호저가 추운 겨울
에 서로를 찌르지 않으면서 얼어 죽지 않을 적당한 거리를 발견하
듯이 예술을 통해 서로를 공격하거나 논박하지 않는 적당한 거리를
발견했다고 니체는 비아냥한다. 그들이 서로를 찌르지 않을 만큼
'정중함과 좋은 매너'를 가졌다는 것은 앞의 절에서 언급한 종교적,
윤리적, 국뽕적 예술관을 지니고 서로 장단을 맞추며 이야기했다는
뜻이다. 그들은 결국 예술의 본질을 파악하지 못한 채, 아니 파악하
지 않은 채 예술의 변죽만을 울릴 뿐이었다는 것이 니체의 생각이다.

흔히 '호저'를 '고슴도치'로 번역하곤 한다. 이해를 돕기 위한 번역이지만 오역이다. 고슴도치는 가까이 있는 다른 고슴도치를 찌를 만큼 가시가 길지도 크지도 않기 때문이다. 독일어로 고슴도치는 Schweinigel이고 호저는 Stachelschwein이다. 우리말로 '산미치광이'라고 불리우는 호저는 가시가 무척 길고 위협적이다. 심지어 아주 커다란 호랑이나 사자, 큰 개들도 호저의 가시에 큰 곤욕을 치러 죽기도 한다.

2. 누구나 다 베토벤과 셰익스피어에 대해서 한마디씩 아는 척 할 수 있다. 그 한마디는 자신이 비극에 대해 어떤 태도와 교양을 지니고 있는가를 드러낸다. 예컨대 게르비누스 같은 자는 22장 2절에서 보는 것처럼 셰익스피어를 논의하면서 '시적 정의', 즉 도덕적 올바름을 가지고 평가할 것이다. 또한 오토 얀 같은 자는 19장 6절에서 보는 것처럼 '태양의 질주'와 같은 베토벤의 음악을 느끼지 못하고 '미학적 핑곗거리'만 찾을 것이다.

누구나 베토벤과 셰익스피어를 논할 수 있지만, 그 현관문에 들어서서 떠드는 순간 자신이 어떤 교양을 지니고 있는지 드러낼 수밖에 없다. 니체는 베토벤과 셰익스피어를 논하고 싶다면, 진정한 비극 철학과 비극 음악적 관점에서 이야기하라고 말한다.

다시 보기

호저 우화를 어떻게 받아들여야 할까? 거리와 가시의 관계로 생각해 보자. 말의 가시가 닿지 않을 만큼, 말의 가시에 상처받지 않을 만큼 사람과 사람 사이는 적당히 거리가 있는 게 좋다. 너무 가까우면 인정사정 보지 않고 사정없이 찌르기 때문이다. 너무 멀어져서도 안 된다. 따뜻한 온기를 느낄 수 없어 결국 아주 멀어지기 때문이다.

비극을 종교적, 윤리적으로 받아들이는 자들과 마찬가지로 도덕적 교훈을 받아들이기 좋아하는 자는 매사 '정중함과 좋은 매너'를 갖는 것이 중요하다고 생각할 것이다. 쇼펜하우어의 논리이다. 일반적인 인간의 관계라면 사람들 사이의 관계는 너무 멀지도 않고 너무 가깝지도 않은 불가근불가원이 좋다.

'정중함과 좋은 매너'는 일반적인 인간관계에서 일정하게 거리를 유지하게 만들지만 관계를 더 깊이 있게 만들지는 못한다. '정중함과 좋은 매너'는 인간들 사이를 가까워지지 못하게 한다.

일반적인 인간관계를 벗어난 창작과 비판의 영역에서 호저의 우화는 무엇을 의미하는가? 니체는 호저 우화로 무엇을 말하고 싶었는가? 근본적으로 보면 '호저답게 살아라.'이다. 비극을 도덕적으로나 종교적으로 느끼지 않고 싶은 자라면, 관계의 거리 속에서 허우적거리지 말고 사정없이 찔러야 한다. 거리가 가까울수록 가시를 날카롭게 세워서 더 깊게 더 살벌하게 찔러야 한다. 찔린 자가 가시에 찔려 피가 철철 나고, 그 고통을 견딜 수 없을지라도 인정사정 볼 것 없이 찔러야 한다. 호저가 호랑이나 사자마저도 벌벌 떨게 만들고 죽음으로 몰고 가게 찔렀듯이 찔러야 한다.

비극이 무엇인가라는 새로운 관점을 제시하고 싶다면, 새로운 영역을 개척하고 싶다면 관계의 거리를 고민하지 말고 찔러야 한다. 거리가 멀면 찌를 필요도 없다. 비난의 대상이 될지언정 비판의 대상이 아니기 때문이다. 거리가 가까울수록 비판은 날카롭고, 조언은 적절해야 한다. 그렇고 그런 비평가가 아니라면, 밥 먹고 술 마시면서 선후배 관계를 따지는 비판자가 아니라면 호저의 가시처럼 무섭도록 예리해야 한다.

5. 〈로엔그린〉의 사례로 본 미학적 청중

이와 반대로 태어나면서부터 고귀하고 섬세한 능력이 있는 자는 묘사한 방식대로 점차 비평적 야만인이 되어 간다[1] 할지라도, 만족스러운 〈로엔그린〉[2] 공연이 자신에게 불러일으킨 예기치 못한 효과뿐만 아니라 전적으로 이해 불가능한 효과를 설명해야만 한다. 아마도 그에게 다시 생각하게 만들고 명료하게 파악할 수 있게 도와주는 어떤 사람이 없었으리라.[3] 그래서 저 파악 불가능하게 다종다양하며 완전하게 비교 불가능한 느낌은 그가 그 공연을 보면서 크게 감동하고, 혼자 있으며,[4] 수수께끼별처럼 아주 잠깐 빛나는 빛[5]을 따라 길을 잃게 만든다. 공연을 보면서 그는 미학적 청중이란 도대체 무엇인가를 예감했을 것이다.

1. '비평적 야만인이 되어 간다'라는 말은 종교적, 도덕적, 국뽕적 예술관에 문외한이 되어 간다는 소리이다. 다른 말로 하면, 비극 철학과 비극 정신, 비극 예술에 충실한 인간이 되어 간다는 뜻이다.
2. 니체는 고전적 비극을 이론적으로 검토하면서 당대의 비극을 예로 들어 설명함으로써 이해를 돕고자 한다. 니체는 21장 4절에서 〈트리스탄과 이졸데〉 3막을 교향악으로 들을 것을 권고하고, 21장 5절에서 〈트리스탄과 이졸데〉의 음악에서 형이상학적 존재를 느끼는 단계를 설명했으며, 22장 1절에서 형이상학적 즐거움이란 무엇인가를 비유적으로 제시했다.

니체는 22장 5절에서 비평가적 청중과 미학적 청중이 〈로엔그린〉을 어떻게 다르게 받아들이는가를 암시적으로 설명한다. 우리는 왜 니체가 〈로엔그린〉을 청중과 연결시켰는가라는 질문을 던져야 한다. 니체가 〈트리스탄과 이졸데〉에서 말하고자 했던 음악적 이해나 형이상학적 이해는 접어 두어야 한다. 청중이 어떤 감동을 받았는가를 중심으로 살펴봐야만 한다.

니체는 어디에서도 이 질문에 답하지 않았다. 니체의 사상이 원숙해질수록 〈로엔그린〉은 비판을 넘어 혐오의 대상으로 나타날 뿐이다. 설사 우리가 이 답을 구하기 위해서는 〈로엔그린〉을 열심히 봐야 한다. 우리가 답을 구했다고 해서 정답인지 아닌지 알 수 없다. 다만 그렇다고 추론할 뿐이다.

왜 〈로엔그린〉인가? 니체가 말한 것에서 단서를 찾고 우리 식의 이해를 덧붙이면, '감동' 때문이다. 감동은 크게 말로 떠드는 감동과 말로 표현할 수 없는 감동으로 나뉜다. 말로 표현할 수 있는 감동은 여러 가지이다. 신의 뜻에 따라 자신의 모든 걸 바치는 사람을 본다면 우리는 감동을 느낄 수 있다. 도덕적으로 숭고한 행동을 하거나 고상한 행위를 해도 우리는 감동을 얻는다. 또한 나라가 풍전등화의 위기에 처했을 때, 자신을 버려 나라를 구하는 사람을 보면 감동을 받는다. 반면 말로 표현할 수 없는 감동은 느끼기는 하지만 말로 설명할 수 없는 그 무엇을 말한다. 전자는 비평적 청중들이 얻는 감동이고, 후자는 미학적 관객들이 얻는 감동이다.

〈로엔그린〉은 말로 표현할 수 있는 감동과 말로 표현할 수 없는 감동의 중간에 있다. 〈로엔그린〉에는 종교적 감동, 도덕적 감동, 애국적 감동이 고스란히 나타나는 동시에 니체가 말하는 비극적 음악의 요소 역시 구체적으로 태동하고 있다.

종교적 가르침이나 도덕적 결론은 엘사가 로엔그린에게 묻지 말아야 할 것을 묻는 것에서 나온다. 로엔그린은 엘사에게 백조의 기사가 되어 주기로 약속하면서 자신이 누구인지, 어디서 왔는지 묻지 말아야 한다고 말한다. 엘사는 그 약속을 지키겠다고 약속하지만 델라문트와 오르트루트의 부추김에 의혹이 생겨 로엔그린에게 묻지 말아야 할 질문을 한다. '묻지 말고 무조건 믿어야 한다'는 기독교적인 종교적 가르침의 은유이다. 로엔그린이라는 이름 역시 종교적 감동의 대상이다. 로엔그린은 천하의 바보이지만 성배의 기사인 파르지팔의 아들이기 때문이다.

도덕적 가르침은 엘사가 꾐에 빠져 남편 로엔그린을 믿지 못하는 것에 대한 경종을 울리는 데서 찾을 수 있다. 결혼 행진곡으로도 유명한 〈로엔그린〉은 배우자에 대한 믿음을 중시한다. 결혼 생활에서 배우자를 끝까지 믿지 못하면 파국으로 치달릴 수밖에 없다는 암묵적인 도덕적 결론은 보는 이로 하여금 결혼과 믿음의 의미를 생각하게 만든다.

애국적 느낌은 〈로엔그린〉의 첫머리에서 나온다. 국왕 하인리히 1세가 침략해 오는 헝가리인을 무찌르기 위해 군대를 일으키는 노래에 잘 나타난다. 〈로엔그린〉을 보는 우리가 독일 민족의 한 구성원이라고 생각해 보자. 첫 장면의 노래는 프랑스와 긴장 관계에 있던 독일인들의 애국심을 자극하기에 충분하다.

이제 조국의 명예를 지켜야 할 때이다. …… 독일이라 부를 만한 것은 전투를 준비하자. 누구도 더 이상 독일을 모욕하지 못하도록!

로엔그린의 도착 (테오도어 필시스, 1876년)

〈로엔그린〉을 관람하면서 애국적, 도덕적, 종교적 감정에 들끓어 오르고 승화의 감정을 느낀다면, 비평가적 관객이다.

반대로 〈로엔그린〉에는 아직 합창단이 존재하지만, 이미 옛 오페라의 양식에 벗어난 새로운 요소들이 싹튼다. 서곡 대신 전주곡이 나오고, 관현악이 합창가무단을 대신하는 역할을 하고, 관현악이 등장 배우와 같은 역할을 이미 하고 있다. 이런 〈로엔그린〉을 보면서 들리는 음악에 알 수 없는 감동에 빠진다[*41]면, 그는 미학적 청중이다.

바그너의 다른 작품들과 달리 〈로엔그린〉을 보면, 느끼는 감동에 따라 둘로 나뉜다. 말로 표현할 수 있는 감동을 느끼는 자와 말로 표현할 수 없는 감동을 느끼는 자이다. 전자는 대다수이고, 후자는 극소수이다. 이 때문에 니체는 〈로엔그린〉을 22장 5절에 등장시킨 것이리라.

3. 미학적 관객이 〈로엔그린〉을 감상하면서 커다란 충격을 받았는데, 이런 현상이 왜 발생하는가를 설명해 주는 자가 없었다는 뜻이다. 다른 말로 하면 니체 자신처럼 이런 미학적 현상을 이전에 설명해 주는 자가 없었다는 뜻이다.

4. '혼자 있다[vereinzelt bleib]'는 것은 비평적 청중은 많으나 미학적 청중이 그리 많지 않은 것을 말한다. 비평적 청중은 〈로엔그린〉을 보면서 종교적 가르침이나 도덕적 결론, 애국적 느낌을 갖게 마련이지만, 미학적 청중은 말로 표현할 수 없는 감동에 심취한다. 니체가 3절과 4절에서 설명한 것처럼 종교적, 도덕적, 국뽕적 관점에서 〈로엔그린〉을 바라보는 비평가적 청중은 대다수인 반면, 니체가 말한 미학적 관점에서 〈로엔그린〉을 보는 자는 극소수, 아니면 단 한 명

일 수도 있다.

5. '수수께끼별처럼 아주 잠깐 빛나는 빛'은 일종의 비유로, 금성인 샛별에 해당한다. 샛별은 해가 지고 난 후나 동트기 바로 직전 잠깐 빛이 난다. 이는 말로 표현할 수 없는 감동이 미학적 청중의 마음이나 뇌리에 아주 잠깐 스쳐 지나가는 상태를 의미한다.

다시 보기

니체는 비평적 청중과 미학적 청중의 차이를 설명하기 위해 바그너의 많은 작품 중에서도 〈로엔그린〉을 선택했다. 아마도 바그너의 다른 작품들보다 민족적 요소나 종교적 요소가 눈에 확연하게 드러나기 때문에 선택했을 것이다.

니체는 여기에서 〈로엔그린〉을 비극을 참으로 느낄 줄 아는 미학적 청중을 설명하기 위해 도입할 정도로 애정을 가졌으나, 다른 곳에서의 평가는 그리 좋지 않았다.

〈탄호이저〉와 〈로엔그린〉은 애송이의 부적절한 산물이다.[42]

〈로엔그린〉에는 다수의 만취한 음악이 있다. 바그너는 아편과 마취 효과를 알고 있었으며, 그 자신도 잘 알고 있었던 음악적 독창성의 신경쇠약적 산만함에 대항하기 위해 이를 필요로 했다.[43]

또한 니체는 자신이 소년 시절 〈로엔그린〉을 무척 좋아했지만 〈로엔그린〉이 '취향 이하의 것'[44]이었다고 고백한다.

니체가 〈로엔그린〉에 대해 이처럼 극단적인 평가를 하는 것은 바그녀에 대한 불신과 일치한다. 바그너가 도덕적, 종교적 경향으로 기울어질수록, 〈로엔그린〉에 대한 평가도 극단적으로 바뀐다. 바그너가 말년에 종교적으로 숭고한 내용을 갖고 있는 로엔그린의 아버지인 〈파르지팔〉을 작곡하자, 바그너에 대한 니체의 실망은 극에 달한다. 니체는 이를 바그너에 대한 평가에서도 숨기지 않는다.

마침내 우리를 당황하게 만드는 하나의 사실이 있다. 파르지팔이 로엔그린의 아버지라는 것! …… 사람들은 '동정童貞이 기적을 행한다'는 것을 여기서 상기해야 하지 않겠는가?'[45]

우리는 여기에서 니체의 요구처럼 〈로엔그린〉이 어떤 감동을 주는가에 집중해야 한다. 말로 표현할 수 없는 감동을 느낀다면, 우리는 미학적 관객이 될 것이다. 하지만 미학적 관객이 되지 못한다고 좌절하지는 말자. 니체 그 자신이 〈로엔그린〉을 수준 이하의 작품으로 여기기 때문이다. 우리만의 관점과 시각으로 〈로엔그린〉을 보자. 단 비평적 수준에 빠져 종교적 감동을 느끼거나 도덕적 감정과 애국적 감정에 빠져 허우적거리지는 말자. 최악의 감상이기 때문이다.

22장 다시 보기

관객론을 중심으로 『비극의 탄생』을 살펴보는 것도 재미있다. 니체는 22장에서 비평가적 청중과 미학적 관객을 나눠 설명한다. 더 거슬러 올라가면, 니체는 7장 1절과 2절에서 합창가무단을 아리스토텔레스의 민중설과 슐레겔의 이상적 관객설 양자로 설명한다. 니체는 또한 8장 2절에서 관조자적인 관객을 도입하여 설명한 후, 8

장 8절에서 디오니소스적으로 고양된 관객을 주장한다.

니체는 11장 3절과 4절에서 에우리피데스가 관객을 무대 위로 올렸다고 주장하고, 11장 6절과 7절에서 두 명의 관객인 에우리피데스와 소크라테스를 등장시킨다. 관객 소크라테스는 니체가 22장에서 말하는 비평가적 청중의 원형이다. 니체는 17장 6절에서 8절에 나오는 관조자적인 관객을 예술가의 사실성과 모방적 힘만을 느끼는 관객이자 박제에 대한 즐거움을 만끽하고 이론적 세계의 공기 속에 자유로운 관객이라고 말한다. 또한 니체는 21장에서 사물의 가장 내적인 심연의 말을 들을 수 있는 관객을 주장한다.

이상에 본다면 관객은 한편으로는 비평가적 관객, 이상적 관객, 관조자적 관객, 이론가적 관객, 소크라테스적 관객이 있고, 다른 한편으로는 미학적 관객, 디오니소스적으로 고양된 관객과 심연 세계의 말을 들을 수 있는 관객이 있다. 우리들 대다수는 기존의 종교관, 도덕관, 윤리관, 세계관, 정치관에 의해 세뇌된 비평가적 관객으로서 소크라테스적인 관객의 후예들이다. 우리들 중 극소수는 디오니소스적 관객으로서 예술을 향유하고 심연의 말을 들을 수 있는 관객이다.

어느 길을 따를 것인가? 전자는 기득권이자 다수이고 눈에 보이는 세계인 반면, 후자는 저항자이자 극소수이고 눈에 보이지 않는 세계이다. 전자는 편한 길이고 마음이 부대끼지 않는 길이고 출세가 보장된 길이다. 후자는 험난한 길이고 마음이 항상 힘든 길이고 고생문이 훤히 열린 길이다. 어떤 관객이 될 것인가?

23장

비극적 신화의
재창출

1. 축약된 세계상으로서 신화

자신이 진정한 미학적 관객과 혈연관계인지 아니면 소크라테스적-비평적 인간의 집단에 속하는지 진심으로 검토해 보고 싶은 자는 무대 위에서 표현되는 기적[1]을 수용하는 느낌에 대해 다음과 같이 솔직하게 물어보면 된다. 자신이 엄격한 심리적 인과성에 근거하여 자신의 역사학적 감각이 모욕당한다고 느끼는지 아닌지, 호의적인 양보를 하여 기적을 유아적인 점에서는 인정하지만 자신에게 소외된 현상으로 허용하는지 아닌지, 또는 기적을 그 밖의 다른 어떤 것으로 인정하는지 아닌지 말이다. 그는 축약된 세계상인 **신화**, 현상의 단축으로서 기적 없이는 작동할 수 없는 신화를 어느 정도 이해하는가에 따라 평가될 수 있다.[2]

하지만 엄격하게 검토해 본다면, 누구나 다 우리 교양의 비평적-역사적 정신을 통해 타락해 있다고 느끼고 있으므로, 옛 신화의 존재를 학습된 길, 즉 매개적인 추상에 의해서 믿는다는 것은 사실일 것이다.[3] 그러나 신화가 없다면 모든 문화는 자신의 건강한 창조적인 자연력을 상실한다. 즉, 무엇보다도 신화로 둘러싸인 영역은 전체 문화의 통일을 향한 운동으로 끝이 난다.[4]

판타지와 아폴론적 꿈의 모든 힘은 무엇보다도 신화에 의해서 자신의 맹목적인 편력에서 벗어난다.[5] 신화의 형상들은 눈에 띄지 않고 도처에 존재하는 초자연적인dämonischen 감시자임에 틀림없다. 그래서 어린 영혼들은 그 보호 아래에서 성장하고, 성인은 그 표식에서 자신의 삶과 투쟁을 해석한다. 심지어 국가조차도 종교와 자신의 연관, 신화적 표상으로부터 자신의 성장을 보증하는 신화적 토대보다 더 강력한 불문법적 규칙을 알지 못한다.[6]

1. '무대 위에서 표현되는 기적'은 좁게 말하면 9장과 10장에 나오는 소포클레스가 다룬 오이디푸스의 구원과 아이스킬로스가 쓴 프로메테우스의 부활을 말한다. 더 넓게 말하면, 비극에서 나타난 모든 신화적 내용이다. 이 기적을 12장 7절에 나오는 에우리피데스의 '악명 높은 기계장치'로 이해해서는 안 된다. 전자는 인간의 고통과 희망을 담은 니체식 신화적 기적이고, 후자는 도덕적 윤리적 교훈을 담은 소크라테스적인 또는 종교적인 신화적 기적이다.

2. 신화를 이해하는 세 가지 태도를 말한다. 첫째, 소크라테스, 소크라테스주의, 일반적인 교양인의 태도로서 신화를 이론이나 역사학에 근거하여 완전 부정하고 전혀 이해하지 못한다는 것이다. 둘째, 신화를 신화로서 인정하는 것이 아니라 어린이의 환상과 상상력을 키우는 것 정도로 인정하는 태도이다. 셋째, 니체의 태도로서 신화를

세상을 이해하는 완전히 다른 하나의 방법으로 받아들이는 것이다.

우선, 신화를 완전 부정하거나 이해하지 못하는 태도를 알아보자. 니체는 이 글에서 신화를 '축약된 세계상', '현상의 단축으로서 기적 없이는 작동할 수 없는' 것이라고 규정했다. 신화란 인간사에서 발생하는 수많은 현상을 압축한 것이다. 신화에는 기적(놀라움, 경탄, 불가사의)이 반드시 따른다. 이는 현상의 압축에서 오는 필연적 현상이다. 또한 니체는 신화를 다음과 같이 정의한다.

'교훈이 없는 이야기fabula docet'인 하나의 역사이자 사건의 연쇄 고리'[46]

신화는 수많은 사건의 연속으로 구성되고 그 자체에 하나의 역사가 있는 것이 사실이지만, 신화에서 교훈을 찾아서는 안 된다. 신화 자체는 교훈적인 요소가 없다. 오히려 신화에는 우리가 일반적으로 이해하는 교훈과는 거리가 먼 다툼, 암투, 시기, 협박, 도저히 이성적으로 설명할 수 없는 사건들로 구성되어 있다.

신화는 사람들이 흔히 생각하듯이 사유에 토대를 두는 것이 아닌 사유 그 자체이지 개념이 아니다. 나는 신화를 말이 아니라 사건들로 포괄할 수 있는 하나의 세계상으로 여긴다.'[47]

니체의 신화에 대한 설명을 복잡하게 이해할 필요가 없다. 우리가 흔히 접하는 그리스 로마 신화를 개념적으로 이성적으로 교훈적으로 파악해서는 안 된다는 말이다. 그리스 로마 신화는 사건의 진행이자 연속일 뿐이며, 그 안에는 어떤 교훈이 없다. 다만 신과 영웅들의 행위가 있을 뿐이다.

하지만 우리는 신화를 어떻게 받아들이는가? 플라톤이 『국가』에서 염려했듯이, 신화에는 비윤리적이고 부도덕한 내용이 너무 많아서 아이들이 그 내용을 보고 들을까 두려운 경우가 태반이다. 우리는 아버지 우라노스가 자식들을 땅에 묻어 버리는 것도 불편하고, 아들 크로노스가 아버지 우라노스의 성기를 자르는 것은 상상조차 할 수 없다. 우리는 아버지 크로노스가 자식들을 잡아먹는 것에 경악하고, 자식 세대인 제우스가 중심이 되어 아버지 크로노스 세대와 전쟁을 벌이는 것에 놀라워한다. 우리는 응징만을 일삼고 사랑이 없는 제우스의 태도 역시 혐오한다. 우리는 영웅인 아가멤논이 아킬레우스가 선물로 받은 전리품을 빼앗는 것도 이해가 안 되고, 전리품을 빼앗겼다고 전투에 참여하지 않는 영웅 아킬레우스의 태도 역시 이해할 수 없다.

그리스 로마 신화는 도덕과 윤리의 색안경을 낀 우리의 시선으로 본다면 이해할 수 없는 혐오의 연속이다. 신화에 대한 혐오 태도를 가진 우리는 니체가 말하는 '소크라테스적-비평적 인간의 집단'에 속하는 자들이다.

둘째는 상상력 정도로 신화를 대하는 태도이다. 하늘을 나는 불마차나 밤하늘의 별에 얽힌 아름다운 이야기, 여러 동물에 깃들인 이야기, 밤하늘을 가득 채운 신비한 별자리 이야기는 어린 시절의 상상력을 자극한다. 어린 시절 신화는 차가운 이성의 주식을 보완하는 상상력의 간식이다. 우리는 어린 시절에 신화를 상상력을 자극하는 이야기로 받아들이지만, 나이가 들면 신화는 멀리해야 할 황당무계한 이야기 정도로 치부한다. 성인이 되어서도 여전히 신화에 빠져 있고 신화를 믿는다면 피터팬 신드롬에 걸린 것으로 여겨질 뿐이다.

셋째는 니체적인 신화의 태도이다. 니체는 여기에서 구체적으로 설명하지 않았다. 하지만 이미 니체는 설명한 셈이다. 이 책 전체가 니체가 신화를 말 그대로 신화로 받아들이는 방식이다. 니체는 9장과 10장의 고대 아테네 비극과 21장과 22장의 바그너의 〈로엔그린〉이나 〈트리스탄과 이졸데〉를 이성적인 판단이나 윤리적인 판단에 의하지 않고 음악적으로 받아들였다. 니체의 비극적 신화관은 앞에서 자세히 상술했다. 이에 대해서는 다시 보기에서 살펴보자.

3. 현대인의 신화를 이해하는 방식을 지적한 글이다. 이는 위에서 언급한 소크라테스적-비평적 인간이 신화를 이해하는 방식이다. 우리는 비평적-역사적 정신에 의해 항상 훈련을 받고 있으므로, 옛 신화도 신화 그대로 이해하는 것이 아니라 우리가 학습받아왔던 대로 도덕적으로 윤리적으로 이해할 뿐이다. '역사적 정신'이란 역사에서 도덕과 윤리적인 교훈을 찾는 것을 말한다. 이에 대한 자세한 설명은 20장 1절 해설 6을 참고하면 좋다.

4. 한 국가나 공동체에서 신화가 어떤 역할을 하는가를 설명한 문장이다. '통일을 향한 운동으로 끝이 난다'는 것은 신화가 공동체 구성원을 하나로 통일시키는 기능에 봉사한다는 것을 뜻한다.

씨족이나 작은 부족이나 종족, 거대 민족은 각기 자기들만의 신화를 갖고 있다. 한 민족이나 국가에도 공통의 신화가 있다. 그 신화는 공동체를 하나로 모아 주는 역할을 한다. 게르만족은 게르만족을 하나로 모아 주는 신화가 있으며, 일본은 일본을 하나로 모아 주는 자신들의 신화가 있다. 우리 역시 우리를 하나로 모아 주는 단

군신화가 있다. 미국처럼 신화가 없는 국가나 민족은 현존했던 인물을 신화로 주조하고 만화 속 영웅을 신화로 만들기도 한다.

5. 상상과 환상이 신화를 통해 체계화된다는 뜻이다. '맹목적인 편력에서 벗어난다'는 것은 판타지와 꿈이 한 사람의 사적이고 개인적인 것을 벗어나 공동체 전체가 받아들일 수 있는 보편적인 이야기, 신화로 만들어진다는 뜻이다.

그리스 로마의 신들은 하늘에서 내려온 이야기가 아니라 사람들 입에서 입으로 전해진 이야기가 켜켜이 쌓여진 것이다. 아폴론이란 하나의 신에 사람들의 바람과 기원을 담은 이야기가 쌓이고 쌓여 우리가 오늘날 접하는 아폴론이 된다. 아폴론이 수없이 많은 상징적 신으로 등장하는 건 이 때문이다. 디오니소스 역시 다양한 상징을 갖는 신이 된 것도 이 때문이다. 우리나라의 신화 역시 입에서 입으로 전해져 내려오는 이야기가 우리 민족 전체가 받아들일 수 있는 신화로 된 것이다.

6. 신화의 세 가지 기능에 관한 일반적인 언급이다. 플라톤과 니체는 신화에 대해 상이한 주장을 하지만, 신화가 갖는 기능적인 면에서는 일치한다. 그들이 다른 점이 있다면 어떤 신화를 들려주어야 할 것인가이다. 여기에서는 신화가 어떤 기능을 하는가를 중심으로 살펴보자.

첫째, '어린 영혼들은 그 보호 아래에서 성장하고'는 어린이는 신화를 통해 가치관을 형성한다는 뜻이다. 플라톤은 『국가』 2권에서 어린이들에게 좋은 신화를 들려주어야 한다고 주장한다.

어린 사람은 뭐가 숨은 뜻이고 뭐가 아닌지를 판별할 수도 없으려니와, 그런 나이일 적에 갖게 되는 생각들은 좀처럼 씻어 내거나 바꾸기가 어렵기 때문일세. 바로 이런 까닭으로 이들이 처음 듣게 되는 이야기들은 훌륭함과 관련해서 가능한 가장 훌륭하게 지은 것들을 듣도록 하는 것을 어쩌면 가장 중요하게 여겨야만 할 걸세.[48]

플라톤은 『국가』를 집필하면서, 자유분방하고 비윤리적인 과거의 신화와 전쟁을 벌였다. 좋은 신화는 어린이들에게 좋은 가치관을 형성하고 나쁜 신화는 나쁜 가치관을 만들어 낸다고 플라톤은 보았다. 플라톤은 좋은 신화를 들은 어린이들이 건강한 국가, 강력한 국가를 만들어 낸다고 보았다. 반대로 니체는 앞에서 살펴본 것처럼 플라톤과 소크라테스 이전의 신화가 훨씬 더 건강하다고 주장한다. 특히 신화의 부활인 비극적 신화를 보고 듣고 경험하는 게 중요하다고 니체는 생각한다.

둘째, '성인은 그 표식에서 자신의 삶과 투쟁을 해석한다'는 성인이 신화와 자신의 삶을 비교하면서 위로와 위안을 얻는다는 뜻이다. 니체가 이 책에서 계속 주장한 내용이다. 니체에 따르면 관객은 무대 위 주인공의 고통을 보면서 삶에 위로와 희망을 얻는다. 무대 위 신과 영웅의 고통은 곧 인간 고통의 또 다른 표현이다. 니체는 '신화를 민중이 겪은 고난의 산물이자 언어로 파악'[49]한 바그너의 견해에 동의한다. 무대 위 신과 영웅의 고통은 인간이 겪는 고통의 신화화일 뿐이다.

셋째, 마지막 문장은 국가는 신화를 통해 정당성을 획득한다는 뜻이다. 신화가 국가 구성원의 공통된 정신적 토대를 이룸을 말한다. 21장 5절 해설 6에서 국가의 신으로서 아폴론을 다룬 내용을 참조해 보자. 먼 옛날 전쟁이나 국가적 위기시 신탁을 받는 것도 신의 명령을 통한 공동체 의견의 통일을 추구하는 것이다. 플라톤이 『국가』에서 국가가 개입하여 시인이 어떤 시를 지어야 할 것인가, 시인이 어떤 신화를 노래해야 할 것인가를 규정한 이유 역시 건강한 어린이, 건강한 시민, 건강한 국가를 만들기 위한 방법 중 하나이다.

> 우리로선 무엇보다도 먼저 설화 작가들을 감독해야만 하겠거니와, 그들이 짓는 것이 훌륭한 것이면 받아들이되, 그렇지 못한 것이면 거절해야만 될 것 같으이.

정반대로 앞에서 계속 살펴보았듯이 니체는 비극을 통한 신화 되살리기가 국가를 강건하게 만드는 기본적인 힘이라고 계속 주장한다. 플라톤과 니체는 어떤 신화를 들려주어야 할 것인가에 대해서는 서로 다른 생각을 가졌지만, 신화가 국가 구성원의 가치관 형성에 중요하다는 점은 공통적으로 인정한다.

다시 보기

신화를 어떻게 받아들이는가에 따라 소크라테스적인(플라톤적인) 인간인가 니체적인 인간인가가 결정된다. 니체는 자신의 주장을 따르자는 비극적 신화에 대한 태도를 분명히 하라고 선언한다. 비극적 신화의 수용 여부는 새로운 인간인가 아닌가를 결정한다고 니체는 말한다.

니체는 비극적 신화의 두 전형을 9장과 10장에서 설명했다. 니체는 9장에서 오이디푸스를 지혜와 지식에 의해서 성공한 영웅의 몰락이라고 정의한다. 니체는 10장에서 프로메테우스가 셈족의 여성적 질병 신화 대신 가장 최고의 것과 최상의 것을 신성모독을 통해 얻는 남성적 신화라고 주장한다. 오이디푸스는 지혜와 지식의 부정을 상징하고, 프로메테우스는 신성모독을 상징한다. 니체에게 영웅이란 지혜와 지식을 부정하고 신성모독하는 자이다.

니체는 오이디푸스와 프로메테우스를 받아들일 것인가 말 것인가를 선택하라고 강요한다. 오이디푸스와 프로메테우스를 부정한다면 소크라테스적 신화 숭배자이고, 신화를 어린이의 상상력의 도구로만 인정한다면 어중이떠중이이다. 반면, 오이디푸스와 프로메테우스 신화를 전적으로 받아들이고 자신의 삶을 신화적으로 사유한다면 니체의 동반자로서 자라투스트라가 된다.

신화란 무엇인가? 신화는 '민중의 고난'의 산물이다. 인간은 자신의 고난을 신화적으로 표현하고, 그 신화를 통해 자신의 삶을 반추한다. 초월적 존재로서 신이 이미 존재하고, 신이 모든 것을 주재하며, 신이 올바름과 그름을 규정한다는 식의 이야기는 신화가 아니라 도덕 교과서와 윤리 지침서이다. 호메로스의 신화는 고대 그리스 비극을 통해 되살아났다. 비극은 신과 영웅의 고통과 몰락과 죽음을 이야기한다. 비극의 이야기는 곧 인간 삶의 이야기이다. 사람들은 이 이야기를 통해 교훈을 찾는 게 아니라 하나의 세계상을 바라볼 뿐이다.

신화란 사유가 멈춰지는 지점이다. 인간은 교훈을 얻기 위해 신화를 읽고 보는 것이 아니다. 인간은 신화를 그저 물끄러미 바라볼 뿐이다. 인간은 신화를 통해 신을 바라보는 것이 아니라 자신의 삶과 고통과 죽음을 관조한다.

니체는 신화를 지혜와 지식과 사유가 멈춰지는 '사유의 휴식용 침상'[50]이라고 말한다. 신화를 이해하기 위해서 '냉정한 추상'도 '엄격한 과학'도 필요 없다.[51] 신화는 과학으로 설명할 수 없고 추상으로도 끌어낼 수 없다. 오이디푸스와 프로메테우스의 고통 앞에서 '그들이 왜 고통을 당하는가, 그들은 죄를 지어서 고통을 당한다'는 식의 인과론적 사유는 멈춰야 한다. 오이디푸스는 숙명에 의해 죄를 지었을 뿐이고, 프로메테우스는 자기 의지로 절대자 제우스에게 강인하게 저항했을 뿐이다.

그들은 죄를 지은 것이 아니라 행위했을 뿐이다. 그 행위에 가치를 부여해서는 안 된다. 다만 그 행위를 바라보고 '나는?', '나라면?', '내가 그런 상황이라면?'이라는 질문을 던질 뿐이고, 그 행위의 결과인 자신의 삶 또한 그런 고통 속에 있음을 바라보는 것일 뿐이다. 나아가 '무대 위의 기적'이 자신에게 다가올 것이라는 기대가 가장 니체적인 태도이자, 신화의 올바른 수용 태도이다.

경계하자. 신화를 받아들이되 올바름의 신화만을 수용하는 자는 플라톤교도이자 소크라테스주의자이다. '그 악명 높은 기계장치의 신'이 정해 주는 찬란한 미래를 기대하고, 그 신이 정해 주는 올바름만이 올바름이라고 믿는 자는 소크라테스적인 신화의 학습자일 뿐이다. 이 학습은 많이 할수록 죄책감과 죄의식이 강화될 뿐이다.

소크라테스적-비평적 인간인가, 니체적인 인간인가? 어떤 신화를 받아들일 것인가? 내가 선택하고 결정하고 책임져야 한다. 도덕적 죄책감과 윤리적 죄의식에 찌들어 달 뜬 밤에 참회록을 쓰는 인간이 될 것인가, 해 뜨는 동쪽을 향해 무심하게 뚜벅뚜벅 걸어가는 자라투스트라가 될 것인가? 신화를 어떻게 받아들일 것인가가 이를 결정한다.

2. 신화를 망각한 인간

이제 이 옆에 신화 없이 인도되는 추상적 인간, 추상적 교육, 추상적 인류, 추상적 법, 추상적 국가를 세워 보라.[1] 고향과 같은 어떤 신화도 없이 무질서하게 사육되도록 내버려진 예술적 판타지를 상상해 보라.[2] 어떤 확실하면서도 신성한 원고향이 있는 것이 아니라 모든 가능성을 잃어버리고 모든 문화에 의해서 비참하게 키워지도록 판결받은 하나의 문화를 상상해 보라.[3] 이것이 바로 현대이다.[4] 이것이 바로 신화의 절멸을 유도한 소크라테스주의의 결과이다.[5]

이러한 상황에서 신화를 상실한 인간은 모든 과거 속에서 영원히 굶주리고 있으며 그 뿌리를 찾아 쑤시고 파고든다. 그는 가장 멀리 떨어진 고대에서 그 뿌리를 찾으려 든다.[6] 근대 문화에 만족할 줄 모르는 무서울 정도로 역사적인 욕구, 헤아릴 수 없이 많은 다른 문화의 수집, 소모적 인식 욕구가 신화의 상실, 신화적 고향의 상실, 신화적 모태의 상실이 아니라면 무엇을 지적하겠는가?[7]

이 문화의 열병과도 같고 으스스한 준동이 배고픈 자의 탐욕스러운 움켜잡기 그리고 허겁지겁 먹기와 다른 것이 무엇인지 자문해 보자. 그리고 게걸스럽게 먹어 치운 모든 것에 만족하지 못하는 그러한 문화, 접촉하면 가장 강력하고 가장 치료 효과가 좋은 양분을 '역사학과 비평'으로 전환시켜 버리는 그러한 문화에게 누가 무엇을 제공할 것인가라고 자문해 보자.

1. '추상적 인간, 추상적 교육, 추상적 인류, 추상적 법, 추상적 국가'는 공동체의 구성원이 아무런 이견 없이 받아들일 수 있는 보편적인 것을 뜻한다. '추상'이란 다양한 구체적 사물로부터 하나의 공통된 무엇을 뽑아내는 것을 뜻한다. '개dog'라고 말하면 우리 모두는 공유하는 무엇을 떠올린다. 이때의 '개'는 구체적 사물로 존재하는 개가 아니라 추상화된 '개'이다. 이런 의미에서 '추상적 인간, 추상적 교육, 추상적 인류, 추상적 법, 추상적 국가'는 하나의 공동체가 공통의 신화 없이 만들어 낸 공통의 보편적인 가치 규범을 말한다.

실제로 그러한 공동체나 국가를 찾기는 쉽지 않다. 민족이나 종족 단위가 아니라 인위적으로 만들어진 미국이 이에 가장 근접하지만, 미국 역시 프로테스탄티즘이란 커다란 신화에 근거해 만들어진 국가이다. 따라서 우리는 상상력을 동원하여 이런 공동체나 국가를 생각해 봐야만 한다.

예컨대 10명으로 구성된 공동체가 있다고 하자. 그들은 서로 다른 인종·종족·민족이고, 출신성분·종교·성별·나이도 다르고, 서로 다른 수준의 교육을 받았다. 그들은 서로 공동체를 구성하기 위해 인간이란 무엇인가, 자식을 낳는다면 무엇을 어떻게 교육시켜야 할 것인가, 인간이라면 최소한 지켜야 할 기본적인 도덕과 윤리란 무엇인가, 이것을 지키지 않았을 경우 제재할 수 있는 법은 무엇이어야 하는가, 국가를 구성한다면 그 국가는 어떤 모습이어야 하는가 등을 결정해야만 한다.

이것은 우리의 상상력을 벗어난 일이자, 이런 공동체나 나라를 만드는 것 자체가 불가능하다. 플라톤이 『국가』에서 "'최소한도의 나라'는 넷 또는 다섯 사람으로 이루어지겠네."[52]라고 말했을 때,

신화가 없는 나라를 전제하지 않았다. 플라톤은 그리스의 신화를 이미 전제하고 '최소한도'로 구성된 자신만의 이상적 국가를 건설해 간다. 하나의 공동체나 국가가 만들어지기 위해서 신화가 없다는 것은 상상조차 할 수 없는 일이다. 신화 없는 공동체나 국가는 존재하지 않는다. 공동체나 국가는 신화를 전제하고 만들어진다. 신화가 없다면 신화를 만들어야만 공동체와 국가는 유지될 수 있다.

하지만 현대 국가나 사회는 어떤가? 니체의 문제의식은 여기에 있다. 현대 국가나 사회는 공통의 신화를 잊어버린 지 오래다. 소크라테스와 소크라테스주의의 만연으로 인해, 신화는 존재하지만 죽은 신화일 뿐이고 교훈적이고 윤리적인 신화일 뿐이다. 현대인은 어떤가? 시민들은 그래쿨루스로서 고통을 당하는 비극적 신화를 망각했고, 신화를 자신의 속죄를 위한 수단으로 삼을 뿐이다. 신화의 상실과 신화의 죽음은 현대 국가와 시민의 합작품이다. '추상적 인간, 추상적 교육, 추상적 인류, 추상적 법, 추상적 국가'가 현대인을 지배하고 있다.

2. 신화는 판타지 예술의 토대라는 뜻이자, 신화 없는 예술적 판타지는 불가능하다는 뜻이다. 우리가 현재 접하고 있는 대다수 판타지는 신화를 근거로 만들어진다. 그것이 오페라이건, 바그너식 악극이건, 아니면 우리가 자주 접하는 오락물로서 우주 영화이건, 미치도록 싸우게 만드는 게임이건 대다수 판타지물은 신화에 근거한다. 신화에 근거했을 경우 우리는 그 판타지물에 훨씬 잘 인입된다. 그런데 신화가 없다고 상상해 보자. 그렇다면 위에서 말한 예술적 판타지는 존재하지 않거나, 존재하더라도 내용이 빈약할 수밖에 없다.

3. 신화와 문화의 관계를 다룬 문장이다. 신화는 어떤 세계인가? 상

상한 모든 게 이뤄질 수 있는 세계이자 모든 것이 어처구니없이 파괴되는 세계이다. 신화는 '모든 가능성'의 세계이다. 신화는 인간이 상상할 수 있는 가장 높은 수준 그 이상의 것이 아무런 거리낌 없이 자행되는 세계이다. 수천수만 년의 경과, 세계의 창조와 멸망, 인류를 절멸로 이끄는 대홍수와 대화재, 신들의 거대한 전쟁, 신들에 의한 인간 세계의 몰락, 아버지 살해, 형제 살해, 근친상간, 부인에 의한 남편 살해와 자식에 의한 어머니 살해가 아무런 제재도 받지 않고 만들어지고 사라진다.

신들은 음모꾼이자 모사꾼이며, 제 이익을 챙기기 위해 도둑질도 마다하지 않고, 다른 신들을 제압하기 위해 수단과 방법을 가리지 않는다. 신들은 서로 싸우다 동맹을 맺고, 서로 암투를 벌여 죽이기도 한다. 신들은 인간의 운명에 개입하여 한 인간의 삶을 제멋대로 바꿔 버린다. 신의 개입으로 인간은 극단적인 불행을 겪기도 하고 최고 행운을 누리기도 한다. 신들은 이 모든 일을 양심이나 도덕, 윤리와 법에 아무런 제한을 받지 않고 거리낌 없이 자행해 버린다. 모든 불가능성은 제거되고 '모든 가능성'의 열린 세계가 신화의 세계이다.

모든 가능성이 닫힌 세계는 인간의 세계이다. 인간의 세계는 도덕, 윤리, 인륜, 법에 제재를 받는다. 인간은 그 무엇 하나 마음대로 하지 못한다. 인간의 세계는 무엇을 하기 위해서 타인의 눈을 고려하고 주변의 시선을 쳐다보고 법의 저촉 여부를 살핀다.

인간의 세계는 모든 불가능성의 세계이다. 모든 불가능성의 세계에 사는 인간이 신화를 보면서 열광하는 것은 신화가 모든 가능성의 열린 세계이기 때문이다. 신화가 인간의 상상력을 자극하는 것도 신화가 모든 가능성의 열린 세계이기 때문이다.

한발 더 나가 보자. 신화가 죽은 세계는 어떤 세계인가? 문화가 완전히 지배하는 세계이다. 문화는 인간의 도덕적, 윤리적 잣대와 법적 기준에 근거하여 만들어진 세계로서, 신화 속 모든 가능성을 이야기 속 신화로 바꿔 버린다. 신화는 한낱 이야기로 전락하고, 신화는 오래 전부터 전해 내려오는 그렇고 그런 신들의 이야기에 지나지 않게 된다.

신화와 문화는 어떤 관계를 맺어야 하는가? 건강한 문화는 신화를 있는 그대로 인정하는, '모든 가능성'이 열려 있는 세계로 받아들이는 반면, 건강하지 못한 문화는 신화의 죽음을 찬양한다. 건강하지 못한 문화는 신화가 인간의 삶에 개입하는 것을 허락하지 않는다.

니체는 고대 아테네 비극과 바그너의 악극을 긍정적으로 바라보았다. 신화가 인간의 삶에 개입할 수 있기 때문이다. 비극 속 신화와 바그너의 악극 속 신화는 그 신화를 바라보는 관객으로 하여금 삶이란 무엇인가, 삶에 필연적으로 내재된 고통이란 무엇인가, 고통을 어떻게 이겨 내야 할 것인가, 고통스러운 삶 속에서도 형이상학적 즐거움을 어떻게 누려야 할 것인가를 생각하게 만든다. '모든 가능성'이 열려 있는 신화 속 주인공이 현실 속에서 살아 춤추는 문화가 건강한 문화이다.

4. 요약하여 정리한다면 현대는 신화가 사라진 세계이다. 현대는 신화의 소멸로 인해 첫째, '추상적 인간, 추상적 교육, 추상적 인류, 추상적 법, 추상적 국가'가 지배하는 사회이고, 둘째, '예술적 판타지가 사라진 사회'이고 셋째, 신화 대신 도덕적, 윤리적 문화가 지

배하는 사회이다.

5. 소크라테스를 집중적으로 다룬 13장 소크라테스의 앎, 14장 소크라테스의 문답법, 15장 소크라테스의 학문을 한마디로 줄여 말하면, 소크라테스는 '신화의 절멸을 유도'한 자이다. 소크라테스와 그의 제자 플라톤은 모든 가능성의 세계로서 신화의 세계를 살해한 자들이다.

> 못생겼지만 인기가 있었던 소크라테스는 그리스에서 장엄한 신화의 권위에 치명적 일격을 가했다.[53]

신화의 살해자로서 소크라테스와 플라톤은 이해하기 쉽지 않다. 그들은 말을 하거나 저술을 하면서 틈만 나면 신에게 맹세하기도 하고, 신화를 통해 자신의 이야기를 덧붙이기 때문이다. 이 문제는 길기는 하지만 같이 고민해 보는 게 좋다.

소크라테스와 신화 말살의 관계는 아주 중요한 문제이다. 소크라테스는 자신 이전, 과학적 철학의 세계에서 인간적 철학의 세계로 바꾼 자이다. 소크라테스는 인문학과 사회과학으로 분화되기 이전의 '인간학'을 최초로 연 자이다.

탈레스 이후부터 소크라테스 이전까지 대다수 고대 철학자들은 세상이 무엇으로 구성되어 있는가를 주요 질문으로 던졌다. 그들은 자연과학자이다. 반면 소크라테스는 자연적 질문이 아니라 '인간이란 무엇인가?'에 관한 질문을 최초로 던진 인문학자이다.

소크라테스의 신화 압살은 그의 행적과 철학적 행위를 주도면밀하게 살핀 플라톤의 『에우티프론』의 논쟁에서 찾을 수 있다. 소크라테스와 에우티프론의 논쟁을 살펴보자. 소크라테스는 신화적 질문에서 인간에 관한 질문, 인간학적 질문, 인간이란 도대체 어떻게 살아야 하는가라는 문제를 던진다. 소크라테스는 천재적 발상을 통해 자연철학적 질문의 시대에서 인간학적 전회를 시도한다.

에우티프론은 자신의 아버지를 고소하러 가다, 마침 신을 모독하고 청년을 타락시켰다는 죄명으로 재판을 받으러 가는 소크라테스를 만난다. 에우티프론의 아버지는 다른 노예를 살해한 죄를 지은 노예를 포박하여, 그 노예를 굶주림과 추위로 죽게 만들었다. 에우티프론은 아버지가 사람을 살해했으므로 경건하지 못한 죄와 신성하지 못한 죄를 지었다고 관가에 고소하러 간다.[54]

당시에는 '눈에는 눈, 이에는 이'의 동해보복의 원리가 사법적 원리였으므로, 인간을 살해한 아버지는 사형을 당할 운명이다. 에우티프론은 아버지를 법에 의해 살해하려고 한다. 소크라테스는 특유의 문답법으로 에우티프론을 궁지로 몰고 간다.

지극히 단순해 보이는 이 이야기는 서양 인문학적, 사회과학적 철학의 시작이다. 이 이야기는 신화적 세계관에서 인간적 세계관으로 넘어가는 위대한 인간학적 가정이다. 플라톤은 그리스의 고전적 신화를 완전히 전복시켜 버린다. 고전적 신화에 따르면, 아들 크로노스가 아버지 우라노스의 남근을 잘라 살해하고,[55] 아들 제우스 세대가 크로노스 아버지 세대를 살해한다.[56] 또한 오이디푸스는 아버지 살해라는 신화를 우연을 가장한 아버지 살해로 전환시킨 신화의 문학적 표현이다.

소크라테스는 이런 신화를 에우티프론을 통해 현실 속의 인간으로 전환시킨다. 소크라테스는 인간들에게 질문을 던진다. 아버지가 잘못했을 경우(우라노스에 의한 자식 살해, 크로노스에 의한 자식 먹기) 아버지를 죽음으로 내모는 고소가 정당한가? 법에 의지한 아들의 아버지 살해(크로노스에 의한 우라노스 제거와 제우스에 의한 크로노스 살해)가 정당한가? 한마디로 죄지은 아버지를 법에 의해 살해하는 것은 정당한가? 더 단순하게 정리해 보자. 아버지가 어떤 죄를 지었든 간에 자식에 의한 아버지 살해는 정당한가? 소크라테스는 이 정당성에 관한 질문을 던짐으로써 인간학의 체계를 세워 간다.

소크라테스의 신을 모독하는 독신죄는 에우티프론을 통해 기존의 아버지 살해와 자식 살해라는 그리스 신화를 부정한 것을 말한다. 소크라테스의 청년 타락죄는 기존의 그리스 세계관과 달리 청년들에게 충효관을 이식시킨 것을 말한다. 소크라테스는 자연철학과 고전 신화의 인간학적 전회를 통해서 그리스에서 전대미문의 새로운 가치관 정립을 시도했다.

소크라테스는 아버지 살해와 자식 살해라는 '모든 가능성'의 세계를 올바름의 세계, 윤리의 세계로 나아갈 수 있는 길을 열었다. 소크라테스 4부작, 『에우티프론』, 『변론』, 『크리톤』, 『파이돈』은 신화의 인간학적 전회에서 시작하여 육체의 영혼 감옥설로 마감한다. 착한 영혼은 죽어서 복을 받고 악한 영혼은 죽어서 벌을 받는다는 것이 인간학의 출발점이자 종결점이다. 세상의 대부분 철학은 이 도덕적 내용과 윤리적 주장의 변형이나 변주에 지나지 않는다. 칸트의 고결한 『실천이성 비판』도 이 내용의 승화 발전일 뿐이다.

'모든 가능성'의 세계를 체계적으로 압살한 자는 소크라테스주의의 효시격에 해당하는 플라톤이다. 소크라테스의 가르침을 받은 플라톤의 『국가』는 그리스의 고전적 신화 죽이기, '모든 가능성'으로서 신화를 체계적으로 압살한다. 그는 신화에서 말하지 말아야 할 다양한 이야기, 즉 '모든 가능성'을 금지시키고 불가능성으로 바꿔 버린다. 그는 신화를 이야기하면서 아버지 살해 금지, 신들 간의 전쟁 이야기 금지, 자식의 부모에 대한 복수 이야기 금지 등을 강조하고,[57] 궁극적으로 '신은 선하다', '신은 올바르다', '신은 올바른 것의 원인이다'만을 이야기해야 한다[58]고 설파한다.

소크라테스주의란 신은 올바르고 선하다는 것으로서, 신화의 열려 있는 '모든 가능성'을 체계적으로 부정하는 것으로서 '신화의 절멸'을 추구한다.

6. 신화란 인간 삶의 다양한 형태, 인간의 기대와 희망, 바람의 산물이다. 니체는 이를 다음과 같이 표현한다.

그리스 신화는 모든 중요한 인간성 형태의 신성화이다.[59]

종교들의 해석은 종교가 인간적인 삶을 인간의 이상에 따라 측정한다는 특징을 가지고 있다.[60]

신화가 사라진다면, 인간의 삶과 희망을 반영해 주는 토대가 사라지게 마련이다. 인간은 이 사라진 토대를 신화가 아닌 다른 어디에선가 찾아야 한다. 인간은 이 희망을 찾기 위해서 뿌리를 향해 간다. 인간은 거듭거듭 인간의 태초 시대로, 인간의 삶 최초로 돌아가 인간이란 도대체 무엇인가를 찾으려 한다. 하지만 신화보다 인간을 더 잘 보여 주는 것은 아무것도 없다.

7. '근대 문화'의 특징과 이유를 지적한 문장이다. 그 특징은 '만족할 줄 모르는 무서울 정도로 역사적인 욕구'(20장 1절 등), '헤아릴

수 없이 많은 다른 문화의 수집'(20장 1절 등), '소모적 인식 욕구'(15장 7절 등)이다. 그 원인은 '신화'의 상실이다. '역사적인 욕구'는 역사에서 교훈을 찾는 태도를 말하고, '문화의 수집'은 다른 문화를 수용하는 것을 뜻하고, '인식 욕구'는 소크라테스에서 시작된 이성적 사유를 말한다. 니체는 근대 문화의 특징을 13~15장에서 자세하게 다루었고, 근대 문화가 소크라테스와 소크라테스주의의 출발에서 기인한다고 보았다.

니체는 '신화를 상실한 인간'과 '신화를 상실한 문화'에 대해서 20장 1절 "고등 교양 기관 선생들 패거리는 독일 교양을 구원하기 위해서 그리스라는 강바닥에서 지칠 줄 모르고 퍼 올리는 데에만 가치를 두었을 뿐이다."라고 서술하고 있다.

소크라테스와 소크라테스주의가 근대 이후 사회를 지배하지 않는다고 가정해 보자. 여전히 비극이나 음악극의 형태로 신화가 존재할 것이다. 신화가 존대한다면 역사적인 욕구, 문화의 수집, 인식 욕구도 불필요하다. 신화는 세상을 이해하는 또 다른 방식이기 때문이다.

다시 보기

14장 3절에서 소크라테스에 의한 시의 죽음, '죽은 시인의 사회'를 서술했다면, 이 절은 소크라테스와 소크라테스주의에 의한 신화의 죽음, '죽은 신화의 국가'를 다룬다. 시가 죽은 사회와 신화가 죽은 국가는 미래가 없다. 낯익지만 낯선 주장이다. 익숙함은 현대의 수많은 사회와 국가가 그 징후를 보여 주고 있으며 우리가 그 안에서 살고 있는 데서 비롯한다. 낯설음은 이런 주장을 한 철학자가 그리 많지 않으며 우리가 이해하지도 못한 데서 비롯한다.

신화가 죽은 국가는 어떤 국가인가? 니체는 비극적 신화가 죽은 국가를 신화가 죽은 국가로 보았다. 비극은 신화에 등장하는 신이나 영웅이 겪은 고통과 죽음의 행적을 기록한 것이다. 신화는 '민중의 고통'을 형상화한 것이다. 신과 영웅의 고통과 죽음은 곧 일반 시민의 고통과 죽음이다. 신과 영웅의 구원과 되살아남은 민중의 구원과 되살아남이다. 일반 시민은 신과 영웅의 죽음과 재생을 통해 자신의 삶을 관조하고 위로를 얻는다.

고통과 죽음을 겪는 신과 영웅이 사라진다면, 신화가 사라진다면 어떤 일이 발생하는가? 신과 영웅이 영원히 죽지 않고 항상 올바름만을 실천한다면 어떤 일이 발생하는가? 신화를 통해 자신의 삶을 반추하는 시민들은 신을 통해 관조와 위로를 얻을 수 없다. 올바름을 실현하라고 강권받고 영원히 죽지 않는 삶(영생)과 거듭 태어남(윤회)을 통한 되살아남을 얻기 위해 인간은 속죄하고 참회하고, 올바름이라는 다람쥐 쳇바퀴를 돌아야만 한다.

올바름의 영원한 끝은 없다. 올바름의 시작은 반성이고 올바름의 끝은 죄책감뿐이다. 반성은 죄책감을 낳고, 죄책감은 다시 반성을 강요한다. 반성과 죄책감은 영원히 서로 물고 돌고 돈다. 반성하면 죄책감이 들고, 죄책감이 들면 또 반성해야 한다. 인간은 죄책감에서 벗어나기 위해 무언가에 의지해야만 한다. 그 무언가는 눈에 보이지 않는다. 인간은 그 무언가로부터 확답을 얻을 때까지 끝없는 기갈과 배고픔에 시달리게 된다.

끝없는 기갈과 배고픔에 시달리는 탄탈로스를 보라. 3장 5절 아트레우스 가문에 내려오는 저주의 신화를 보라. 너무 배가 고파서

탄탈로스 (조아키노 아세레토, 1630~1640년대, 에겐 베르크 궁전 소장)

먹고 싶지만 먹을 수 없다. 너무 갈증 나서 마시고 싶지만 마실 수 없다. 영원한 배고픔과 영원한 기갈이 탄탈로스의 운명이다. 탄탈로스의 운명이 신화가 사라진 현대 사회 현대인의 운명이다. 현대인은 배고픔과 기갈을 해결하기 위해 노력하지만 절대 충족시킬 수 없다.

신화가 죽은 국가를 보자. 그 국가의 문화를 보자. 그 국가는 인간들과 마찬가지로 욕구를 충족하기 위해 끝없이 새로운 것을 찾아 헤맨다. 욕구 중 하나를 충족시켰다는 만족과 동시에 다른 욕구불만이 솟아오른다. 그 욕구를 충족하면 또 다른 욕구가 머리를 치밀고 올라온다.

주변 국가에서 이것저것 수입하여 욕구들을 충족시킨다고 생각한 순간 근본을 상실한 잡탕이 된다. 음악도, 영화도, 책도 영원한 배고픔을 해결시켜 주지 못하고, 술, 담배, 마약도 끝없는 기갈을 충족시켜 주지 못한다. 이것은 어린이의 세계관을 형성시켜 주고, 성인들의 삶을 반추시키고, 국가를 통합시켜 줄 신화가 소멸한 국가의 현실이다.

니체는 아테네의 몰락이 어디에서 비롯한다고 보았는가? 신화의 명맥을 이은 아테네 비극의 죽음이 곧 신화의 종말을 초래했다고 말한다. 에우리피데스에게 말을 배우고 소크라테스에게 철학과 사유를 배운 약삭빠르고 계산에 능한 그래쿨루스적인 시민이 아테네에 넘쳐났다. 시민들은 삶과 고통 그리고 죽음을 관조하게 만드는 건강한 신화를 상실했다. 그 결과 아테네는 펠로폰네소스 전쟁에서 패배한다. 니체의 주장이다.

한 국가의 신화의 죽음은 시민의 이기심을 극대화하고, 마침내 국가의 종말로 이끈다. 고대 아테네 비극적 신화의 죽음은 아테네 몰락의 전조였고, 바그너에 의한 독일 영웅의 부활은 독일 발흥의 시작이었다.

3. 독일 비극의 맹아로서 루터

우리가 놀랍게도 문명화된 프랑스에서 고찰할 수 있었던 것처럼, 독일의 상태wesen가 독일의 문화와 분리 불가능하게 연결되어 있다면, 우리 독일의 상태에 절망해야만 한다. 민족과 문화의 저 통일이 오랜 시간 동안 프랑스의 위대한 장점이자 프랑스의 무서운 장점의 원인이었다는 것을 고려한다면, 이 순간 우리의 미심쩍은 문화가 지금까지 우리 민족적 성격의 고귀한 핵심과 아무런 공통점이 없다는 사실을 우리는 다행이라고 여겨야 한다.[1]

우리의 모든 희망은 오히려 이와 같이 불안정하게 위아래로 급격히 움직이는 문화생활과 교양발작Bildungskrampfe 아래에 영웅적이며 내적으로 건강한 아주 오래된 힘이 숨겨져 있다는 저 인식에 따라 펼쳐져 있다. 물론 저 힘은 놀라운 순간에 일단 강력하게 작동할 것이며 그 다음 다시 미래의 소생을 꿈꿀 것이다.[2]

이 심연으로부터 독일 종교개혁이 발생했다.[3] 저 찬미가 속에서 독일 음악의 미래 양식이 맨 먼저 울려 퍼졌다. 이러한 루터의 찬미가가 빽빽하게 자란 덤불 속에서 봄이 가까워 왔다고 알리면서 출현한 최초의 디오니소스적 유혹의 소리로서 그토록 심오하고, 용기 있으며 영혼을 충만하게 하며, 그토록 충일하게 멋지면서도 섬세하게 울려 퍼졌다.[4] 이에 대해 저 신성하면서도 강력한 디오니소스적 열광자들이 경쟁하듯이 반향을 울리면서 답변을 했다. 우리의 독일 음악은 이들 덕분이다. **독일 신화의 재탄생 역시 이들 덕분이지 않은가!**[5]

1. 이 문장은 이해하기 쉽지 않다. 하나는 하나의 어휘가 다양한 뜻을 갖는 데에서 비롯하고 다른 하나는 니체 당시의 프랑스와 독일의 관계에서 기인한다.

Wesen이란 단어를 살펴보자. Wesen을 '본질'로 이해하고, '독일적 본질이 독일의 문화와 분리 불가능하게 연결되어'라고 번역해 보자. 한 국가의 본질과 문화가 분리 불가능하다면 좋은 것이므로 '절망'으로 치달리지 않는다. 그렇게 되면 내용을 이해할 수 없는 난해한 문장이 되어 버린다.

Wesen을 '본질'이 아니라 어떤 특정한 '상태'로 바꿔 보자. 이를 바탕으로 단락을 간단하게 정리하면 다음과 같다. 프랑스는 민족과 문화가 통일되어 있는 커다란 장점을 가지고 있다. 반면 독일은 고귀한 민족적 성격에 반하는 '미심쩍은 문화'를 가지고 있어서, 양자가 통일되어 있지 않다. 이는 문제인 것 같지만 나름대로 장점이 있다. 독일은 현재 '미심쩍은 문화'로 여겨지고 있지만 새로운 문화, 비극 문화를 새롭게 창조할 가능성이 높기 때문이다.

이런 이해를 바탕으로 그 당시 독일과 프랑스의 관계를 이해할 수 있는 두 번째 길이 열린다. '우리 독일의 상태에 절망해야만 한다'는 것은 독일의 '상태'와 독일의 문화가 프랑스처럼 밀접하게 연결되어 있다면 새로운 문화를 창조할 수 없어서 너무 절망스럽다는 뜻이다. 하지만 절망하지 않아도 좋다. 현재 독일의 '상태'와 일치하지 않는 '미심쩍은 문화'가 시작되었기 때문이다. 그 새로운 문화의 시작은 종교개혁과 루터의 음악이다.

이 문장의 현실적 배경은 다음과 같다. 독일은 보불 전쟁에서 승리의 기운이 무르익고 있었고 실제로 승리한다. 이 전쟁 이전이나 이후에도 프랑스는 유럽의 문화 선진국이었다. 프로이센이 프랑스와 겨룬 전쟁에서 승리했다고 해서, 독일이 문화에서도 프랑스를 압도한 것은 아니었다. 프로이센은 군사적 측면인 전쟁에서 승리했지만 문화적 측면에서는 여전히 후진국이자 야만국이었다.[61]

> 프랑스는 지금까지도 가장 정신적이고 가장 섬세한 유럽 문화의 지위를 차지하고 있다. ……[62]

전쟁의 승리 이후 독일에서는 '승자의 패자에게서 문화 배우기' 열풍이 분다.[63] 이는 로마가 그리스에게 전쟁에서 승리했지만 그리스의 문화를 수입하고 배우는 것과 마찬가지였다. 군사적 승리가 문화의 승리가 아니라면 어떻게 될 것인가? 이 질문은 『비극의 탄생』의 시대적 문제의식이다. 건강한 신화인 비극을 가진 아테네는 페르시아와의 전쟁에서 승리했지만, 아테네를 강력하게 만든 문화인 비극을 상실했다. 그 상실의 대가가 펠로폰네소스 전쟁의 패배이며, 그 결과 아테네는 그리스 내에서 2류국, 3류국으로 쇠퇴한다.

독일이 프랑스와의 전쟁에서 승리한다면(이 책이 보불 전쟁의 와중에 쓰였으므로), 승리한 독일 민족을 강건하게 만들 새로운 문화가 필요하다. 만약 프랑스처럼 문화와 민족이 통일되어 있다면, 독일은 전쟁에서 승리한다 해도 그 승리는 아테네의 경험에서 보듯이 사상누각이 되어 버린다.

니체는 독일의 상황을 주시한다. 독일은 고대 아테네를 강건하게 만든 것과 같은 비극 정신과 비극 문화(철학에서 칸트와 쇼펜하우어, 음악에서 바흐, 베토벤, 바그너)가 싹트고 있었다. 완성된 형태가 아니라 생성되고 있는 비극적 문화가 있고, 그 문화가 독일을 앞으로 강건하게 만들 것이라고 니체는 기대한다. 그 새로운 문화의 맹아는 어디에서 시작하는가? 니체는 종교개혁과 루터에서 답을 찾는다.

2. '문화생활'과 '교양발작'은 '영웅적이며 내적으로 건강한 아주 오래된 힘'과 대립된다. 전자는 소크라테스적, 알렉산드리아적, 로마적 힘이라고 한다면, 후자는 거칠고 조야하지만 독일 민중과 시민에 내재된 힘을 말한다. 전자가 고등 교양 기관 선생들 패거리와 저널리스트들이 주도하고 유포시키는 문화와 교양이라고 한다면, 후자는 순박하고 민요를 즐기는 독일 대다수 농민과 시민들에게 내재되어 있는 내적인 힘이다. 후자는 어느 순간 갑자기 화산처럼 폭발하여 기존의 '문화생활'과 '교양발작'을 몰아내고 새로운 문화를 연다.

3. 이 절은 종교개혁이 가져온 종교적인 내용을 다루는 것이 아니라 종교개혁의 민중적 성격을 다룬다. '영웅적이며 내적으로 건강한 아주 오래된 힘'은 루터의 종교개혁에서 시작한다고 니체는 주장한다. 니체는 루터의 종교개혁을 루터 내부의 '농민성'에서 찾았다.

> 루터 안의 농부는 그가 과거에 믿었던 '더 고상한 인간höheren Menschen'의 거짓말에 대해 소리쳤다. 그는 '더 고상한 인간이란 전혀 존재하지 않는다.'라고 소리쳤다.'[64]

'더 고상한 인간'이란 종교적인 인간, 성직자적인 인간을 말한다.

니체는 『자라투스트라는 이렇게 말했다』 4부 "더 고상한 인간에 대해서"에서 그들이 인간 세계를 망쳐 놓았을 뿐만 아니라 웃을 줄 모르는 성직자들이라고 말한다. 니체는 루터가 가난한 집안의 출신이었다는 사실과 그가 지향했던 내용을 바탕으로 농민 전쟁을 이끌었다고 다음과 같이 주장한다.

> 루터는 민중 출신으로서 지배 계층의 모든 유산과 권력을 향한 모든 본능에서 벗어나 있었다.[65]

니체는 루터의 종교개혁이 갖는 농민성과 민중성을 대단히 중요하게 보았다. 비극은 음악을 통해 모든 사람을 하나로 만드는 성격을 가지고 있다. 그 근원은 민요이다. 6장에서 보았던 것처럼 농민이나 민중이 주로 부르는 민요는 사람들을 하나로 만들어 준다. 이 점은 다음 문장에 나오는 루터의 찬송가 작곡과 연관된다.

4. 루터는 종교개혁가이자 성경을 독일어로 번역한 번역자이며, 기존의 교회 음악과 전혀 다른 음악인 찬송가를 작곡한 예술가이다. 니체는 루터의 찬송가를 디오니소스적 음악의 한 실현 형태로 보았다. 이는 루터의 찬송가가 지닌 민중성, 농민성 등에서 비롯한다.

루터는 기존의 가톨릭음악과는 전혀 다른 새로운 찬송가를 작곡함으로써 음악의 신세계를 열었다. 그는 독일 민요적인 코랄을 찬송가에 적극 도입했다. 니체식으로 말하면 루터는 민중들이 흔히 부르는 민요를 신을 찬양하는 찬송가로 만들었다. 지금식으로 조금 과격하게 말하면 루터는 트로트 가락에 찬양의 소리를 집어넣은 셈이다.

특히 그 당시 코랄은 반주 없이 불렸다는 점에서 디오니소스적 음악과 한층 더 가까웠다. 루터는 또한 화려한 다성 등을 다 버리고 단성으로 음악을 작곡하여 누구나 다 같이 부를 수 있는 음악으로 바꿨다. 루터는 구교의 전문적이고 감상하는 찬양 음악에서, 다 같이 참여하고 다 같이 부르는 찬양의 찬송가를 발전시켰다.'66

5. '디오니소스적 열광자들'이란 바흐와 베토벤을 말하고, '독일 신화의 재탄생'은 바그너의 작품에 나오는 주인공들을 뜻한다. 독일 신화의 재탄생은 바그너의 작품이 주로 독일의 중세 신화를 근간으로 하고 있다는 점을 염두에 둔 것이다. 독일 신화의 재탄생인 바그너의 작품은 디오니소스적 열광자들인 바흐와 베토벤을 토대로 한다고 니체는 보았다.

다시 보기

루터는 니체가 그토록 혐오하는 종교의 새로운 서막을 연 종교개혁가이다. 니체는 이 글에서는 이런 관점을 취하지 않는다. 니체는 루터를 독일적인 신화 부활의 시발점으로 바라본다. 루터는 농민정신에 근거하고 있으며, 성경을 번역하면서 농민의 말인 독일어를 정리하기 시작했다. 또한 루터는 농민의 노래인 세속적인 민요적 코랄을 바탕으로 기존의 교회 음악 체계와는 전혀 다른 찬송가를 작곡했다. 니체는 단언한다. 루터가 없었다면, 독일에서 신화는 부활할 수 없었다. 루터가 있었기 때문에, 독일 신화에 바탕을 둔 바그너의 음악극이 만들어질 수 있었다.

우리에게 질문을 던져 보자. 루터 같은 자가 있는가? 대다수 민중의 정신에 근거하고, 우리말을 글로 정립하고, 민초들의 음악을 정초한 자가 우리에게 있는가? 우리의 신화를 건강하게 탄생시킬 맹아는 존재하는가? 있다면 누구인가? 그런 인물이 존재하는데 우리가 모르는 것인가? 아니면 없는 것인가? 칸트와 쇼펜하우어처럼 새로운 관점을 전달해 줄 철학자나 이론가는 존재하는가? 나아가 우리 신화를 거대한 예술로 만들어 낼 예술가는 존재하는가?

현재 우리는 정치적으로 시민의 참여가 강고해지고, 경제적으로 강해지고 있으며, 문화적으로 세계적인 힘을 획득해 가고 있다. 이 시점에서 우리가 우리에게 진지하게 질문을 던져 보자. 우리의 신화, 음악, 철학을 어떻게 발굴할 것인가? 없다면 어떻게 세워 나가야 할 것인가? 우리 앞에 던져진 질문이다.

4. 신화 파괴 방지제로서 비극

나는 이제 나를 따르며 참여한 친구를 고독하게 관찰할 수 있는 높은 장소로 안내해야만 하고, 그곳에서 그 친구에게는 극소수의 길동무만이 존재한다는 것을 알고 있다. 또한 나는 그 친구에게 우리를 밝게 안내하는 지도자로 그리스인을 꼭 붙들어야만 한다고 힘주어 알릴 것이다.[1] 우리는 지금까지 우리의 미학적 인식의 정화를 위해서 그리스인들로부터 저 두 신을 알게 되었고, 각각의 신이 특수한 예술 영역을 지배하고 있다는 것 역시 알았다. 또한 우리는 그리스 비극을 통해서 저 두 신의 상호 접촉과 상호 고양을 예상하게 되었다.

우리에게는 두 가지 예술적인 원충동이 현저하게 분리되자 그리스 비극의 몰락이 초래된 것으로 나타났다.[2] 그리스 시민 성격의 쇠태와 변형은 어떤 변화와 일치하며, 따라서 예술과 시민, 신화와 인륜, 비극과 국가가 그 근본에 있어서 아주 필연적이며 밀접하다고 우리는 후일 진지하게 생각했다.[3]

비극의 저 몰락은 동시에 신화의 몰락이었다.[4] 그때까지 그리스인들은 무의식적으로 살아 있는 모든 것이 곧장 자신들의 신화와 연결되어 있으며, 당연히 이러한 연결에 의해서 살아 있는 모든 것을 파악할 수밖에 없었다.[5] 이 때문에 그리스인들에게 당연하게도 가장 가까운 현재는 곧장 **영원의 모습 아래**sub specie aeterni에서 그리고 어떤 의미에서 무시간적인 것으로 나타났다.[6]

하지만 국가도 예술과 마찬가지로 순간의 짐과 탐욕으로부터 쉼을 발견하기 위해서 무시간적인 것의 이러한 흐름 속으로 뛰어들었다. 그리고 하나의 시민(민족)—하나의 인간과 마찬가지로—은 자신의 경험에 영원의 흔적을 찍을 수 있는 것만큼 가치가 있다. 왜냐하면 하나의 민족(시민)은 그럼으로써 탈세속화되고, 시간의 상대성과 삶의 진정한 의미, 즉 삶의 형이상학적 의미에 관해 자신의 무의식적인 내적 설득을 보여 주기 때문이다.[7] 이와 정반대되는 경우가 발생한다. 하나의 시민(민족)이 역사적으로 파악하고 자신의 주위에 신화적 방벽을 파괴하는 경우이다. 일반적으로 결정적인 세속화, 자신의 이전 존재(삶)의 무의식적 형이상학과의 단절이 이와 연관되어 있다.[8]

그리스 예술, 특히 그리스 비극은 무엇보다도 신화의 절멸을 막았다. 사람들은 고향의 땅에서 멀어지고 사유, 인륜, 행위의 야생 상태에서 구속받지 않고 살기 위해서 그리스 예술과 그리스 비극을 동시에 파괴했다.[9] 이제 비록 약화된 변용의 형태를 창조하는 것이기는 하지만 저 형이상학적 충동은 삶으로 쇄도하는 학문의 소크라테스주의를 시도했다.[10] 하지만 그 충동은 낮은 단계에서 열병과 같은 것, 즉 사방팔방에서 축적된 신화와 미신의 악마 무리들 속에서 사라지는 것으로 귀결된다.[11] 그럼에도 그래쿨루스로서 그리스적 명랑성과 그리스적 경박성으로 무장한 그리스인은 저 열병을 숨기거나[12] 그밖의 동양적인 공허한 미신으로 완전히 감각이 무뎌지는 것을 이해할 때까지 마음이 충족되지 않았지만 저 한가운데 앉아 있었다.[13]

1. 니체는 자신의 주장을 이해할 수 있는 자가 아주 극소수일 것이라고 보았다. 그리스인에게 배워야 한다는 주장은 20장과 21장의 1절에 나타난다. 폭넓게 말하면 니체는 『비극의 탄생』 전체에 걸쳐서 독일과 독일인은 그리스와 그리스인에게 배워야 한다고 주장한다. 일반화시켜 말하면, 누구나 그리고 어느 국가든지 그리스와 그리스인에게 배워야 한다.

2. 니체는 이를 11장 에우리피데스에서 시작하여 13장~15장의 소크라테스를 거쳐 16장~20장의 오페라를 중심으로 설명했다.

3. '어떤 변화'는 그리스 비극의 변화, 에우리피데스에서 시작된 고대 비극의 몰락을 말한다. 고대 비극이 죽어 가자 '그리스 시민 성격의 쇠태와 변형'이 발생한다고 니체는 말했다. 이런 점에서 볼 때 예술은 예술만으로 독립적으로 존재하는 것이 아니라 사회와 국가의 흥망성쇠와 밀접한 연관이 있다.

4. 11장과 12장의 에우리피데스에서 설명한 내용이다. 9장과 10장에서 영웅적 주인공이었던 신화의 주인공들이 11장과 12장에서 속물적인 인간을 닮은 주인공으로 바뀐다. 니체는 11장 3절에서 이를

'시민적 평균성'이 무대 위에 등장한다고 말했다.

5. 그리스인들의 다신관 또는 일반적인 신화의 특성을 말한다. 신은 인간의 필요와 욕구의 반영이다. 그리스에는 화로나 부엌의 신으로 헤스티아가 있다. 헤라는 가정과 결혼의 신이고, 아폴론은 의술의 신이자 음악의 신이다. 디오니소스는 포도주의 신이다. 심지어 그리스인들은 추상적인 내용을 가진 것도 신으로 만들어 냈다. 예컨대 에리스는 불화의 신이고 티케는 운명의 신이다. 그리스인은 이처럼 세상의 모든 것에 다 신성을 가진 신들이 존재한다고 보았으며, 인간의 모든 삶과 죽음을 신과 연관하여 생각했다.

6. '영원의 모습 아래sub specie aeterni'는 5절의 '현세의 모습 아래sub specie saeculi'와 대립한다. '영원'은 니체의 철학을 대변하고, '현세'는 소크라테스적인 철학을 나타낸다.

'영원'은 니체가 헤라클레이토스의 철학에서 영향을 받은 '생성'에서 그 의미를 찾을 수 있다. 니체는 17장 1절의 해설에서 살펴보았듯이 헤라클레이토스의 사상을 따라 만물은 한순간에 머무는 것이 아니라 영원한 생성과 소멸의 과정 중에 있다고 보았다. 이를 니체는 '생성의 순수에 대한 찬미, 영원의 모습 아래서 찬미'라고 표현한다.'⁶⁷ 이에 따르면 이 문장은 비극 시대의 그리스인들이 현재의 삶을 영원이자 시간에 구속되지 않는 것으로, 즉 생성의 일부로서 바라보았다는 뜻이 된다.

현재를 '영원' 속 일부로 볼 것인가, 현재 이 순간을 의미하는 '현세'로 볼 것인가는 커다란 차이가 난다. 전자는 삶과 죽음이 과정 중에 있으므로 현재의 삶과 사후의 삶을 분리하지 않는 반면, 후자는 현재의 삶과 사후의 삶을 분리한다. 전자에 따르면 인간은 종교에 예속되지 않고 살 수 있는 반면, 후자를 따르면 인간은 사후의 삶을 위해 종교에 얽매여 살아야 한다.

앞에서 살펴본 바대로 소크라테스는 스스로 죽음을 선택한다. 소크라테스의 이러한 태도는 그리스인들뿐만이 아니라 인간의 의식 세계에 커다란 변화를 초래한다. 그는 현재의 삶을 생성의 과정이 아닌 완결점, 즉 일정한 시간이 주어진 '현세'로 보았으며, 사후의 삶을 '영원'으로 보았다. 소크라테스는 '생성이라는 생각 자체'를 '증오'[68]하고, 사후의 삶을 영원의 삶으로 승격시킨다. 소크라테스는 사후의 삶을 '영원'의 삶으로 보았기 때문에, 짧은 순간에 지나지 않는 '현세'의 삶에서 철학을 공부해야 한다고 주장한다.

7. 하나의 국가와 민족(시민)이 개별 인간과 마찬가지로 '영원의 모습 아래'에 있는 것을 표현한다. 국가나 민족(시민)이 전해져 내려오는 살아 있는 신화 속에 살고 있다면, 신화 속에 살고 있는 개별 인간과 마찬가지로 생성 속에서 영원의 삶을 누릴 수 있다. 예컨대 아테네가 비극 속에서 신화를 잘 유지했다면, 아테네는 몰락하지 않고 '영원의 모습 아래'에서 생명력을 잃지 않고 살아갈 수 있었을 것이다.

8. 위와 정반대되는 경우가 있다. 아테네이다. 아테네는 비극이 몰락하자 신화도 몰락했으며, 결과적으로 아테네라는 국가도 그 시민도 몰락해 갔다. 아테네를 몰락시킨 자는 시민을 세속적 삶으로 이끈 에우리피데스이고, 시민의 신화적 삶을 이론적, 학문적 삶으로 바꾼 소크라테스이다. 국가와 민족(시민)에 관한 논의는 니체 당대의 독일과 독일 시민에도 적용된다.

9. '사유, 인류, 행위의 야생 상태'는 역설적이다. 흔히 사유, 인류 등

이 잘 작동하여 시민들을 지배한다면, 그 사회는 일반적으로 질서
가 잘 잡힌 사회일 것이다. 하지만 니체는 이런 사회를 '야생 상태
Wildnis' 또는 무질서 상태로 표현했다. 니체는 사유와 인륜 등이 지배하
는 사회를 부정적으로 보았다.

니체는 우리의 현재의 눈으로 볼 때 무질서하고 야생적으로 보이
는 신화가 질서 잡힌 것으로, 사유와 인륜 등을 고상하지 못한 야생
적인 것으로 보았다. 니체는 신화, 신화의 또 다른 형태인 음악을
통해 형이상학적인 근원적 일자를 느낄 수 있지만, 소크라테스적인
사유와 인륜으로는 형이상학적 근원적 일자에 근접할 수 없다고 보
았기 때문이다. 소크라테스적 철학적 세계는 근원적 일자와의 만남
을 방해하고 멀어지게 할 뿐이므로 '야생 상태'이거나 무질서한 것
이다.

10. 소크라테스와 소크라테스주의의 형이상학적 충동은 형이상학
적 세계에 도달하지 못하고 인간의 보편 윤리가 되었음을 뜻한다.
소크라테스와 소크라테스주의는 종교, 도덕, 윤리, 인륜의 형태로
공기와 물처럼 우리 삶의 모든 곳에 녹아들어 가 있다.

11. 소크라테스와 소크라테스주의의 형이상학적 충동은 궁극적으
로 신화 속으로 사라진다는 것, 힘을 쓸 수 없다는 것을 뜻한다. 철
학은 형이상학적 세계에 도달하지 못하고, 몰락하게 마련이라는 뜻
이다.

12. 결론적으로 말하면 소크라테스와 소크라테스주의의 형이상학
적 충동은 힘을 발휘하지 못하지만 경박하고 이기적이며 계산하기
좋아하는 인간의 유형으로 살아남는다는 뜻이다. 인간은 철학을 통
해 형이상학적 세계에 접근하지 못하고, 영악하게 살아가는 계산에

밝은 삶을 영위할 뿐이다. 철학은 형이상학적인 고귀한 가치를 잃어버리고 한 푼 두 푼 돈 계산과 이익에 매몰된 인간을 만들어 낼 뿐이다. 이 단락의 전체 내용은 12장 3절과 15장을 참조하면 좋다.

13. 아테네에서 비극이 몰락한 후, 이집트의 이시스Isis신을 믿는 종교가 들어왔으며, 아테네인들이 이를 믿었음을 말하는 듯하다. 기원전 4세기 아테네의 외항, 피레우스(플라톤『국가』의 무대)항에 이집트인들이 살았고, 이들을 통해 이시스 여신 숭배가 전파되었다고 한다.*69

이시스는 고대 이집트 신화에 나오는 여신으로, 세트Seth에게 살해당한 오시리스의 아내이자 여동생이며 호루스의 어머니이다. 이시스는 신성한 어머니로 숭배되었으며, 오시리스의 시체를 모아 다시 살렸다고 한다.

다시 보기

22장 1절 해설 1에 나오는 '친구Freund'의 주를 살펴보자. 친구가 동지, 독자, 애호가 등의 의미를 지녔다고 한다면, 여기서 친구는 니체의 '동반자'의 의미이다. 니체의 동반자는 '극소수의 길동무'만을 친구로 가질 것이다. 왜 그런가?

첫째, 비극의 죽음을 신화까지 연결하여 사유할 수 있는 자가 거의 없기 때문이다. 대다수 독자는 이 23장을 읽으면서 앞에서 한 이야기의 반복이라고 생각한다. 니체의 주장이 중언부언 또 반복된다고 생각하는 대다수 독자는 신화적 관점에서 비극의 죽음을 이해하는 극소수가 될 수 없다. 니체의 글을 이해하는 극소수의 독자라면, 신화라는 관점을 중심으로 앞선 주장들과 이 절의 주장을 비교하면서 어떤 공통점이 있는지 이해하는 동시에 차이점을 분명히 알아차릴 것이다.

둘째, 니체의 동반자는 곧 기존의 모든 사유 체계를 부정하고, 새로운 사유 체계를 세워 가야 한다. 마치 디오니소스의 전신인 자그레우스가 티탄들에 갈기갈기 찢겨 나가는 고통을 당한 후 디오니소스로 새롭게 탄생했듯이, 니체의 동반자는 기존의 사유 체계에 의해 낱낱이 해부되는 고통을 당한 후 새로운 사유 체계에 들어서야 한다. 그는 자라투스트라이다. 자라투스트라는 기존의 어떤 것과도 타협하지 않고 새로운 길을 갈 뿐이다. 세상에 이런 자가 얼마나 있겠는가?

시선이 달라지면 대상도 달라진다. 시선을 돌릴 자는 극소수이다. 우리가 알고 있던 올바름으로서 신화의 관점에서 시선을 돌려 고통과 죽음의 비극적 신화로 눈을 돌리자. 기존의 신화가 가지고 있는 형이상학적 세계에 종말 판정을 내리고, 비극적 신화에서 길어 올릴 수 있는 형이상학적 세계를 노래하자. 극소수일지라도 소크라테스와 소크라테스주의는 형이상학적 세계의 조종을 울리고, 비극적 신화 탄생의 축종을 울리자. 비극적 신화의 극소수 사제가 되어 비극적 신화의 재탄생을 앙축하자.

5. 비극 재창조의 개척자들

우리는 이러한 상황에서 15세기 알렉산드리아적-로마적 고대의 부활 이후 오랜 동안 서술하기 어려웠던 막간Zwischenakte[1]에 가장 의심스러운 방식으로 접근하게 되었다. 그 정점에 이와 같이 아주 풍부한 지식욕, 저와 같이 물릴 줄 모르는 발견의 기쁨, 이와 같이 무서운 세속화, 더구나 고향을 상실한 방황, 타인의 식탁에 탐욕스럽게 달려들기, 현재에 대한 무분별한 숭배, 또는 아무런 효과 없는 마취적 도피 등 모든 것은 '현재'라는 **현세의 모습 아래**sub specie saeculi[2] 존재한다. 이 문화의 심장 안에 있는 동일한 결함, 즉 신화의 파괴라는 결함이 동일한 징후에 내재되어 있다고 추론할 수 있다.

이방의 신화라는 나무를 이와 같은 이식에 의해서 치명적으로 손상시키지 않고서 다른 곳에 이식하여 지속적으로 성공하는 것은 불가능한 듯 보인다. 저 외적 요소는 다시 제거하려는 두려운 투쟁에서 아마도 한때 아주 강력하고 충분히 건강했을지 모르지만, 일반적으로 본다면 쇠약하고 병들거나 발작적인 성장 속에서 당연히 여위게 마련이다.[3]

우리는 순수하고 강력한 독일적 본질의 맹아를 간직하고 있으므로 강력하게 독일적 본질로부터 이식된 외적 요소의 저 제거를 감히 기대할 수 있으며, 독일 정신이 자신에게 되돌아가 다시 각성하는 것이 가능하다고 생각한다. 아마도 다수는 저 정신이 로마적인 것의 제거 투쟁을 시작해야만 한다고 생각할 것이다. 저 독일 정신은 최근 전쟁의 승리에 젖은 용기와 피로 가득한 영광 속에서 외적인 준비와 격려를 알아챌 것이다. 하지만 내적인 계기는 이러한 길 위에 있는 숭고한 개척자들, 루터뿐만이 아니라 우리의 위대한 예술가와 시인들을 가치 있게 평가하려는 경쟁 속에서 찾아야만 한다.[4]

하지만 독일 정신은 자신의 수호신 없이, 자신의 신화적 고양 없이, 모든 독일적 사물의 '재생' 없이 투쟁할 수 있다고 믿어서는 안 되지 않겠는가! 그리고 독일인이 오래 전에 잃어버린 고향으로 다시 돌아가려 하지만 그 크고 작은 길을 더 이상 알지 못해 겁이 나서 안내자를 찾고자 한다면, 독일인은 기쁨에 가득 차서 매혹적으로 우는 디오니소스라는 새dionysischen Vogel[5] 의 울음소리에 귀를 기울이면 된다. 그 새는 독일인의 머리 위에 날면서 독일인에게 가는 길을 알려 줄 것이다.

1. Zwischenakte는 극에서 막과 막 사이의 '막간幕間'을 말한다. 이 글에서는 시간적 의미로 사용된다. 여기에서 '막간'은 이탈리아에서 시작한 르네상스와 독일에서 발흥한 비극의 재탄생의 중간 기간을 말한다.

2. '현세의 모습 아래sub specie saeculi'에서 saeculi는 saeculum의 단수 소유격이다. saeculum은 세대, 생애, 시간, 일생, 세기, 세속 등의 의미를 갖고 있다. 이 글에서는 일정하게 주어진 시간을 뜻한다. saeculum은 인간에게는 일생이고, 사물에게는 특정한 존재 기간, 살아 있는 시간 등의 의미이다. 이는 4절의 aeterni의 '영원'과 대비되며, 일시적인 시간을 의미하는 '현세'적 의미가 강하다.

'현재'를 생성 과정에 있는 '영원의 모습 아래sub specie aeterni'로 보는 것과 주어진 일정한 시간인 '현세의 모습 아래sub specie saeculi'로 보는 것은 커다란 차이가 난다. 전자는 고대 비극이 살아 있던 아테네인들의 세계관이다. 후자는 비극이 몰락한 후 속물들 시대의 세계관이다. 전자는 「자기비판의 시도」 7장에 따르면 예술가적 형이상학의 관점이고, 후자는 소크라테스와 그 아류들의 시각이다.

3. 신화의 이식은 가능한가? 알렉산드리아적 – 로마적 신화에 찌들

어 있는 독일로의 그리스 신화, 비극적 신화의 이식은 가능한가? 일반적으로 본다면 불가능하다. 신화를 이식하면 병들 수밖에 없다.

'이방의 신화'는 그리스 로마 신화, 비극 속에 내포된 그리스 신화를 말한다. 독일에는 알렉산드리아적-로마적 신화와 문화, 즉 기독교적 신화와 문화가 지배하고 있었다. 한 국가 내에서, 특히 독일 내에서 새로 이식된 그리스 신화와 기독교적 신화의 대립, 그리스 신화와 기독교적 신화에 근거한 예술과 문화의 대립을 생각해 보자. 새로 이식된 그리스 신화와 그 예술 및 문화가 알렉산드리아적-로마적 문화에 잘 정착할 것인가? 독일에는 알렉산드리아적-로마적 문화의 경박성이 지배하고 있다. 그 독일에서 비극적 신화와 이를 무대화한 비극, 비극적 철학과 비극적 사유가 잘 커 나갈 수 있을 것인가? 원칙적으로는 불가능하다.

4. 독일에 그리스 신화의 이식이 가능할 수도 있다. 조건이 무르익으면 된다. 한편으로는 '최근 전쟁'(보불 전쟁)에서 승리하는 것이다. 다른 한편으로 더 중요한 것이 있다. 새로운 문화를 받아들이고 소화할 수 있는 내적 토대가 이미 존재하면 된다.

독일에는 종교혁명과 이를 가능케 한 농민정신이 있었으며, 농민들의 노래인 코랄을 음악으로 표현한 루터의 찬송가가 존재했고, 그 이후 바흐, 베토벤, 바그너로 이어지는 음악가들이 있었고, 칸트와 쇼펜하우어의 철학이 존재했다. 신화의 이식은 일반적으로 불가능하지만, 독일이라는 특수한 상황에서는 가능하다.

5. 'dionysischen Vogel'을 흔히 '디오니소스의 새'로 번역한다. 여기에서는 '디오니소스라는 새'로 번역했다. '디오니소스의 새'로 번역하면 문제가 생긴다. 디오니소스를 상징하는 여러 신성한 동물들

(표범, 사자, 호랑이, 염소, 황소, 여우, 뱀, 돌고래, 노새 등)이 있지만 새 종류는 없다. 디오니소스와 관련된 어떤 신화에도 새와 연관된 것이 없다.

역자들은 디오니소스와 새가 아무런 관련이 없다는 곤혹스러움을 해결하기 위해서 바그너의 〈지크프리트〉를 끌어들인다. 역자들은 새가 잠들어 있는 브룬힐트에게 지크프리트를 안내한다는 주석을 단다. 역자들은 니체가 청년 시절 바그너를 존경했고, 바그너의 작품 중에 〈지크프리트〉에 새가 나오므로 〈지크프리트〉에 나오는 새를 '디오니소스의 새'라고 단정한다. 이런 식으로 주석을 단다면, 〈로엔그린〉도 적용된다. 〈로엔그린〉에서 백조가 로엔그린의 기사를 태우고 엘사에게 안내한다. 그렇다면 '디오니소스의 새'는 백조가 된다.

이러한 주장은 문제가 있다. 니체가 〈지크프리트〉에 나오는 새를 염두에 두었다면, '지크프리트의 새'라고 명명했을 것이다. 니체가 굳이 '디오니소스의 새'라고 이름 붙여 독자의 혼동을 초래할 이유가 없다.

디오니소스를 상징하는 새가 없다는 곤란함을 해결하는 간단한 방식은 '디오니소스'를 '안내하는 새'로 이해하는 것이다. 일종의 비유법이다. '디오니소스라는 새'는 지금까지 알렉산드리아적-로마적 문화, 달리 말하면 소크라테스주의에 경도된 아폴론적인 문화에 침잠해 있던 독일을 새로운 문화로 안내한다. 새로운 신화를 이식받을 그 토대는 이미 루터의 종교혁명부터 바그너에 이르기까지 탄탄하다. 다만 안내자가 필요할 뿐이다. 그 안내자가 '디오니소스라는 새'이다. 그 새를 따라가면 독일은 새로운 비극적 문화의 시대를 열 수 있다. 니체가 4절에서 '우리를 밝게 안내하는 지도자로 그리스인을 꼭 붙들어야만 한다'고 강변했던 것과 '디오니소스라는 새'는 상호 연관된다.

시간적으로 더 이후까지 연결해 추론한다면, 니체 철학의 주인공이자 영웅인 자라투스트라를 안내하는 새를 '디오니소스라는 새'로 생각할 수도 있다. 물론 니체가 『비극의 탄생』을 집필할 당시, 자라투스트라를 이미 염두에 두고 있었는지에 관한 증거는 없다. 니체는 자라투스트라라는 말을 1881년에야 처음 사용했기 때문이다. 하지만 자라투스트라의 삶과 주장이 디오니소스와 유사하다고 가정한다면, 이런 추론은 가능하다. 근거가 없으므로, 추론은 추론에 지나지 않는다.

다시 보기

이방의 신화는 다른 나라에서 잘 정착할 수 있는가? 독일은 가능했다. 독일적 본질의 맹아를 가지고 있었기 때문이다. 루터는 독일을 독일답게 만드는 시발점이다. 그는 농민정신에 바탕을 둔 종교개혁을 시도했다. 그는 농민들이 부르는 코랄에서 새로운 찬송가의 기원을 찾아냈고, 농민들의 말인 독일어로 성경을 번역했다.

독일은 '알렉산드리아적-로마적인 것의 제거 투쟁'을 어떻게 가능케 했는가? 독일은 가장 로마적인 국가였다. 독일은 신성로마제국이라 불릴 정도였다. 독일은 자신 안에 있는 로마적인 요소를 어떻게 몰아내고 그리스 신화의 영향을 받은 독일적인 국가가 될 수 있었는가? 루터의 종교혁명 이후 사유와 음악에서 조용하지만 강력한 꿈틀거림이 있었고, 그 힘이 마침내 보불 전쟁 소용돌이 속에

솟구쳐 올라왔다고 니체는 생각했다.

　독일의 사례에서 이방의 신화는 우리의 것이 될 수 있는가라는 질문을 던져 볼 수 있다. 이방의 신화에 정복당해 모든 신들을 잃어버리고 잊어버린 우리에게 던져지는 질문이다. 이런 질문조차 해본 적이 없는 게 우리의 역사이자 현실이다. 이방의 신화 수용을 통해 우리에게 우리의 신화는 어떤 의미가 있는가라는 질문을 던져보자. 마침내 이 질문을 던져야 할 때가 되었다.

23장 다시 보기

　우리의 신화는 살해당했다. 바리데기, 자청비, 삼신할미, 조왕신, 천하대장군과 지하대장군, 성주신, 강림도령 등 모두 우리의 삶과 기억에서 지워졌다. 10월 3일 개천절만이 단군을 신화로 보여 줄 뿐이다. 마을 길목을 초라하게 지켜 주는 대장군과 당산나무마저도 축제의 볼거리로 전락했다. 웹툰과 영화에서나 우리 신들의 가녀린 투쟁이 있을 뿐이다.

　우리나라는 귀신들마저도 다 살해당했다. 귀신마저도 사라진 국가, 귀신 영화를 만들기 위해서 외국 귀신을 빌려 오지 않으면 안 되는 국가가 되었다. 유럽의 드라큘라가 우리의 귀신들을 압도하고, 미국의 좀비가 우리 귀신들을 몰아냈다. 좀비가 우리 영화를 점령했고, 우리의 공포도 좀비가 점령했고, 우리의 영혼도 좀비가 지배한다. 좀비가 우리 신들을 좀비로 만들었다. 좀비가 힘을 잃는다면, 한때 우리를 정복했다 사라진 중국의 강시가 되돌아와 우리 귀신들을 구축할 것이다.

　신화가 죽은 국가는 어떻게 되는가? '어린 영혼'은 신들의 '보호

바리공주 (18세기, 로스엔젤레스 뮤지엄 소장)

아래에서 성장'하는 것이 불가능하고, '성인'은 '자신의 삶과 투쟁을 해석'할 근거를 잃어버리고, '국가'는 '강력한 불문법적 규칙'을 상실한다. 신화의 죽음은 정신의 종말을 의미한다. 새로운 것을 찾아 헤매는, 영원히 걸신들린 사회와 국가가 될 것이다.

동화와 문학 속 여성서사로 잔존하지만, 자신을 버린 부모를 용서하고 세상의 모든 한과 원을 풀어 주는 우리 바리데기는 어디로 사라졌는가? 영화 속 의협인으로 명맥을 유지하지만, 지혜와 용기로 사자를 저승으로 안내하던 강림도령은 어디로 사라졌는가? 민속주 이름으로 남아 있지만, 원수 정수남도 품에 안아 주고 되살려 주며 온갖 고생 끝에 문도령과 만나 농사의 신이 된 자청비는 어디로 사라졌는가? 민중의 고통을 잘 승화시켰고, 민초들이 안락을 찾았던 우리의 신들은 어디로 갔는가? 대부분의 신들은 예술과 문화 속에서 겨우 숨을 쉬고 있지만, 우리의 기억과 삶 속에서는 완전히 사라져 버렸다.

우리의 신들을 어디에서 찾아야 하는가? 우리 신들의 부활 맹아는 어디에서 찾아야 하는가? 새로운 국가로 나아갈 이 지점에 서 있는 우리에게 던져진 질문이다. 니체가 보불 전쟁의 와중에서 독일 신화 부활의 시발점을 루터에서 찾아냈듯이, 문화 강국으로 들어선 이 시점에서 우리가 던져야 할 질문이다. 비극적 축제를 통한 '홀로 서는 시민, 하나 되는 시민'으로 발전하기 위한 첫 번째 조건은 민중의 삶 속에서 살아 숨 쉬는 신화이다. 삶 속의 고통과 죽음을 물끄러미 바라볼 신화를 되살려 내고 삶 속으로 끌고 들어와야 할 때이다. 우리 시대의 중요한 과제는 이미 던져졌다. 우리는 그 과제를 해결해야 할 임무를 부여받았다. 이제 첫발을 강하게 내딛자.

24장

현실의 삶과 불협화음
그리고 어린아이

1. 아폴론적인 것으로서 연극적 요소

우리는 음악적 비극의 고유 예술 작용을 검토할 때 아폴론적 속임수를 강조해야만 한다. 우리는 이 속임수 덕분에 디오니소스적 음악과의 직접적인 하나 됨으로부터 구원되는 반면, 우리의 음악적 흥분은 아폴론적 영역과 그 사이에 위치한 확실한 중간 세계에서 일어난다.[1]

그때 우리는 이와 같은 음악적 흥분의 발산을 통해서 장면의 진행이라는 중간세계, 일반적으로 말하면 연극이 그 밖의 다른 아폴론적 예술에서는 전혀 도달할 수 없는 어떤 단계에 이르게 되고, 그 연극이 내적으로 확실하면서도 이해 가능하게 되었다는 것을 관찰했다고 믿었다.[2]

그 결과 아폴론적 예술이 음악정신에 의해서 날개를 달고서 높이 솟아오르는 바로 이 지점에서, 우리는 그 힘의 최고 상승, 그럼으로써 아폴론과 디오니소스의 저 형제 결속에서 절정에 이른 아폴론적인 예술적 의도와 디오니소스적인 예술적 의도를 인식할 수 있다.[3]

1. 21장 3절에도 이 내용이 나온다. 이 절은 아폴론적 속임수 덕분에 관객이 디오니소스적 광란에 빠지지 않는다고 말하는 내용이다. 21장 3절이 주로 아폴론적 속임수가 청중들에게 미치는 영향을 중심으로 다룬다면, 이 절은 주로 음악적 흥분의 절제 수단으로서 아폴론적 속임수를 중심으로 다룬다. 아폴론적인 연극적 요소 때문에 청중은 디오니소스적 음악에 함몰되지 않고 비극을 향유할 수 있다는 뜻이다.

'음악적 비극의 고유한 예술 작용'은 디오니소스적 예술인 음악이 청중들을 몰아의 경지로 몰고 감을 말한다. '하나 됨으로부터 구원'은 청중들이 비극에 객관적 거리를 두고 관람할 수 있음을 말한다. '아폴론적 영역'은 무대 위 배경과 소품 그리고 주인공을 말한다. '그 사이에 위치한 확실한 중간세계'는 공간적으로 말하면 무대와 관객 사이의 중간을 말하는 동시에 양자 사이에 위치한 합창가무단이나 오케스트라를 말하고, 감상적 측면에서 말하면 무대와 관객 사이를 휘감고 있는 음악의 세계를 말한다. 관객이 '음악적 흥분'을 느낀다면, 그 흥분은 무대 위 연극적 요소, 사이에 위치한 중간세계, 그리고 관객 사이에 존재하는 음악에 의해 고양된 감정을 말한다.

2. 이 문장은 관객이 '음악적 흥분'을 통해 비극의 요소 중 하나인 연극을 완전하게 이해할 수 있게 되었음을 말한다. 다른 말로 하면

관객은 아폴론적 요소인 연극을 음악의 도움 없이는 완전히 이해할 수 없다는 것이다.

3. 이 문장은 비극 내에서 아폴론적 요소가 최절정에 이를 수 있는 것은 디오니소스적 음악의 날개를 달았을 때라는 소리이다. 첫째 단락이 아폴론적 속임수에 의해 관객이 음악에 몰입하는 것을 막는 걸 다루었다면, 두 번째 단락은 디오니소스적 음악에 의해 아폴론적 연극이 완전한 이해에 도달함을 다룬다. 마지막 단락은 아폴론과 디오니소스의 형제 결속에 의한 예술이 완전히 이해됨을 말한다. '형제 결속'에 대해서는 21장 9절을 참조한다.

다시 보기

21장 9절과 이 절을 비교하여 살펴보면 좋다. 여기에서 니체는 아폴론적 속임수가 비극 속 연극의 명료화에 기여했으며, 디오니소스적 음악이 연극적 요소를 더 잘 이해할 수 있게 만든다고 말한다. 또한 니체는 아폴론적인 것과 디오니소스적인 것의 형제 결속이 비극과 예술의 최상 목적을 달성할 수 있도록 도와준다고 말한다.

왜 니체는 이 절을 집필했을까? 21장 9절과 비교하면, 마치 동어 반복처럼 느껴지기 때문에 이런 질문이 생긴다. 하지만 동어반복이라고 생각하지 말자. 21장의 9절과 24장 1절은 전혀 다른 내용이다. 이 절은 비극 속에서 아폴론적인 연극적 요소와 디오니소스적 음악적 요소의 결합이 연극적 현상을 넘어 어떻게 본질에 이르는가를 설명해 준다.

2. 가시성의 세계로서 연극적 요소

물론 아폴론적인 빛의 형상은 음악을 통한 내적 조명을 한다 할지라도 약한 정도의 아폴론적 예술의 고유한 작동에 도달하지 못한다. 서사시나 혼을 부여받은 석조물이 관조적인 시선으로 하여금 개체의 세계에 대한 저 조용한 감격을 강제할 수 있었는데, 이것은 저 높은 수준의 생기와 명료성에도 불구하고 여기에서는 도달하지 못한다.[1]

우리는 연극을 보고 집요한 시선으로 내부에서 작동하는 동기의 세계에 들어간다. 하나의 비유적 형상이 우리들 앞을 지나가면, 우리는 그 가장 깊은 의미를 이해했다고 믿었고, 우리는 무대의 막과 마찬가지로 막 뒤에 있는 근원적 존재를 파악하기 위해서 비유적 형상을 끌어내기를 원했다.[2]

형상의 가장 밝게 빛나는 명료성조차도 우리를 만족시키지 못했다. 이 명료성은 어떤 것을 드러내기도 하지만 감추는 듯 보이기 때문이다. 이것은 비유적 드러냄을 통해 장막의 해체, 비밀스러운 배후의 폭로를 요청하는 듯 보이는 반면, 저 빛으로 가득 찬 가시성은 눈을 막고 눈이 더 깊이 들어가는 것을 저지하기 때문이다.[3]

1. 아폴론적 예술은 비극에서 디오니소스적 예술인 음악의 도움을 받지 않으면 개체의 세계를 보는 데 커다란 기여를 할 수 없다는 뜻이다. 일반적인 아폴론적 예술은 우리가 알고 있는 조각, 서사시 등이고, 비극 내 아폴론적 예술은 이 글에서는 말을 포함한 연극적 요소이다. 니체는 5장 3절에서 '조각가 그리고 그와 친족 관계에 있는

서사시인은 형상의 순수한 관조 속에 빠져든다'고 언급한다. 또한 니체는 22장 1절에서 '조각가와 서사시인, 고요한 아폴론적 예술가가 …… 불러일으키려 했던 머묾이 …… 관조 지향적 정당화'에 지나지 않는다고 지적한다. 니체는 일반적으로 아폴론적 예술이 순수한 관조를 가능케 한다고 보고 있다.

'순수한 관조'란 우리가 조각품을 볼 때 느끼는 감정이자 영웅과 신들의 삶을 조각처럼 객관적으로 묘사한 서사시를 읽을 때 오는 느낌을 말한다. 비극 내에서 아폴론적인 것은 서사시적이고 조각적인 것이 녹아들어 간 가상 또는 꿈의 형상이며, 연극적 요소로 표출된다. 비극 내 아폴론적인 요소인 연극적 요소는 일반적인 아폴론적 예술인 조각과 서사시가 주는 '순수한 관조'에 비해 약한 관조를 불러일으킨다. 연극적 요소는 조각이나 서사시보다 정형적인 형상화가 미약하기 때문이다.

2. 이 단락은 우리가 일반적으로 비극 내에서 아폴론적인 것, 즉 연극을 감상하는 태도를 설명한다. 우리는 무대 위 아폴론적인 요소인 연극을 보고서, 가상과 현상을 보고서 본질을 파악할 수 있다고 생각한다. 하지만 가상과 현상을 통한 본질 파악은 불가능하다. 아폴론적인 현상세계를 통해서는 형이상학적, 근원적 일자에 접근할 수 없다고 니체는 앞에서 지속적으로 주장했다.

3. 이 단락의 현상적인 설명을 니체는 9장 1절 '광학적인 것과 반대 관계에 있는 하나의 현상'에서 설명했다. 지나치게 밝은 형상은 그 형상마저 보지 못하게 만든다. 우리는 지나치게 밝은 형상을 보면, 그 형상 대신 눈앞에 있는 '검게 빛나는 반점'을 보게 된다.

니체의 주장을 중심으로 설명해 보자. 비극 속에서 아폴론적인 것은 꿈의 환영과 같은 가시적인 연극의 형태로 드러나고, 디오니소스적인 것은 비가시적인 음악의 형태로 들리고 느낌으로 다가온다. 아폴론적인 것은 눈으로 확인 가능하고 디오니소스적인 것은 온몸으로 느낄 수 있다. 관객들은 눈에 보이는 아폴론적인 연극을 보면서 무의식 중에 본질을 찾으려고 노력한다. 하지만 본질은 눈에 보이지 않는다. 관객이 아폴론적인 요소에서 본질을 찾으려고 노력하는 것은 원하는 결과와 달리 본질과는 거리가 먼 '검게 빛나는 반점'과 같은 현상만을 보게 될 뿐이다.

니체의 설명을 중심으로 철학적인 설명을 해 보자. 형이상학적인 근원적 일자에로의 접근은 어떻게 가능한가? 우리 눈에 보이는 현상이 전부 다가 아니다. 그 현상을 가능케 하는 이데아와 근원적 일자는 존재하기 마련이다. 다만 이 이데아와 형이상학적 일자는 이성적 추론이나 논리적 훈련으로 알아차릴 수 없다. 가장 밝게 빛나는 형상이 있다면, 그 형상은 그늘과 어둠을 가지고 있기 마련이다. 그 그늘과 어둠은 형상의 내부에 존재하는 본질을 더 가리기 마련이다. 인간은 이성, 추론, 추상 등 수많은 방법을 동원한다 해도, 형이상학적인 근원적 일자를 찾아내거나 이해할 수 없다.

하지만 형이상학적 근원적 일자나 본질을 느낄 수 있는 방법이 없는 건 아니다. 형이상학적인 근원적 일자를 몸으로, 마음으로 느끼는 것이다. 형이상학적 근원적 일자는 눈에 보이지 않으므로 눈을 감고 음악에 온 몸과 마음을 맡겨 하나 됨을 느끼는 것이다. 디오니소스적 음악의 효과라고 주장한 니체의 설명을 떠올려 보자. 22장 1절의 "그는 예전보다 훨씬 더 많이 보고 더 깊이 보지만, 눈이 멀기를 바란다."를 기억해 보자.

인간은 형이상학적인 근원적 일자를 이해하거나 인식할 수 없고 오로지 느낄 수 있을 뿐이라는 니체의 근본적 주장을 기억해 보자. 비극 내에서 디오니소스적 요소인 음악은 인간이 형이상학적인 근원적 일자에 다가갈 수 있는 가교이다.

다시 보기

무대 위 비극을 볼 때 눈으로만 감상하지 말자. 눈으로 보는 것은 연극적 요소만을 보는 것이다. 비극을 보면서, 아니면 일반적인 연극을 보면서 눈을 감자.[70] 바그너의 음악극에서 관현악이 고대의 합창가무단과 같은 역할을 하고 있으며, 하나의 음률이 대화와 같은 역할을 하고 있음을 상기하자. 눈을 감으면 볼 수는 없지만 음악에 의해서 비로소 느낄 수 있는 것들이 있다. 바로 형이상학적 근원적 일자, 이데아 또는 본질이다.

본질을 보는 방법은 무엇인가? 눈에 의해서 얻어지는 것은 지식, 인식이다. 지식과 인식, 사유와 추론이 가질 수 있는 한계를 니체는 여러 번 지적했다. 현상의 밝은 빛을 보고 인식하려고 눈을 크게 뜰수록 검게 빛나는 반점은 커지게 마련이다. 비극이든, 음악극이든, 연극이나 영화든 눈을 감고서 비로소 느낄 수 있는 것들을 만끽해 보자. 눈으로 볼 수 없는 것들을 느낄 수 있다면, 그것이 형이상학적 근원적 일자의 세계에 접근하는 길이다.

성별, 나이, 재산이 서로 다름에도 음악으로 하나 됨은 니체가 말하는 근원적 일자의 향유이다. 눈을 뜨고 바라보면 서로의 차이와 다름을 본의 아니게 느끼고 인식한다. 눈을 감으면 서로의 차이와 다름이 보이지 않고 서로의 몸에 다가오는 느낌만을 향유할 수 있다. 차이와 다름이 사라진 디오니소스 축제의 장, 이것이 형이상학적 근원적 일자와 하나 됨이다.

3. 추악함과 부조화로서 영웅의 삶

관조하는 동시에 이를 넘어 동경하는 것을 경험하지 못한 자는 이러한 두 과정이 비극적 신화의 고찰에서 얼마나 확실하고 명료하게 동시에 존재하고 동시에 느껴지는지를 경험하지 못할 것이다. 반면 진정한 미학적 관객은 비극의 고유한 작동하에서 저 동시성이 상당히 주목할 만하다고 나에게 입증할 것이다.[1]

사람들은 미학적 관객의 이러한 현상을 비극적 예술가에게 존재하는 유사한 과정에 대입해 보면, **비극적 신화**의 탄생을 이해하게 될 것이다. 비극적 예술가는 아폴론적 예술 영역과 더불어 가상과 관조에서 오는 완전한 쾌락을 누리는 동시에 이러한 쾌락을 부정하고서 눈에 보이는 가상 세계의 절멸에서 오는 한층 더 높은 해방감을 느낀다.[2]

비극적 신화의 내용은 우선 투쟁하는 영웅의 예찬을 다룬 서사적 사건이다. 즉, 영웅에게 운명 지워진 고통, 최악의 고통을 당한 후 극복, 너무도 고통스러운 동기의 대립, 짧게 말하면 실레노스가 보여 준 저 지혜의 예시,[3] 미학적으로 표현한다면 추악함과 부조화[4]가 수없이 많은 형태로 그토록 사랑받으며 표현되었으며, 한 민족의 가장 풍요롭고 가장 청춘이었던 시절에 발현되었다.[5] 이것이 만약 최상의 쾌락[6]을 위한 것이 아니라고 한다면, 저 수수께끼 같은 특성은 어디에서 비롯한 것인가?

1. 이 단락은 다음을 뜻한다. 기존의 관객은 비극을 아폴론적인 것과 디오니소스적인 것의 결합으로 보지 못하는 반면, 진정한 미학적 관객은 비극 속에서 이 양자의 결합을 제대로 볼 수 있다.

'관조'는 아폴론적인 것을 말하며, '동경'은 디오니소스적인 것을 뜻한다. 앞에서 니체가 계속 강조했듯이, 비극은 아폴론적인 것과 디오니소스적인 것의 결합이다. '동시성'은 아폴론적인 가시적인 것과 디오니소스적인 본질적인 것의 세계가 동시에 공존함을 말한다.

니체의 주장을 제대로 이해하는 진정한 미학적 관객이라면, 그는 아폴론적인 것의 가시적인 세계, 즉 연극을 보지만 그 안에 흐르는 음악을 통해 디오니소스적인, 형이상학적인, 근원적 일자의 본질세계도 느낄 수 있다.

2. 이 단락은 비극이 주는 '쾌락'과 '해방'을 비극적 신화, 즉 비극 주인공에서 찾아야 함을 말한다. 니체는 앞에서 비극 자체의 즐거움을 설명하고 난 후, 이 동일한 즐거움을 비극적 신화의 주인공에서 찾아야 한다고 말한다.

관객이 비극을 즐긴다는 것은 무엇을 의미하는가? 비극을 보는 '관조'와 비극을 즐기는 '동경'을 명쾌하게 이해할 수 있게 해 주는 대상이 있다. 비극의 주인공인 신과 영웅의 삶이다. 비극 주인공의 삶은 관객들에게 비극이 주는 것과 유사한 즐거움인 '쾌락'과 '해방'을 제공한다. 따라서 진정한 미학적 관객이라면, 아폴론적인 '가상과 관조에서 오는 완전한 쾌락'과 '눈에 보이는 가상 세계의 절멸에서 오는 한층 더 높은 해방'인 디오니소스적 해방을 동시에 느낄 수 있다.

비극의 주인공이 관객에게 주는 쾌락Lust이란 무엇인가? 비극의 주인공은 반드시 죽거나 몰락한다. 관객은 주인공의 죽음과 몰락에서 쾌락을 얻는다. 니체는 21장 3절에서 "투쟁하는 영웅은 자신의 승리에 의해서가 아니라 몰락에 의해서 불길한 방식으로 이 쾌락을 미리 알려 준다."라고 말했다.

비극의 주인공이 관객에게 주는 해방Befreidigung이란 무엇인가? 비극의 주인공은 기존의 질서를 어기고 기존의 권력과 권위에 대항한다. 비극의 주인공은 죽거나 몰락함으로써 응징을 당하지 않고 오이디푸스와 프로메테우스의 예에서 살펴보듯 구원을 받는다. 저항과 이에 따른 파멸이 아니라 구원이 곧 관객에게 해방감을 제공한다.

해방은 또 다른 측면에서 살펴볼 수 있다. 관객은 비극을 바라보면서 아폴론적인 가상의 관조에 머물지 않는다. 관객은 주인공의 고통과 죽음 속에서 형이상학적 본질의 세계와 하나가 된다. 오이디푸스는 죽으면서 구원을 받음으로써 근원적 일자와 하나가 되었으며, 프로메테우스는 사라지면서 형이상학적 질서의 세계에 들어선다. 이때 관객은 비극의 주인공을 통해서 눈에 보이는 가시성의 세계에서 벗어나 눈에 보이지 않는 형이상학적 근원적 일자를 느끼게 된다. 이 느낌이 바로 해방이다.

또한 관객은 다른 측면에서도 해방을 느낄 수 있다. 비극은 디오니소스 축제의 연장이고, 디오니소스 축제의 장은 모든 계층, 계급, 인종과 성, 나이가 무의미해지는 난장이다. 축제에 참여한 자들이 음악과 춤으로 하나가 됨으로써 기존의 모든 질서에서 벗어난 해방을 누리듯이, 비극의 관객 역시 비극을 관람하면서 이와 같은 해방감을 누린다.

니체는 비극의 주인공이 주는 '쾌락'에 대해서는 다음 단락에서 다루고, '해방'에 대해서는 4절에서 다룬다.

3. 3장 2절 해설 4를 참조한다.

4. '추악함과 부조화'는 비극 주인공의 행동을 표현한 말로 3장 3절에서 이미 설명했다. 이에 대한 자세한 내용을 24장 5절에서 다시 다룬다.

5. 비극의 주인공은 자신의 행동의 정당성 여부와 관련 없이 결국 죽음에 이르거나 몰락을 당한다. 이를 보는 관객은 '최상의 쾌락'을 얻기 마련이다.

6. 비극의 주인공의 몰락과 죽음은 관객들에게 어떤 의미가 있는가는 그런 비극이 어떤 시대에 공연되었는가에서 찾아야 한다는 것이 니체의 주장이다. 관객들에게 '최상의 쾌락'을 주는 진정한 비극은 어느 시대에 발생하는가? 강력한 아테네와 보불 전쟁 당시 강력해지고 있는 독일이다. 한 국가의 청춘 시대에 왜 이런 비극이 발생하는가?

니체는 약함의 염세주의와의 철학적 대립물로서 강함의 염세주의가 발생하는 시대에 진정한 비극이 발생한다고 보았다. 진정한 염세주의는 강함의 염세주의로서, 세상의 비관이 아니라 고통의 극복이기 때문이다. 주인공의 고통과 죽음은 곧 관객들에게 고통으로서 삶을 어떻게 극복해야 할 것인가를 알려 주는 징표이다. 강함의 염세주의 시대의 관객(시민)은 주인공의 고통과 죽음을 통한 대리만족이 아니라 주인공의 고통과 죽음을 자신 삶의 일부로 받아들이고, 그 고통과 죽음을 숙고하고 담담하게 극복해 나간다.

다시 보기

'너무도 고통스러운 동기의 대립'은 비극의 주인공이 겪는 갈등적 상황을 말한다. 니체는 동기의 대립과 비슷한 의미를 22장 1절에서 '동기의 투쟁'이라는 말로 다루었다. 대립은 투쟁보다 한 차원 낮은 것으로 보면 좋다.

비극의 주인공들은 대부분 자신이 하는 행동의 동기가 항상 올바르거나 정당하다고 생각하지만, 주인공의 대척점에 있는 자들 역시 자기 행동의 동기가 올바르다고 생각한다. 갈등하는 두 동기 중 어느 것이 옳은가는 인간의 이성으로 판단하기 쉽지 않고, 판단할 수도 없다. 비극적 상황의 전제는 동기의 대립이고 동기의 타협 불가능이다.

예를 들어 보자. 남편 아가멤논을 살해한 클리타임네스트라를 살펴보자. 그는 남편이 가정을 소홀히 하고 자신의 딸 이피게네이아를 제물로 바쳤기 때문에 남편 아가멤논을 살해하는 것이 옳다고 생각한다.(『아가멤논』의 주요 내용.) 반대로 클리타임네스트라의 아들 오레스테스와 딸 엘렉트라는 어머니 클리타임네스트라를 아버지를 살해했다는 이유로 살해한다.(『제주를 바치는 여인들』의 주요 내용.) 여기서 문제가 발생한다. 클리타임네스트라도 자신의 행동이 올바르다고 주장하고 오레스테스도 자신의 행동이 정당하다고 강변한다.

신들마저도 양자의 주장 중 누가 더 옳은지 결정하지 못한다. 가장 현명하고 지혜로운 여신 아테나도 마찬가지였다. 지혜의 여신 아테나는 결국 인류 최초라 할 수 있는 배심원을 소집하여, 클리타임네스트라와 오레스테스 중 누가 더 옳은지 결정하자고 제안한다. 결론은 4 : 4. 클리타임네스트라는 배심원 절반의 지지를 받고,

어머니 클리타임네스트라를 살해하는 오레스테스 (베르나르디노 메이, 1654년)

오레스테스도 절반의 지지를 받는다. 결국 캐스팅보드를 쥔 아테나는 오레스테스를 구원하기로 결정한다.(『자비로운 여신들』의 주요 내용.) 비극에서 비극적인 사건은 동기의 갈등과 대립에서 발생한다.

비극은 이처럼 어떤 사건과 행동이 벌어지면, 그 동기를 둘러싸고서 대립할 수밖에 없다. 하늘이나 신, 또는 그 어떤 현명한 자도 옳고 그름을 정해 주지 못한다. 비극 속에서는 객관적으로 보편타당하고 올바른 선善은 존재하지 않는다. 피할 수 없는 숙명과 정해진 운명에 따라 근친상간과 아버지를 살해한 오이디푸스는 옳은가 그른가? 절대신에게 도전한 프로메테우스는 옳은가 그른가? 국가에 저항한 자를 인간법에 따라 묻지 말라고 명령한 크레온이 옳은가, 아니면 국가의 법을 어기고 신의 법이 있다고 가정하고서 국가에 저항한 자를 땅에 묻은 안티고네가 옳은가? 비극 주인공의 행동은 서로 다른 동기에 의해 행해지므로 언제나 논쟁의 영역이고 투쟁의 영역이다.

아테네인들은 자신의 행동이 올바른가 그른가를 시민들에게 설득하기 위해서 많은 시간과 돈을 들여 웅변술, 수사학을 배웠다. 그당시에는 지금 우리가 아는 것과 같은 사법부도 존재하지 않았다. 아테네인들은 스스로 자신을 변명하고 변호하고 자신의 정당성을 주장해야만 올바름을 인정받았다. 무엇이 선이고 무엇이 악인가를 결정하기 위해 그들은 수없이 많이 토론하고 또 논쟁했다. 그들은 어떤 경우에도 적용되는 객관적으로 보편타당한 선을 인정하지 않았다. 아니 그들에게는 보편타당한 선이 없었다. 그들은 자신의 옳음을 말과 행동으로 증명해야 하는 건강한 시민이었기 때문에 건강한 국가를 건설할 수 있었다. 그들은 작은 도시국가의 구성원이었지만, 거대한 국가와 전쟁을 벌이고 이길 수 있는 강건한 시민들이었다.

이를 뒤집은 자는 소크라테스와 그의 제자 플라톤이다. 그들은 객관적으로 보편타당한 선이나 올바름이 존재한다고 주장했다. 그들은 신의 가르침은 올바름이고, 이데아가 바로 올바름을 결정하는 기준이라고 주장했다. 인간은 올바름을 실천하기 위해 금욕적인 삶을 살아야 한다고 그들은 강조했다. 그 당시 아테네인들은 플라톤과 소크라테스의 낯선 주장을 이해할 수 없었다.

무엇이 올바르고 무엇이 나쁜 것인가 질문을 던져 보자. 돼지고기를 먹는 것은 악이고, 안 먹는 것은 선인가? 소고기를 먹는 것은 악이고 안 먹는 것은 선인가? 개는? 거위는? 히잡을 쓰는 것은 선이고, 히잡을 쓰지 못하게 막는 것은 공익인가? 동성애는 악이고 이성애는 선인가?

무엇을 근거로 선과 악을 정하는가? 선과 악, 우와 열을 정할 수 있는 것은 아무것도 없다. 니체는『도덕의 계보』에서 힘을 가진 자가 힘을 가지지 못한 자에게 강요한 선과 악이 있을 뿐이라고 말한다. 니체는 노예들이 도덕의 반란을 일으켜 약자들의 가치가 보편타당한 선이 되었을 뿐이라고 주장한다. 보이기의 화려한, 수많은 신체형은 선과 우를 대중들에게 강요하는 수단이다. 보이지 않기와 감추기의 감옥형은 악과 열을 사회에서 은폐시키기 위한 수단일 뿐이다.

세상의 모든 행동에는 동기의 갈등이 존재한다. 통념상 말하는 선으로 악을 재단하지 말자. 모든 인간은 추악함을 지니고 있으며 부조화가 추악함의 원인이다. 추악함을 비판하기 전 한 번 더 부조화의 관점에서 바라보자. 선과 우, 악과 열을 되돌아볼 수 있는 새로운 여지가 생긴다.

4. 자연현실성의 모방이자 보완으로서 예술

예술이 자연현실성Naturwirklichkeit의 모방일 뿐만이 아니라 자연현실성—극복이 예정된—의 형이상학적 보완이라고 한다면, 삶이 실제로 그토록 비극적이라고 하는 것은 어쨌든 예술 형식의 발생을 설명하지 못한다.[1] 일반적으로 비극적 신화가 예술에 속한 다면, 비극적 신화는 예술의 형이상학적 변용 의도 일반에 완전히 참여하고 있는 셈이다. 하지만 비극적 신화가 현상세계를 고통당하는 영웅의 형상으로 제시한다면, 그 신화는 무엇을 설명하고자 한 것인가? 적어도 이러한 현상세계의 '실재Realität'는 아니다.[2] 왜냐하면 비극적 신화는 우리에게 '보아라! 정확히 보아라! 이것이 당신의 인생이다! 이것이 우리들 존재의 시간을 가리키는 시곗바늘이다!'[3]라고 말하기 때문이다.

1. 문장의 내용은 다음과 같다. 예술이 자연현실성을 보여 주는 동시에 자연현실성을 넘어서서 형이상학적 실체를 보여 준다면, 비극은 삶의 비극적 내용을 보여 주는 동시에 고통스러운 삶을 넘어서서 형이상학적인 그 무엇을 보여 줘야 한다.

이 문장을 이해하기 위해서는 'Naturwirklichkeit'에서 출발해야만 한다. 니체가 'Natur'를 어떤 의미로 사용했는가는 19장 4절 해설 2에서 찾을 수 있다. Natur는 우리 눈에 드러나는 '자연'이지만 눈에 보이는 자연 속에 '본질'을 내포한다. 즉, Natur는 현상적인 '자연'인 동시에 형이상학적인 '본질'이나 '이데아'적인 것을 내포한다. 이는 실러의 예술관에서 비롯한다.

'Naturwirklichkeit'는 자연이 현실로 전화된 형태, 우리말로 억지로 옮긴다면 '자연현실성'이다. Natur에서 살펴보았듯이 'Naturwirklichkeit'는 현상적으로 겉으로 드러난 자연현실성이지만 '본질'이나 '이데아'를 간직한다. 'Naturwirklichkeit'는 현상 속에 본질이 감춰져 있으면서 현실세계에 드러난 것을 말한다.

예술이란 무엇인가? 일단 예술은 '자연현실성'의 모방이다. 하지만 모방만으로 끝나서는 예술이라고 볼 수 없다. 예술은 '자연현실성' 안에 있는 '본질'이나 '이데아'적인 요소를 드러내야만 진정한 예술이 된다.

비극이란 무엇인가? 일단 비극은 인간의 고통스러운 삶과 죽음을 모방한다. 하지만 인간의 고통스러운 삶과 죽음을 모방한다고 해서 비극이 될 수는 없다. 수없이 많은 비극적 사건이 모두 비극의 대상이 되는 것은 아니다. 비극은 인간의 고통과 죽음 안에 있는 '본질'이나 '이데아'적인 요소를 드러내야 한다. 즉, 비극은 인간의 고통과 죽음을 넘어선 그 무엇, 근원적 일자와 합일을 드러내야만 한다. 이것이 모방으로서 비극이 아닌 진정한 비극이다.

아리스토텔레스는 에우리피데스가 비극을 가장 비극답게 표현했다고 주장했음에도 불구하고, 니체는 에우리피데스의 비극을 비극이 아니라고 주장했다. 에우리피데스는 음악을 통한 형이상학적 근원적 일자와 합일하는 대신, '악명 높은 기계장치'를 통해 형이상학적 가치만을 시민들에게 강요했기 때문이다. 그는 객관적으로 보편타당한 올바름을 정해 주는 '악명 높은' 신을 결말 부분에서 내세운다. 그는 관객이 비극을 통해 형이상학적 이데아와 합일하는 것이 아니라 관객들에게 형이상학적 가치를 절대적 가치로 바꾸어 따르도록 강제했을 뿐이다. 니체의 관점에서 에우리피데스의 비극은 도덕극, 윤리극, 종교극의 효시일 뿐이다.

2. 이는 삶에 필연적인 비극성과 이를 예술로 표현한 비극 예술의 관계를 표현한다. 예술이 사실(자연)을 사실(자연) 그대로 드러낸다면 예술이 아니듯이, 비극적 예술 역시 인간의 비극적 삶을 그대로

드러낸다고 한다면 예술이 아니다. 비극적 예술이 예술이 되기 위해서는 인간의 '실재'를 넘어서, 인간의 비극적 삶의 모방을 넘어서 형이상학적인 세계를 드러내야 한다. 인간이 겪는 고통을 있는 그대로 나열하는 것은 예술이 아니라 비극적 삶의 모방일 뿐이다.

3. 비극의 주인공인 신과 영웅의 고통을 통해 백인백색의 관객은 무엇을 느끼는가? 백인백색의 관객은 서로 다른 세계관과 종교, 서로 다른 정치 의식과 경제 수준, 서로 다른 언어와 문화를 가지고 있지만, 비극을 보면서 하나의 공통된 감정을 느낀다. 예술로서 비극은 형이상학적 근원적 일자와 합일을 드러내기 때문이다. '비극의 주인공인 신과 영웅의 고통'은 인간의 고통을 모방하는 걸 넘어 근원적인 무엇을 드러내기 때문이다.

관객은 비극의 주인공인 신과 영웅의 고통을 바라보면서, 나의 고통을 바라보는 것인 동시에 모든 사람이 겪는 극한의 고통을 공유하고, 그 고통의 극복을 통해 위안을 받고 쾌락에 접근한다. 인간은 비극적 예술을 통해 개별 인간으로서 느끼는 고통스러운 삶에서 벗어나 보편적인 '해방'을 느낀다.

다시 보기

'이것이 당신의 인생이다!' 비극 주인공의 삶과 나는 얼마나 다른가? 고통받고 살아가는 수많은 사람들과 우리는 얼마나 다른가? 비극 주인공의 삶과 고통, 그리고 구원! 대다수의 인생은 크게 다르지 않다.

자연현실성은 현상적으로 보면 서로 다르게 나타나지만, 본질적으로 보면 공통적인 것을 드러낸다. 비극을 소리 내어 읽고 몸으로 느껴 보자. 삶은 크게 다르지 않다. 비극에서 위로를 느끼고 형이상학적 즐거움을 찾아보자. 비극 안에는 자연현실성이 녹아들어 가 있다.

우리가 흔히 보는 영화를 다시 형이상학적 관점에서 검토해 보자. 그 영화가 우리에게 말로 표현할 수 없는 어떤 감동을 전달해 준다면, 그 영화는 실재와 본질을 동시에 간직한 자연현실성을 제대로 전달한 것이다.

5. 미학적 쾌락의 발생 요인으로서 추악함과 부조화

신화는 이러한 삶을 우리들에게 변용시키기 위해서 이러한 것을 보여 주는가? 하지만 만약 그렇지 않다면, 우리가 우리들 곁에 저 형상을 통과시킬 때 얻어지는 저 쾌락은 어디에서 비롯하는가?

나는 미학적 쾌락을 질문했고, 이러한 많은 형상들이 그 외에 때때로 동정 또는 인륜적 승리의 형식을 띤 도덕적 위로를 낳을 수 있다는 것 또한 잘 알고 있다. 물론 미학에서 아주 오래된 진부한 사실이기는 하지만, 비극적인 것의 효과를 이러한 도덕적 원천으로부터만 도출하려는 자는 예술을 위해서 무엇을 하고 있다고 믿어서는 안 될 것이다.[1] 무엇보다도 예술은 자신의 영역에서 당연히 순수함을 요구하기 때문이다.

비극적 신화를 설명하기 위해서 가장 먼저 필요한 것은 동정, 공포, 인륜적 숭고함의 영역에 개입하는 것이 아니라 비극적 신화에만 있는 고유한 쾌락을 순수 미학적 영역에서 찾아야 한다. 비극적 신화의 내용인 추악함[2]과 부조화[3]가 어떻게 해서 미학적 쾌락을 발생시키는가?[4]

1. 예술에서 얻는 감동을 '도덕적 원천'에서 찾는 것은 진정한 미학적 태도가 아니다. 이러한 접근법은 소크라테스의 관점에서 시작한 실천적 예술이고, 소크라테스적 이론에 근거한 평론가적 예술관이다. 니체는 도덕적, 윤리적, 인륜적, 종교적 관점에 의거하여 인간이 감동을 받는 예술관에 대해서 앞에서 수없이 많이 비판했다.

2. 추악함Häßliche을 살펴보자. 비극의 주인공들은 우리가 흔히 말하는 인륜적인 잣대로 보면 도저히 받아들일 수 없는 추악한 행동을 한 자들이다. 추악함은 주인공의 이런 행동을 지칭한 말이다. 이에 대한 단서는 〈자기비판의 시도〉 4절 '페리클레스의 연설 이전에 나타난 …… **추악함에 대한 욕구**'에서 찾아볼 수 있다.

고대 아테네 비극의 주인공들은 요즘의 도덕, 윤리, 상식에 비춰 보면 말로 표현할 수 없는 행동을 했다. 우리 시대의 엽기와 경악이라는 말로는 다 담을 수 없는 행동을 한 자들이 비극의 주인공들이다. 그들은 근친상간, 아버지 살해, 남편 살해, 형제 살해, 자식 살해 등을 아무런 도덕적 죄의식을 갖지 않고 행했다.

비극 작가들이 주인공의 추악한 행동을 설정한 것은 그 당시 시민들이 주인공들의 이런 행동을 스스럼없이 사유의 대상으로 받아들였음을 뜻한다. 또한 이는 대다수 인간은 원하든 원하지 않든 간에 추악한 행동을 마음속에서 품고 있으며 때로는 실행함을 전제한다.

주인공의 추악함은 인간의 내면에 있는 무의식의 반영으로서, 인간이라면 도덕, 윤리, 법 등에 의해서 절대 할 수 없는, 절대 해서는 안 되는 행위이다. 비극 주인공의 추악한 행동은 도덕적으로 그리고 윤리적으로 비난받아 마땅한 행동이다. 그 때문에 비극의 주인공을 비난하고, 도덕적으로 윤리적으로 올바른 행동을 해야 한다는 결론을 끌어낸다면, '도덕적 원천'의 관점에서 비극을 감상하는 태도이다.

3. 부조화Disharmonie를 살펴보자. 부조화는 인간의 다양한 영역에서 발생한다. 한 인간 자체 내에 부조화가 있다. 이성과 감정 사이에 부조화가 있고, 욕망과 의식 사이에 충돌도 있다. 다양한 인간과 인간 사이에 부조화가 있으며, 한 개인과 공동체, 사회, 국가 사이에 부조화가 있다. 공동체와 공동체, 국가와 국가, 민족과 민족의 부조화가 있다. 이 글에서 부조화는 비극 주인공의 행위가 사회의 규범, 질서, 가치와 일치하지 않는 것을 말한다.

추악함이 주인공의 행위 자체라고 한다면, 부조화는 주인공의 행위에 대한 동기적 관점이다. 비극의 주인공들은 추악한 행동을 하지만 대부분 의도가 없다. 주인공들은 어쩔 수 없는 상황이나 우연에 의해 비이성적이고 비윤리적인 행동을 한다. 하지만 비극 주인공의 부조화는 사회적 지탄의 대상이 된다. 그 때문에 비극의 주인공이 공동체 규범에 맞는 행동을 해야 된다는 결론을 끌어낸다면, '인륜적 승리'의 관점에 매몰되는 것이다.

4. 니체는 미학적 쾌락은 어디에서 발생하는가라는 질문을 던졌다. 대다수 철학자와 평론가들은 '도덕적 원천'이나 '동정'에서 그 답을 찾는다. 현문우답이다. 니체는 왜 비극 주인공의 추악함과 부조화에도 우리는 미학적 쾌락을 느끼는가라고 물었기 때문이다. 대다수는 비극 주인공의 추악함과 부조화에서 '도덕적'인 정답, '인륜적'인

해답을 찾는다. 미학적 질문에는 미학적 답변을 해야 한다. 도덕적 답변을 해서는 안 된다. 니체의 미학적 질문에 미학적 답변을 해 보는 것이 다음 절들의 과제이다.

다시 보기

동정과 공포는 비극을 관람하는 관객의 입장을 기술한 것이고, '추악함'과 부조화는 비극 주인공의 행위에 대한 판단이다. '추악함'은 주인공의 행위이고, '부조화'는 '주인공 행위의 동기'이다. '추악함'은 주인공이 행동한 결과에 대한 평가이고, '부조화'는 주인공이 왜 그렇게 행동할 수밖에 없었는가라는 이유이다.

니체는 추악함과 부조화가 무엇인지 구체적으로 기술한 적이 없다. 아리스토텔레스 역시 『시학』에서 구체적으로 서술하지 않았다. 다만 우리는 추론을 해 볼 수 있다.

'추악함'이란 비극의 주인공이 '무서운 행위'를 하는 동시에 '최악의 행동'을 함을 말하고, '부조화'는 비극의 주인공이 '추악함'을 고의적으로 또는 무의식적으로 하든가, 운명에 의해 필연적으로 행하든가 함을 뜻한다.[71]

비극 주인공의 추악함과 부조화는 곧 모든 인간의 추악함과 부조화이다. 비극의 주인공과 마찬가지로 모든 인간은 추악함과 부조화를 전제로 한다. 추악하지 않은, 고귀하고 선한 행동만을 하는 인간은 없다. 그 추악한 행동을 왜 했는지 물어본다면, 욕망을 탓하고 우연을 끌어들이지만, 이유를 알 수 없는 게 다반사다.

인간이 왜 추악한 행동을 하는가? 원인을 살펴보자. 오이디푸스는 자신이 어찌할 수 없는 운명의 탓이었다. 메데이아는 남편의 외도에 대한 극단적인 분노였다. 클리타임네스트라는 남편의 무정함과 딸의 희생에 대한 복수였다. 엘렉트라와 오레스테스는 어머니의 아버지 살해에 대한 복수였다. 비극의 주인공의 추악한 행동은 신이나 영웅마저도 어쩔 수 없는 상태에서 기인한다. 신이나 영웅마저도 어쩔 수 없이 추악한 행동을 하고, 대다수 인간 역시 인간으로서는 어쩔 수 없는 부조화에서 추악한 행동을 한다.

추악한 행동을 한 자가 받는 고통에 대한 대리 응징이나 주인공의 부조화스러운 운명에 대한 대리 한탄 때문에 비극을 관람하는 것은 아니다. 인간은 본성상 추악한 행동을 할 수 밖에 없다. 인간이 모든 추악한 행동을 변명하고 변호할 수 없지만, 부조화를 탓하면 자기 위로를 받을 수 있다. 비극 속 주인공은 추악한 행동으로 인해 참을 수 없는 고통을 당한다. 현실 속 인간 역시 추악한 행동으로 인해 참을 수 없는 고통을 당하기 마련이다. 하지만 추악한 행동을 부조화에서 비롯한 것이라고 한다면, 약간의 위로와 위안을 받는다.

비극의 주인공은 죽기 마련이지만, 죽음 그 자체로 끝나지 않는다. 비극의 주인공은 새로운 탄생이라는 보상을 받는다. 비극 주인공의 추악한 행위는 어쩔 수 없는 '부조화'에서 비롯하기 때문이다. 모든 인간의 행위는 추악하다. 모든 인간의 삶은 부조화다. 인간은 부조화 때문에 추악한 행동을 하기 마련이다. 부조화와 추악함으로 구성된 인간은 비극의 주인공과 마찬가지로 새로운 탄생의 보상을 받을 수 있다고 니체는 말한다.

6. 불협화음의 쾌락

여기서 우리는 예술 형이상학으로 용감하게 돌진하는 날개를 달 필요가 있다. 이것을 위해서 나는 존재와 세계는 미학적 현상으로서만 정당화된다는 이전 명제를 반복하고자 한다.[1] 어떤 의미에서 비극적 신화란 추악함과 부조화 자체가 쾌락의 충만한 상태인 의지가 스스로 작동하는 예술적 유희라고 우리를 설득한다.[2]

하지만 직접적인 방법에 의거하여 이처럼 난해하게 파악되는 디오니소스적 예술의 근원 현상은 **음악적 불협화음**Dissonanz[3] 이라고 하는 놀라운 의미에서 직접 그리고 명확하게 이해된다. 즉, 음악이 세계와 나란히 병존한다는 것은 미학적 현상으로서 세계의 정당화하에서 이해 가능한 개념을 제공할 수 있다.[4]

비극적 신화가 잉태한 쾌락은 음악에서 불협화음의 쾌락으로 가득 찬 느낌과 마찬가지로 동일한 고향을 갖고 있다. 고통에서조차 느껴지는 근원적 쾌락인 디오니소스적인 것은 음악과 비극적 신화의 공통적인 모태이다.[5]

1. 5장 4절 말미에서 존재와 세계는 미학적 현상의 일부로 존재한다고 말했다. 인간과 세계는 마치 캔버스 속 일부 안에서 아름다움의 한 요소로 존재한다. 반대로 말하면 인간과 세계가 존재하지 않는다면 캔버스를 채울 수 없다는 뜻도 된다. 살아 있는 모든 존재와 세계는 서로 조화를 이뤄 아름다움을 창조한다. 모든 존재와 세계는 아름다움의 주체인 동시에 대상이다.

2. 존재와 세계가 미학적 현상의 일부이듯이, 비극 주인공의 추악

함과 부조화 자체가 하나의 예술적 유희라는 뜻이다. 비극 주인공들의 추악함과 부조화는 인간이 내면에 간직하고 있는 추악함과 부조화의 반영이다. 따라서 추악함과 부조화를 드러내는 비극적 신화는 의지가 스스로 발현하여 나타나듯이 비극으로 나타나게 마련이고, 이는 예술적 유희 자체일 뿐이다. 관객은 비극적 신화를 보고 미학적 쾌락을 느낀다. 관객은 곧 자신의 미학적 현상의 일부로서 자신을 드러내기 때문이다.

3. 비극적 신화의 추악함과 부조리를 올바르게 이해할 수 있는 방법은 음악적 불협화음이라는 뜻이다. 이 문장을 이해하기 위해서 17장 7절로 돌아가 보자. 여기서 니체는 "사람들은 위로를 받을 수 없게 되자 비극적 불협화음의 세속적 해결을 추구했다. 즉, 주인공이 운명에 의해서 엄청 괴로움을 당하고 난 뒤, 주인공은 성대한 결혼과 신의 보살핌 속에서 상응하는 보상을 받았다." 에우리피데스는 비극의 주인공들이 온갖 고생을 겪고 나면, 신이 나타나 그 주인공에게 복을 나눠 주는 방식으로 해결했다. 니체는 비극적 불협화음을 신의 보상으로 해결하는 에우리피데스의 방법을 반대한다.

비극의 주인공은 비극의 주인공이기 때문에 온갖 고통을 겪을 수밖에 없다. 인간 역시 잠시 잠깐의 행복을 느낄 수는 있지만 살아가면서 온갖 고통을 겪을 수밖에 없다. 이는 바꿀 수 없는 사실이다. 비극의 주인공과 인간의 고통스러운 삶을 음악으로 표현한다면, 불협화음이다. 인간의 삶은 고통 그 자체이자 추악함의 연속이다. 한 개인 내면의 부조화, 인간과 인간의 부조화, 인간과 공동체와의 부조화는 인간 삶의 상수이지 변수가 아니다. 음악과 세계는 동전의 앞뒷면이므로 불협화음은 인간 삶의 추악함과 부조화의 또 다른 표현이다.

협화음이 인간이 갈망하는 조화로운 상태를 뜻한다면, 불협화음은 인간 삶의 현재 현실의 상태이다. 협화음은 통일성이며 편안함과 안정감을 주는 반면, 불협화음은 비통일성이며 긴장감과 불안함을 준다. 그럼에도 불협화음은 내 안에서 오는 부조화로 인한 긴장감과 불안함을 대리 폭발시키는 효과를 가져오고, 대리 효과에 의해 기쁨이나 즐거움을 제공한다.

'존재와 세계가 미학적 현상으로 정당화된다'면 인간의 추악함과 부조화는 음악적 측면에서 불협화음으로 표현될 수밖에 없다. 불협화음은 듣기에 불편할 수 있지만, 그 불협화음이 음악이 아닌 것은 아니다. 오히려 더 넓은 차원에서 불협화음은 인간의 삶을 구체화하여 음악의 지평을 한 차원 높인 결과이며 존재와 세계의 존재 양식을 그대로 드러낸다. 불협화음은 인간의 삶 그 자체를 드러내는 것이다.

바그너는 〈트리스탄과 이졸데〉에서부터 불협화음을 시도하고 발전시켰다. 니체는 이 점을 염두에 두고 이렇게 표현했다.

4. '음악과 세계가 나란히 병존한다'는 16장 3절에서 찾아볼 수 있다. 여기에서 니체는 "이 모든 것에 따르면 우리는 현상세계 또는 자연과 음악을 동일한 사물의 서로 다른 두 표현으로 볼 수 있다. …… 음악을 세계의 표현으로 본다면, 음악은 가장 높은 수준의 공통적인allgemeine 언어이다."로 표현했다. 음악은 세계, 자연의 또 다른 모습이므로, 음악의 향유는 곧 세계, 자연을 이해하는 것이고, 디오니소스적 예술의 근원 현상을 파악하는 것이다.

5. 이 문장은 비극적 신화의 쾌락과 불협화음의 쾌락은 동일한 기

원을 갖는다는 뜻이다. 음악과 세계가 나란히 공존하기 때문이다.

다시 보기

완전협화음이나 협화음의 음악은 선한 행동을 하는 인간, 조화를 전제하는 인간, 올바름과 선을 추구하는 인간에게 도움이 될 수 있다. 거꾸로 말하면 완전협화음은 제멋대로인 인간을 억압하고 순치시키고 교화시키기 위한 수단으로 이용될 수 있다.

규정된 아름다움과 극도의 절제를 가르치는 것이 음악의 목적이라면 협화음이나 완전협화음은 도움이 될 수 있다. 아폴론적인 규칙적인 음악만 존재한다면, 이것이 극단화된다면, 기계음으로 들릴 것이다. 플라톤이 이상국가에서 꿈꾼 음악의 목적이자 이상은 협화음과 완전협화음을 통해 실현될 수 있다. 플라톤의 음악이 극대화된다면, 통제된 사회의 규율음악이 될 것이다.

이상은 이상일 뿐이고 목적은 목적일 뿐이다. 이상과 목적은 현실과 현재를 보여 주거나 반영할 수 없다. 인간을 보라. 모든 인간은 추악한 행동을 한다. 그 추악한 행동 뒤에는 부조화가 있다. 모든 인간들은 자신의 행동이 정당하다고 생각한다. 서로 다른 사람, 서로 다른 행동, 서로 다른 동기, 인간과 인간의 부조화, 인간과 공동체의 부조화가 사람들이 사는 세상을 지배하고 있다. 현실을 음악으로 표현하면 불협화음Dissonanz일 수밖에 없지 않은가! 인간의 삶 자체는 추악함과 부조화의 연속이다. 추악함과 부조화는 불협화음으로 표현할 수 있을 뿐이다.

7. 세계의 형성자이자 파괴자로서 어린아이

우리가 불협화음이라는 음악적 연관의 도움을 수용한다면, 비극적 효과라는 저 엄청난 문제를 본질적으로 다루는 데 쉬워진 것은 아닐까? 그럼에도 우리는 비극 속에서 관조하는 동시에 관조를 넘어 동경하는 것이 무엇을 의미하는지 이해해 보자. 즉, 우리가 어떤 상태에서 예술적으로 응용된 불협화음과 연관하여 우리가 듣고, 듣기를 넘어 동경한다고 가정해 보자.

명료하게 인지되는 현실에 대한 최고의 쾌락 상태에서 무한에 대한 저 노력, 동경적 갈망의 날갯짓은 우리가 두 가지 상태에서 디오니소스적인 현상을 이해해야만 한다는 것을 상기시켜 준다. 이것은 우리에게 근원적 쾌락의 분출로서 개체 세계의 유희적인 건설과 파괴[1]를 또다시 드러낸다. 이는 어두운 자 헤라클레이토스에 의해서 세계 형성적 힘과 어린이, 유희로 돌을 이리저리 옮기고 모래를 쌓았다 다시 부수는 그 어린이와 비교된다.[2]

[1] 이 문장은 다음과 같은 뜻이다. 디오니소스적인 현상은 개체 세계의 유희적인 건설과 파괴이며 이는 근원적 쾌락을 분출한다. '근원적 쾌락의 분출로서 개체 세계의 유희적인 건설과 파괴'는 여러 측면에서 살펴볼 수 있다. 우선, 자연현상이다. 봄이 되면 새싹이 나고 여름이 되면 열매를 맺고 가을이 되면 낙엽을 떨구고 겨울이 되면 죽음과 같은 상태에 들어선다. 모든 자연현상은 건설과 파괴의 연속이다. 둘째, 이 현상은 인간에게도 그대로 적용된다. 태어나서 성장하고 병들고 늙고 마침내 죽는다. 셋째, 비극에서 이 현상은 주인공의 삶에 적용된다. 주인공은 고통을 겪다 죽음이나 죽음의

상태에 이르지만 마침내 구원을 받는다. 넷째, 비극 주인공의 상황은 대다수 인간의 삶과 고통, 그리고 새로운 삶의 개척으로 끝이 난다.

2. 어린이의 모래 놀이를 통한 세상의 건설과 파괴에 대해서는 17장 2절에서 자세히 설명했다. 비극적 주인공이 겪는 건설과 파괴는 어린이의 모래성 쌓기나 허물기와 비슷하다고 니체는 말한다. 이는 인간의 삶 일반에 적용된다. 인간은 태어나서 누구나 고통을 겪으면서 자신의 모래성을 부수고 쌓고, 쌓고 부수고를 수없이 반복한다. 이는 인간에게 주어진 숙명이다. 인간이 모래성을 쌓을 때도 이유가 없으며, 부술 때도 이유가 없다. 인간의 삶은 다만 하나의 유희일 뿐이고, 이 유희를 극적으로 표현한 것이 바로 비극이다.

다시 보기

어린아이에게 필요한 것은 불협화음이다. 어린아이가 음악 교육을 받지 않는다면, 그는 현재와 현실에서 음악을 받아들이고 수용할 것이다. 어린이는 있는 그대로의 소리를 음악으로 듣고 만들어 낼 것이다.

플라톤식 음악 교육을 받은 자는 정해진 아름다움과 화음을 이해하고 받아들이고 인위적인 조화의 아름다움을 향유할 것이다. 아폴론적인 것이 지나치게 강조된 플라톤식 음악과 소크라테스식 음악이 일상화된다면, 그런 플라톤식 음악 교육은 어린이의 음악성을 망쳐 버린다. 이런 어린아이는 헤라클레이토스가 말한 어린아이가 되지 못한다. 어린아이에게 세계 창조와 파괴는 놀이일 뿐이다. 우리는 바닷가에서 모래성을 쌓는 어린아이에게 모래성을 쌓는 규칙을 가르치지 않는다.

가르친다 해도 어린아이는 이내 잊어버리고 자기 방식대로 모래성을 쌓는다. 모래성을 부수는 것을 가르치는 것도 역시 무의미하다. 어린아이는 자기 맘대로 부술 뿐이다.

음악이란 무엇인가, 협화음이란 무엇인가를 어린아이에게 가르치는 것은 무의미하다. 어린아이는 가만히 놔두면 세상의 소리를 모든 음악으로 바꾸고 연주하고 즐긴다. 조금 시간이 지나면 어린아이는 흥얼거리면서 자신만의 음악을 창조하고, 이내 잊어버린다. 어린아이에게 세상은 음악으로 다가온다. 어린아이는 가르치지 않아도 조화의 협화음을 배울 것이고, 배우지 않아도 부조화의 불협화음을 연주한다.

어린아이는 세상에서, 세계에서 음악을 배운다. 세상과 세계는 협화음과 불협화음의 천지이다. 불협화음이 아이에게 자연스럽게 다가가게 만들자. 어린아이는 음악의 천재처럼 음악의 성을 쌓고 부술 것이다. 세상의 모든 어린아이는 인위적 아름다움으로 길들이지 않는다면 위대한 음악가이다.

8. 〈지크프리트〉의 신화적 의의

따라서 한 민족의 디오니소스적 능력을 올바르게 평가하기 위해서, 우리는 그 민족의 음악뿐만이 아니라 그 민족의 비극적 신화를 저 능력의 두 증거로 간주해야만 한다.[1] 음악과 신화의 이와 같은 밀접한 연관 상태에 근거하여 동일한 방식으로 본다면, 하나의 쇠퇴는 다른 하나와 변질과 악화와 연관되어 있다고 유추할 수 있다. 다르게 말한다면 디오니소스적 능력의 쇠약화는 일반적으로 신화의 약화로 나타난다.[2]

독일적 상태의 발전을 살펴본다면 우리는 이 양자에 대해서 의심할 필요가 없다. 오페라에서는 우리의 신화 상실적 존재의 추상적 특징이, 그리고 오락으로 전락한 예술에서는 개념에 의해 인도되는 삶이 나타났고, 저 동일하게 비예술적이며 삶을 게걸스럽게 먹어치우는 소크라테스주의적 낙관주의의 본성이 우리에게 그 모습을 드러냈다.

하지만 다행스럽게도 독일 정신은 훌륭한 건강, 깊이, 디오니소스적 힘을 소진하지 않았으며 잠에 곯아떨어진 기사와 마찬가지로 접근할 수 없는 심연에서 쉬며 잠자고 있다는 그 징후가 있다. 저 심연으로부터 디오니소스적 노래가 우리에게 울려 퍼지고 있다. 이러한 독일 기사[3]가 지금까지도 자신의 근원적인 디오니소스적 신화를 축복과 진정성을 담아 꿈꾸고 있다는 것을 우리에게 전해 주고 있다. 독일 정신[4]이 저 고향을 설명해 주는 새의 노래[5]를 선명하게 이해하고 있다면, 독일 정신이 자신의 신화적 고향을 영원히 상실했다고 어느 누구도 믿어서는 안 된다. 어느 날, 엄청난 잠을 잔 후 상쾌한 아침이 오면 독일 정신은 깨어날 것이다. 그러면 독일 정신은 용을 죽이고, 음흉한 난쟁이를 절멸하고, 브룬힐트를 깨울 것이다.[6] 그러면 보탄의 창도 그의 길을 막을 수 없지 않겠는가?[7]

1. 음악과 비극적 신화의 흥망성쇠는 상호 연결되어 있다. 음악이 쇠퇴하면 비극적 신화가 쇠퇴하고, 반대로 비극적 신화가 쇠퇴하면 음악 역시 쇠퇴한다. 아테네의 사례를 보자. 합창가무단이 주요 역할을 한 비극이 사라지자 비극의 주인공인 신과 영웅 역시 사라졌

다. 반대로 생각한다면 소크라테스와 플라톤이 고대 그리스 신화의 비도덕성, 비윤리성을 공격하자, 비극적 음악 역시 소멸하는 결과를 가져왔다.

2. 음악과 비극적 신화의 상호 몰락 촉진은 독일에서도 예외가 아니었다. 19장은 오페라에서 나타난 퇴락의 징후를 보여 준다. 20장 1절은 소크라테스적 낙관주의가 독일을 지배하고 있는 상황을 표현한다.

3. '기사'는 한편으로는 바그너를 말하고 다른 한편으로는 〈니벨룽겐의 반지〉에 나오는 지크프리트를 말한다. 바그너로서 기사는 기존의 오페라를 완전히 극복하고 비극을 음악극으로 구현한 음악가를 말하는 반면, 지크프리트로서 기사는 〈니벨룽겐의 반지〉에서 주인공으로서 자신에게 주어진 역할을 제대로 수행한 자를 말한다.

4. '독일 정신'은 추상적으로 말하면 디오니소스적 정신에 충실한 것을 말하고, 비유적으로 말하면 〈니벨룽겐의 반지〉에 나오는 지크프리트를 말한다. 다른 말로 하면 지크프리트가 곧 '독일 정신'이고 '독일 정신'이 곧 지크프리트이다. 니체에게 지크프리트는 중요한 의미를 갖는다.

9장 1절에 '현명한 마법사는 근친상간에서만 태어날 수 있다는 이야기'라는 글이 나온다. 지크프리트가 바로 그 현명한 마법사이다. 다음에서 그의 가계도를 살펴보자.

지크프리트는 지크문트와 지클린데의 자식이다. 지크문트와 지클린데는 최고의 신 보탄이 봘룽족의 여인과 외도를 하여 낳은 자식들이다. 혼인을 한 상태였던 지클린데는 지크문트를 보자마자 첫눈에 반해 정을 나누고 지크프리트를 낳는다. 보탄은 브룬힐트에게

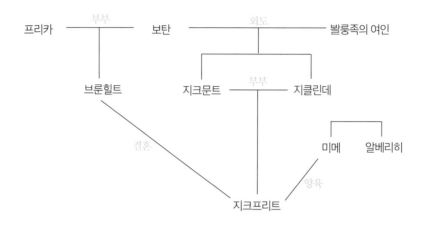

지크문트와 지클린데가 위험에 처하자 그들을 도와주라는 명령을 한다. 하지만 보탄은 자신의 부인이자 결혼의 여신 프리카가 남매는 결혼을 해서는 안 된다고 조언하자, 브룬힐트에게 지크문트와 지클린데를 도와주지 말라고 말한다.

하지만 브룬힐트는 지크문트의 용감한 행동에 감동을 하고 지크문트와 지클린데를 도와준다. 브룬힐트는 이 때문에 아버지 보탄에 의해 벌을 받아 잠자는 상태에 빠진다. 근친상간의 결과물인 지크프리트는 난쟁이 미메의 양육을 받아 성장했고, 노퉁이란 칼을 얻는다. 지크프리트는 새의 안내를 받아 브룬힐트를 부인으로 얻게 된다. 지크프리트는 자기 할아버지의 딸이자 아빠로 따지면 이복 고모 격이자 엄마로 따지면 배다른 이모 격에 해당하는 브룬힐트와 결혼한다.

지크프리트는 영웅이지만 근친상간에 의해 태어난 자식이다. 지크프리트는 죽임을 당하지만, 그의 부인 브룬힐트는 신들이 사는 발할라성을 불을 던져 태워 버린다. 신들의 세계가 사라지는 〈신들의 황혼

브룬힐트를 깨우는 지크프리트 (오토 프리드리히 폰 리히터, 1892년)

Götterdämmerung〉(또는 니체의 책 제목으로『우상들의 황혼Götzen-Dammerung』)
이 발생한다.

　니체에게 지크프리트는 디오니소스적 힘의 전형이자 독일 정신
이다. 지크프리트는 자신이 죽음으로써 신들마저 황혼으로 끌고 가
기 때문이다.

5. '새의 노래'는 23장 5절에 나오는 '디오니소스라는 새'를 말한다.
'새의 노래'는 독일인들에게 디오니소스적 음악과 디오니소스적 신
화, 즉 고향으로 안내하는 것을 비유한다.

6. 〈니벨룽겐의 반지〉의 순서와 다르다. 〈니벨룽겐의 반지〉에 따르

용과 싸우는 지크프리트(*Stories from Northern Myths*, New York: The Macmillan
Company, p. 190, 1914년)

면 지크프리트가 용을 죽이고, 새의 안내를 받아 브룬힐트에게 다가가서 깨우고, 자신을 양육해 준 난쟁이인 미메를 죽인다.

왜 니체는 브룬힐트와 난쟁이의 순서를 바꿨는가? 이 글에서 난쟁이는 8절에서 본다면 '신화 상실적 존재'이자, '개념에 의해 인도되는 삶'과 '소크라테스주의적 낙천주의적 삶'을 살아가는 자를 말한다. 일반적으로 말하면, 난쟁이는 당시 독일의 지식인, 교양인 등을 뜻하고, 더 넓게 말하면 지식인과 학자에 의해 교양 교육을 받은 일반인들을 뜻한다. 브룬힐트는 디오니소스적인 이상적 예술을 말한다. 아테네에 비유하여 말한다면, 브룬힐트는 3장 2절의 '가장 이상적인 형상인 헬레네'를 의미한다.

니체는 원작의 순서를 바꿈으로써 난쟁이를 제거해야만 디오니소스적 이상적 예술인 브룬힐트가 깨어날 수 있다고 주장한다. 니체는 소크라테스적인 교양인과 지식인, 일반인의 교양적 속성을 제거하지 않는 한, 디오니소스적인 이상적 예술이 꽃을 피우지 못할 것이라고 보았다.

오페라의 레치타티보 양식을 요구한 것은 일반 시민들이었다. 그들이 알아들을 수 있는 음악을 요구하자, 지식인들이 모여서 레치타티보를 만들었다. 대중의 요구로 오페라라는 기괴한 음악이 만들어졌다는 점을 상기해 보자. 대중이 건강하지 못하면 진정한 예술이 꽃을 피우지 못한다. 아테네가 진정한 예술인 비극을 꽃피울 수 있었던 것도 바로 건강한 시민들이 존재했기 때문이다. 음흉한 난쟁이를 제거해야만 브룬힐트가 깨어날 것이라고 니체는 강변한다.

니체의 이러한 생각은 후일 많이 변한다. 자라투스트라의 삶에서 그 흔적을 찾아볼 수 있다. 자라투스트라는 난쟁이 같은 주변의 여

난쟁이 미메의 도움을 받아 칼을 만드는 지그프리트 (빌헬름 폰 카우바흐, 1848년)

러 인물들을 교화시키기 위해 서너 차례 길을 나서지만 어느 누구도 바꿀 수 없었다. 난쟁이는 난쟁이였을 뿐이고, 난쟁이는 주변 사람들까지 전염시키는 오염원에 지나지 않았다. 자라투스트라는 난쟁이를 교화하여 디오니소스적 이상을 실현하려는 과업에 성공하지 못한다. 교화 사업에 실패한 자라투스트라는 홀로 훌훌 떠난다.

7. '보탄의 창을 막는다는 것'은 곧 종교적인 힘을 막을 수 있다는 것을 뜻한다. 독일사를 중심으로 본다면, 기존의 알렉산드리아적-로마적 문화의 힘을 막을 수 있다는 뜻인 동시에 신성로마제국 독일이 지닌 정신적 힘도 막을 수 있다는 것을 뜻한다.

다시 보기

8절을 읽으면서 감동하지 않는다면, 눈물을 흘리지 않는다면, 지금까지 글을 꼼꼼히 읽지 않은 것과 다름없다. 하지만 대부분 감동하지도 않고 눈물을 흘리지도 않을 것이다. 아니 대부분 감동할 수도 없고 눈물을 흘릴 수도 없다. 지크프리트가 누군지 모르기 때문이다.

지크프리트는 근친상간에 의해 태어난 영웅(오이디푸스)이다. 지크프리트는 세상을 세우고 건설하는 것과 같은 천진난만한 어린이(헤라클레이토스 사상)이다. 〈지크프리트〉에서 나오는 지크프리트는 헤라클레이토스 사상에 비춰 본다면 모래성을 쌓듯이 세상을 창조하고 모래성을 부수듯이 세상을 파괴하는 어린아이이다. 지크프리트가 신검 노퉁을 만드는 과정은 말 그대로 장난삼아 세상을 창조하고 파괴하는 어린이 그 자체이다. 마지막으로 지크프리트는 신들의 질서에 도전하여 신들의 황혼을 이끄는 기사(프로메테우스)이다.

지크프리트는 곧 프로메테우스이자, 기존의 모든 종교와 우상을 황혼으로 이끌고 새로운 정오를 이끄는 자이다.

우리는 8절을 읽으면서 이런 느낌을 찾아내기 어렵다. 하지만 방법이 있다. 바그너의 〈니벨룽겐의 반지〉를 듣고 대본을 읽으면서, 니체의 사상과 연결하여 생각해 보는 것이다. 그러면 8절을 읽으면서 처음부터 감동의 눈물을 흘리지는 못하겠지만, 글 구성의 논리적 완전성에 감탄의 환호성을 지를 수 있을 것이다.

지크프리트는 니체 모든 사상의 응결 주인공이다. 지크프리트는 오이디푸스와 프로메테우스의 결합이자 자라투스트라의 전신이며, 헤라클레이토스 철학의 주인공인 어린아이의 분신이자 디오니소스의 현대적, 독일적, 범세계적 재현이다.

9. 음악으로 재탄생한 비극적 신화

나의 친구들이여, 디오니소스적 음악을 믿는 그대들이여, 그대들은 비극이 우리에게 어떤 의미가 있는지 알고 있다. 우리는 비극 속에서 음악으로 재탄생한 비극적 신화를 갖고 있지 않는가, 그러므로 그대들은 비극적 신화 속에서 모든 것을 기대하고 가장 고통스러운 것을 망각해도 좋지 않은가! 하지만 우리 모두에게 가장 고통스러운 것은 독일의 천재Genius[1] 가 집과 고향에서 멀어져 음흉한 난쟁이의 종복으로 오랫동안 살아왔던 저 길고 긴 체면 손상이었다.[2] 그대들은 이 말을 이해할 것이다. 마침내 그대들은 나의 희망도 이해하게 될 것이다.

1. Genius를 어떻게 번역할 것인가? 앞에 나오는 '정신'으로 번역할

수도 있다. 하지만 Geist와 Genius를 같은 뜻으로 번역하기에는 너무 간극이 멀다. 아니면 독일의 '정령'이란 말로 번역하면 어떨까? 부정적이다. 독일 정령은 지금까지 니체가 독일 상태를 중심으로 설명한 내용과 거리가 멀다. 여기에서는 '천재'가 좋을 듯하다. 여기서의 '천재'는 바그너이다.

2. '난쟁이의 종복'으로서 '체면 손상'은 여러 의미를 내포하고 있다. 우선, 지크프리트의 실제 삶을 말한다. 지크프리트는 난쟁이 미메의 보호와 양육 아래 성장했다. 미메는 지크프리트를 키워 절대 반지를 찾기 위한 수단으로 이용하려고 했을 뿐이다. 둘째, 바그너의 삶을 말한다. 바흐와 베토벤이 존재하기는 했지만, 바그너가 음악가로서 독립하여 인정을 받기 전 독일 음악이 진부하고 졸렬했음을 뜻한다. 셋째, 독일 정신을 말한다. 독일 정신이 기존의 로마적-알렉산드리아적 정신에 지배를 당했으며, 독일 정신은 독일답지 못했다. 니체는 지크프리트가 신들의 황혼을 만들어 냈던 것처럼, 이 글을 읽는 친구들이 기존의 독일 음악과 사상을 전복하고 새로운 세계로 나아갈 것을 기대한다.

다시 보기

이 절은 서문에 해당하는 「바그너에게 바치는 서문」과 함께 읽으면 좋다. 니체가 이 글을 쓸 당시 바그너에게 얼마나 많은 도움을 받았으며, 바그너를 얼마나 많이 존경했는가를 되새겨 보자. 그러면 Genius(천재)는 바그너를 의미한다는 것을 알 수 있다. 나아가 Genius는 곧 독일의 정신을 대변하고 있음을 느낄 수 있을 것이다.

24장을 읽으면서 우리는 조금 복잡한 4중의 독서를 해야 한다. 지크프리트 속에서 우리는 네 가지 의미를 동시에 생각해야 한다.

우선, 지크프리트가 무엇을 의미하는지 살펴보아야 한다. 지크프리트는 비극의 정신을 온 몸과 마음으로 구현한 주인공이다. 지크프리트는 구체제를 지배했던 신들의 황혼을 가져오는 자이다.

둘째, 지크프리트를 보면서 아테네에서 비극이 성행하던 당시의 시민을 연상해야 한다. 아테네 시민들은 왜 지크프리트와 같은 존재인가? 아테네 시민들은 비극을 관람하면서, 비극의 정신을 온 몸과 마음으로 받아들이는 자들이다. 그들은 기존 질서가 부여한 가치를 인정하지 않고, 가치를 끊임없이 세워 나가는 자들이다.

세 번째로, 니체가 언급한 천재들을 생각해 봐야 한다. 니체는 앞에서 독일 음악과 정신을 개척한 루터, 독일 정신을 발전시킨 칸트와 쇼펜하우어, 독일 음악을 발전시킨 바흐, 베토벤 그리고 독일의 비극적 음악극을 만개시킨 바그너를 찬양한다. 이들은 독일의 지크프리트와 같은 자들이다.

마지막으로, 지크프리트는 우리 시대에 어떤 의미를 갖는가이다. 현명한 마법사이자 천진난만한 어린이이며 세계의 질서를 완전히 전복시킨 지크프리트는 어디에 있는가? 자라투스트라와 같은 지크프리트가 있다면, 그는 현재 무엇을 해야 할 것인가? 내가 지크프리트라면, 나는 어디에서 무엇을 시작해야 할 것인가? 우리는 지크프리트를 통해 이런 질문을 던져야 한다.

21장에서 24장까지의 니체의 글쓰기는 아주 독특하다. 니체는 21~24장에서 한편으로는 20장까지 주장한 내용을 정리하는 동시에 심화시키고, 다른 한편으로는 20장까지 주장한 내용을 바그너의 악극을 통해 증명하고자 했다. 우리는 니체의 이런 의도를 간파하고 21장에서 24장을 읽어야 한다. 21장에서부터 24장을 정리하면 아래 표와 같다.

니체가 했던 말을 자꾸 되풀이한다고 비난하지 말고, 니체의 의도를 충분히 고려해 보도록 하자. 정리 심화라는 측면에서 본다면, 니체는 20장까지 주장한 내용이 어떤 목적을 달성하기 위한 것이었

	관점	영역	목적	구체적 목적	바그너의 악극	구체적 내용
21장	관조자 시각	철학	형이상학	음악을 통한 내면적 실재(이데아 또는 물자체) 도달	〈트리스탄과 이졸데〉	낯익은 피리 소리, 이것이 어째서 나를 일깨우는가? 바다는 황량하고 공허하다 그리워라! 그리워라!, 죽어 가면서도 그리워라, 그리워서 못 죽겠네. 환호 그 자체
22장	애호가 입장	사회 현상	교양 극복	음악을 통한 비평가적 청중과 교양의 극복	〈로엔그린〉	서곡 대신 전주곡 관현악의 합창가무단 대체 라이트모티브를 통한 등장인물 대체 역할
23장 24장	미학적 청중	신화	비극 속 영웅과 주인공 이해	신화의 복권 (영웅으로서 모든 인간 이해)	〈니벨룽겐의 반지〉	인간의 삶을 그대로 드러내는 불협화음 근친상간을 통해 태어난 지크프리트(영웅이자 주인공)에 의한 신들의 황혼

는지를 심화시켜 설명한다. 니체는 21장에서 음악을 통해 형이상학적 이데아에 어떻게 도달할 수 있는가를 상술하고, 22장에서 음악을 통해 교양에 찌든 비평가적 청중을 어떻게 극복할 수 있는가를 제시하고, 23장과 24장에서 비극 속 영웅과 주인공이 현실을 살아가는 인간의 자화상과 다를 바 없다는 논증으로 우리를 위로한다.

바그너 악극을 통한 증명이란 측면에서 본다면, 니체는 바그너의 악극이 자신의 주장을 증명하는 수단이 될 수 있음을 보여 준다. 니체는 21장에서 〈트리스탄과 이졸데〉를 통해 우리가 형이상학적 세계에 어떤 순서나 단계를 통해 도달할 수 있는가를 보여 준다. 니체는 인간에게 형이상학적 이데아의 세계가 '낯'설지 않지만 잘 모른다는 점에서 '황량', '공허'하게 받아들이지만, 인간은 형이상학적 세계를 항상 '그리워'하고 마침내 형이상학적 이데아 '그 자체'에 도달할 수 있다고 보았다.

22장에서 니체는 애국주의와 민족주의 또는 교양에 찌든 비평가적 청중을 미학적 청중으로 바꾸기를 위해 시도한다. 니체는 이 목적을 달성하기 위해 바그너의 악극 중 〈로엔그린〉을 선택한다. 〈로엔그린〉을 선택한 이유는 분명하다. 〈로엔그린〉은 애국주의적, 민족주의적 감정을 북돋는 내용으로 가득 차 있고, 동시에 바그너가 처음 또는 구체적으로 사용한 음악적 방법, 전주곡, 합창가무단의 역할을 하는 관현악, 등장인물을 대체하는 라이트모티브 등을 사용했기 때문이다. 비평가적 청중이나 교양에 찌든 시민들은 〈로엔그린〉을 보고 들으면서 애국주의적, 민족주의적 감정을 폭발시킬 것이다. 하지만 니체는 〈로엔그린〉을 내용이 아니라 음악으로, 즉 전주곡, 합창가무단을 대신하는 관현악, 라이티모티브를 통해 국뽕적 교양을 버릴 수 있다고 말한다.

마지막으로 24장에서 니체는 〈니벨룽겐의 반지〉를 통해 고통으로 가득 찬 삶을 살고 있으며, 추악함과 부조화로 고통을 받고 있는 인간을 따뜻하게 위로한다. 비극 속 주인공, 영웅의 삶 또한 추악함과 부조화로 얼룩져 있으며, 〈니벨룽겐의 반지〉의 주인공 지크프리트의 삶 역시 고단하고 고통스러움을 보여 준다.

지크프리트를 보라. 근친상간에 의해 태어났고, 근친상간을 맺게 되지만, 지크프리트는 용도, 난쟁이도 죽여 버리고, 신들의 세계를 박살 낸다. 니체는 넌지시 '인간의 삶이 고통스럽다고 하지만, 비극 주인공이나 지크프리트만큼 고통스럽지는 않다. 그럼에도 징징거리고 힘들다고 투정부리는 삶을 살아갈 것인가?'라고 되묻는다. 니체는 단호하게 '고통스럽다고 종교 나부랭이에 의존하지 말고, 지크프리트처럼 종교를 박살 내고 온갖 우상들을 황혼으로 몰아내 버리라.'고 종용한다. 니체는 은근히 '인간의 삶 그 자체가 불협화음이다. 하지만 불협화음은 가장 아름다운 음악이므로, 인간 개개인의 삶을 아름다운 한 편의 음악 드라마로 보자.'라며 위로한다.

우리는 바그너의 악극을 통한 니체의 증명을 이해하기 벅차다. 바그너의 악극도 잘 모르고, 바그너가 사용한 음악적 기법도 이론적으로 이해하지 못할 뿐만 아니라 음악적으로 느끼기도 쉽지 않다. 니체의 잘못이 아니라 독자인 우리의 무능이 21장에서부터 24장의 이해를 가로막을 뿐이다. 그렇다고 절망하지 말자. 우리의 삶 자체가 추악함과 부조화로 얼룩져 있어 불협화음이고 음악 그 자체이다. 우리 삶 속에서 니체의 주장을 느껴 보고, 니체의 글을 이해하는 것도 21장에서 24장을 이해하는 아주 중요한 방법이다.

고통의 극복으로서 비극

1. 고통에도 불구하고 살 만한 삶

음악과 비극적 신화는 한 민족의 디오니소스적 능력의 표현이므로 서로 분리 불가능하다. 음악과 비극적 신화는 아폴론적인 것의 피안에 있는 예술 영역에서 유래한다.[1] 음악과 비극적 신화는 끔찍한 세계상과 똑같은 불협화음이 즐거운 화음 속에서 아름답게 사라지는 하나의 영역을 미화시킨다.[2] 음악과 비극적 신화는 자신의 엄청나게 강력한 마법적 기교를 믿기 때문에 불쾌함이라는 가시를 가지고 유희한다. 음악과 비극적 신화는 이러한 유희를 통해서 '최악의 세계'라는 존재 그 자체를 정당화한다.[3]

여기에서 디오니소스적인 것은 아폴론적인 것과 비교하여 전체 현상의 세계를 존재로 소환하는 항구적이고 근원적인 예술적 힘으로 나타난다. 그 중간에 생성한 개체의 세계를 삶에 붙들어 두기 위해서 새로운 변용적 가상이 요구된다.[4]

우리가 불협화음의 인간화를 생각해 볼 수 있다면—그리고 인간이 불협화음이 아니라면 도대체 무엇이란 말인가?—이러한 불협화음은 살아갈 수 있기 위해서 장려한 환영, 즉 자신의 고유한 존재를 하나의 아름다움이라는 베일로 덮어 버리는 환영을 필요로 한다.

이것이 아폴론의 진정한 예술적 의도이다. 우리는 아폴론이라는 이름 속에서 아름다운 가상이라는 저 모든 헤아릴 수 없이 많은 환영을 파악한다. 저 환영은 매 순간 삶을 일반적으로 살 만한 것으로 만들고 다음 순간을 살아 보게끔 용기를 준다.[5]

1. 아폴론적인 것의 피안은 디오니소스적인 것이고, 디오니소스적인 것은 음악과 비극적 신화로 나타난다는 뜻이다.

2. 디오니소스적인 것인 음악과 비극적 신화가 고통으로 가득 찬 현실을 아름답게 보이게 만든다는 뜻이다. 이는 끔찍한 현실을 있는 그대로 날것으로 드러낸 불협화음이 아름다운 음악으로 표현되면서, 고통스러운 현실이 아름답게 보인다는 뜻이다.

3. 음악과 비극적 신화는 고통스러운 현실에서 살아가는 인간이 왜 살 만한가, 왜 견딜 만한가를 보여 준다. 불협화음으로 대표되는 음악과 주인공이 겪는 극도의 고통을 묘사하는 비극적 신화는 인간이 고통을 견딜 만한 것으로 이겨 내게 해 주는 힘이 있기 때문이다.

4. 디오니소스적인 것은 항구적이자 근원적인 힘이고, 아폴론적인 것은 존재와 삶을 드러내는 가상적 세계이다. 인간의 삶은 고통스러운 불협화음과 같지만, 불협화음 그 자체로 살아갈 수 없으므로 아름답게 변용된 것이 필요하다. 이 변용은 곧 가상과 환영과 꿈의

신인 아폴론 덕분이다.

5. 아폴론적인 것은 인간의 고통스러운 삶을 아름답게 꾸며 주는 꿈과 같은 환영이며, 이 환영이 없다면 인간은 현재의 고통스러운 삶을 살아가기 쉽지 않다.

다시 보기

이 절은 디오니소스적인 것과 아폴론적인 것이 인간의 고통스러운 삶과 어떤 관계가 있는가를 살핀다. 25장은 비극이 인간과 인간이 구성한 국가나 공동체에게 어떤 기여를 하는가를 살피는 장이다. 25장은 실레노스가 던진 인간 삶의 고통을 어떻게 극복할 것인가를 디오니소스적인 것과 아폴론적인 것을 통해 가르쳐 준다.

디오니소스적인 것과 아폴론적인 것은 고통스러운 인간의 삶을 망각하고 즐겁게 살아가도록 만든다. 전자는 고통스러운 삶의 정당화를 통해, 후자는 망각을 통해 인간이 고통을 겪음에도 불구하고 살 만하다고 합리화한다. 아폴론적인 것은 꿈과 같은 가상을 통해 인간의 고통스러운 삶을 잊게 만든다면, 디오니소스적인 것은 인간의 타고난 삶이 고통스럽지만 이겨 낼 수 있다는 것을 통해 인간의 고통스러운 삶 자체를 정당화시킨다.

아폴론적인 것이 없다면, 인간은 고통스러운 삶을 망각할 수 없으므로 고통을 영원한 형벌로 각인한다. 디오니소스적인 것이 없다면, 인간은 고통스러운 삶을 정당화시킬 수 없으므로 자신에게 주어진 고통을 처벌, 형벌로 받아들이게 된다. 인간은 살아가기 위해서 삶 자체에 주어진 고통의 망각과 고통의 정당화를 필요로 한다. 디오니소스적인 것과 아폴론적인 것의 형제 결속으로서 비극은 인간의 삶에 천형처럼 주어진 고통을 극복할 수 있는 예술이다.

현재 삶이 고통스러운가! 현재의 고통이 너무 심해 참을 수 없다고 느끼는가! 그렇다면 비극을 손에 들고 음악을 듣듯이 향유하라! 그러면 나에게 주어진 삶의 고통이 그래도 견딜 만하고 즐겁게 여겨질 것이다. 니체가 『비극의 탄생』 전체에 걸쳐 던져 주고자 하는 핵심 전언이다.

2. 상호 비례하는 두 신의 힘

이 경우 아폴론적 변용에 의해서 극복될 수 있는 것만큼만 모든 존재의 저 근본으로부터, 즉 세계의 디오니소스적 토대로부터 인간적 개체에게 의식된다. 따라서 이와 같은 두 가지 예술적 본능은 자신의 힘을 아주 엄격한 상호 비례의 형태로, 영원한 정당화의 법칙에 따라 전개된다.[1]

우리가 이를 체험하고 있는 것처럼 디오니소스적인 힘이 거칠고 사납게 포효하는 곳에서 이미 아폴론이 구름에 휩싸여 우리에게 내려오고 있음에 틀림없다. 다음 세대는 아폴론의 최상인 미적 작용을 보게 될 것이다.[2]

1. 관객은 하나의 예술에서 디오니소스적인 것이 강력하다면, 아폴론적인 것 역시 이에 상응하여 강력하다고 느낀다. 반대로 관객은 하나의 예술에게 디오니소스적인 것이 약하다면, 아폴론적인 것 역시 이에 상응하여 약하게 느낄 수밖에 없다. 반대의 경우도 마찬가지이다. 한 예술에서 아폴론적인 것의 강약은 디오니소스적인 강약과 일치한다.

2. 하나의 예술에서 불협화음이 강력하게 나타나고 주인공이 커다란 고통을 겪고 있다면, 그 반대로 가상과 환영이 주는 아폴론적 아름다움은 그만큼 강렬해진다.

하나의 예술에서 아폴론적인 것과 디오니소스적인 것은 정비례한다고 니체는 말한다. 하나의 예술에서 디오니소스적인 것이 지나치게 강렬하고 아폴론적인 것이 지나치게 미약하다면, 이는 관객에게 쾌락을 주지 못한다. 디오니소스적인 것이 상대적으로 강하다면, 본질주의적 접근을 강조하여 예술이 주는 즐거움을 망각하게 만든다. 반대로 아폴론적인 것이 상대적으로 강하다면, 즐거움만을 주는 예술로 전락하여 예술이 주는 형이상학적 쾌락을 망쳐 버린다.

아폴론적인 것만을 강조하는 예술은 아폴론적인 척도를 강조하여 도덕적, 윤리적, 종교적 예술로 귀결된다. 반대로 디오니소스적인 것만을 강조하는 예술은 디오니소스 축제와 마찬가지로 몰아, 방탕으로 귀결한다. 아폴론적인 것만을 강조하는 예술은 개체적인 것, 개인적인 것만을 강조하고, 디오니소스적인 것을 강조하는 예술은 공동체적인 것, 하나 됨만을 강조한다.

올바른 예술이란 무엇인가? 형이상학적 근원적 일자에의 접근이 주는 즐거움과 가상과 현상이 제공하는 아름다움의 적절한 조화이다. 예술이란 개인적인 것, 개체적인 것을 존중하는 동시에 공동체 속의 하나가 되는 것, 더불어 어우러짐을 이끌어 내야 한다.

3. 고통의 극복을 위한 두 신 숭배

누군가 단 한번 꿈속에서라도 고대 그리스적인 존재로 되돌아가고 싶다고 느낀다면, 그는 이러한 작용이 필요하다는 것을 직관적으로 확실히 느낄 것이다. 높다란 이오니아식 주랑 밑을 거닐고, 순수하고 숭고하게 절단된 수평선을 멀리 바라보며, 순수하게 빛나는 대리석으로 변용된 형상적 반영의 주변에서 조화롭게 울리는 소리와 리드미컬한 몸짓의 언어와 더불어 장엄하게 걷거나 섬세하게 움직이는 사람[1]의 주위에 있다면, 그는 이처럼 지속적으로 밀려들어 오는 아름다움 속에서 아폴론에게 손을 들고 다음과 같이 외치지 않을 수 없다. "복 받은 그리스 민족이여! 델로스의 신이 당신들의 디티람보스적인 광기를 치료하기 위해서 그러한 마법을 필요로 했다면, 당신들에게 디오니소스는 얼마나 위대했겠는가!"[2]

하지만 숭고한 아이스킬로스의 눈을 가진 백발의 아테네인이 그토록 감격한 자를 쳐다보면 다음과 같이 말할 것이다. "하지만 별스러운 이방인이여, 이것도 말해야 한다. 이 민족이 그토록 아름다워지기 위해서 얼마나 고통을 겪어야만 했던가![3] 하지만 이제 나를 따라와 비극을 보고 나와 함께 두 신의 신전에 공양을 드리도록 하세!"[4]

---

1. '높다란 이오니아식 주랑', '순수하게 빛나는 대리석', '그 변용된 형상적 반영'은 아폴론적인 것을 의미한다. '순수하고 숭고하게 절단된 수평선', '조화롭게 울리는 소리', '리드미컬한 몸짓의 언어'는 디오니소스적인 것을 말한다. '장엄하게 걷거나 섬세하게 움직이는

사람'은 하나의 예술에서 아폴론적인 것과 디오니소스적인 것을 충분히 파악할 수 있는 사람을 뜻한다.

2. 2절에서 '아주 엄격한 상호 비례의 형태'를 예시하는 내용이다. '델로스의 신'은 아폴론이다. 그리스 민족이 디티람보스적 광기가 심해지자, 아폴론은 그리스 민족의 광기를 치료하기 위해서 아폴론적인 위대한 마법을 사용했다. 아폴론이 엄청나게 강력한 마법을 사용했다는 것은 다른 말로 하면 그리스 민족이 디오니소스신을 그만큼 강력하게 믿었다는 것을 반증한다.

아테네에 조각, 부조의 형태로 아폴론의 흔적이 많이 남아 있다는 것은 무엇을 의미하는가? 또한 비극 속에 아폴론적인 것이 강렬하게 작용하고 있다면, 이는 무엇을 뜻하는가? 디오니소스와 디오니소스적인 것이 아테네인에게 그만큼 강력하게 영향을 미쳤다는 것의 반증이다. 2장 3절에서 "이처럼 흉측하고 불길한 디오니소스적인 것보다 위험한 힘이 없었으므로 아폴론은 메두사의 머리를 들고 이제 맞섰다."라는 것은 이에 대한 구체적인 설명이다. 4장 3절에서 "디오니소스적인 것의 최초 돌진을 견뎌 낸 곳에서 델포이 신의 명성과 존엄은 그전보다 강력해지고 위협적으로 나타났다는 점이다."라는 것은 역시 이에 대한 반증이다.

3. 비극은 한 인간의 고통을 표현한 것인 동시에 한 민족 전체의 고통을 표현한 것과 다름없다.

하나의 국가로서 아테네는 커다란 고통을 당했으며, 이 고통을 극복하기 위해서 비극을 필요로 했다. 마찬가지로 하나의 국가로서 독일 역시 커다란 고통을 당했으며, 이 고통을 극복하기 위해 비극을 필요로 했다.

4. 비극은 아폴론적인 것과 디오니소스적인 것의 형제 결속의 산물이므로, 어느 한 신만을 중요시해서는 안 된다. 비극을 제대로 관람하는 자라면, 디오니소스적인 것과 아폴론적인 것 양자가 모두 중요함을 깨달아야 한다.

다시 보기

현재 고통을 겪고 있는가? 너무 고통스러워 견딜 수 없는가? 고통 없이 살 수 있다면 얼마나 좋을까라고 생각하지 말자. 인간의 삶에 있어서 고통은 원하지 않지만 반드시 따라다니는 필수품이다. 나만 고통을 겪는다고 생각하지 말자. 내 고통이 너무 커서 견딜 수 없다고 좌절하지 말자. 내가 겪고 있는 고통은 모든 인간이 겪고 있는 고통의 양과 질에서 별다른 차이가 없다.

비극의 주인공인 신과 영웅들을 보라. 그들 역시 고통을 당했지만 담담하게 받아들였다. 그들은 고통스러운 삶을 포기한 것이 아니라 고통스러운 삶을 즐겼다. 아니 고통을 스스로 향유했다. 고통을 벗어날 수 없다면, 고통을 즐겨야 한다는 것이 비극 주인공들의 삶을 받아들이는 태도이다. 고통 끝에 유쾌한 즐거움이 비극의 주인공에게 주어지듯이, 우리의 고통 끝에도 즐거움이 기다린다.

국가 또는 민족에게도 마찬가지이다. 한 국가 또는 한 민족의 고통은 즐거움을 예고한다. 한 국가와 민족의 고통은 곧 인간의 고통 극복의 과정과 유사하다. 한 국가나 민족이 겪는 극도의 고통 시기에 비극은 나타났다. 비극을 향유한 관객은 강건한 시민으로 거듭 탄생했다. 그 시민들이 강력한 국가를 건설했다.

고통을 피하고 고통을 멀리하자는 설교를 경계하자. 고통은 삶의 일부이다. 고통이 없다면 인간도 없고, 고통이 없다면 쾌락과 즐거움도 없다. 고통을 겪지 않은 국가는 강력한 국가가 된 적이 없다.

25장 다시 보기

1장에서 25장 전체를 돌고 돌아 우리는 제자리에 돌아왔다. "예술의 발전이 아폴론적인 것과 디오니소스적인 것의 이중성에 달려 있다는 것 …… 을 우리가 논리적인 통찰뿐만이 아니라 직접적인 확실한 관찰로 알게 된다면, 우리는 미학에 대해 상당히 많은 것을 얻게 될 것이다."

니체는 아폴론적인 것과 디오니소스적인 것으로 예술의 발전을 설명했지만, 이면에서는 사상 투쟁을 했다. 니체는 기존의 모든 이론, 철학, 사유 체계와 곳곳에서 전투를 벌였다. 니체는 승리했는가, 아니면 패배했는가? 큰 틀에서 본다면 패배했다. 니체의 사상이 전면적으로 발휘된 국가도 시대도 없기 때문이다.

하지만 패배한 것은 아니다. 니체의 '친구', '동료', '동지', '전사'들이 곳곳에서 국지전을 벌이고 있으며, 기존의 틀에 균열을 내고 있다. 니체의 친구가 되어 예술을 넘어 새로운 사상의 전투에 참가해 보자. 니체의 글을 읽고 새로운 영역을 개척해 보자.

『비극의 탄생』에 대하여

1. 어떤 책인가?

겉으로 보면『비극의 탄생』은 총 네 번의 '비극'의 탄생을 다룬다. 『비극의 탄생』은, 첫째, 고전적인 고대 아테네 비극의 탄생, 둘째, 에우리피데스와 소크라테스에 의한 '죽은' 비극의 탄생, 셋째, 오페라적인 '죽은' 비극의 탄생, 넷째, 바그너에 의해 다시 새롭게 태어난 고전적 비극의 탄생을 시대 순으로 다룬다. 아테네 비극은 비극의 모범적인 전형이며, 바그너적인 비극의 탄생은 아테네 비극의 정신과 음악을 재탄생시킨 것이다. 반면 에우리피데스와 소크라테스에 의해 탄생한 비극과 오페라적인 비극은 고전적인 비극의 정신과 음악을 훼손한 '죽은' 비극의 탄생이다.

속으로 보면『비극의 탄생』은 아폴론과 아폴론적인 것 그리고 디오니소스와 디오니소스적인 것을 기본 축으로 음악과 예술, 철학, 형이상학, 심리학, 문명 비판, 반도덕과 반윤리, 반기독교 등의 내용을 다룬다.

니체에게 『비극의 탄생』은 자기 사상의 출발점이자 귀결점이다. 니체는 이 책을 집필하면서 모든 기존 사상을 재평가할 단초를 마련했으며, 이 책을 자신의 모든 사상의 발전 토대로 삼았다.

> 『비극의 탄생』은 모든 가치에 대한 나의 첫 번째 재평가였다. 이 책 덕분에 나는 나의 의지와 능력이 성장한 토대로 되돌아간다.[72]

니체의 모든 사상은 『비극의 탄생』의 변주이거나 발전이다. 니체 사상을 몸과 맘으로 실천하는 자인 자라투스트라는 비극의 탄생의 한 축인 디오니소스의 또 다른 분신이다. 영원회귀, 교양과 학문에 대한 부정적 관점, 선과 악, 도덕, 우상 등 니체의 복잡하거나 어려운 사상이 이해되지 않으면, 이 책을 다시 읽어 보면 큰 도움이 될 것이다.

인류 정신사의 측면에서 본다면 『비극의 탄생』은 모든 비판사상과 해방사상의 선구자적 위치와 유일 독점적 지위를 차지한다. 유럽의 지성사와 철학사가 플라톤에 대한 재해석이라고 한다면, 『비극의 탄생』은 플라톤과 정반대에 위치해 있다. 한마디로 말하면 『비극의 탄생』은 플라톤과 맞짱을 뜬 책이자, 기존의 모든 사상의 전복을 최초로 시도한 책이다. 『비극의 탄생』은 기존의 모든 사유 체계와 정반대되는 방향을 제시한 혁명적인 책이다. 이 책 안에는 우리가 물과 공기처럼 당연히 여기고 있는 기존의 모든 사상과 사유 체계를 전복하는 맹아가 있다. 28살 청년이 혼신을 담아 달뜬 열정으로 집필한 『비극의 탄생』은 인류 정신사의 새로운 길을 알려 주는 혁명적인 책이다.

2. 어떻게 읽을 것인가?

『비극의 탄생』은 일종의 서문이 세 번이나 쓰였다는 점에서 상당히 독특하다. 니체는 1872년 『음악정신으로부터 비극의 탄생』이라는 제목으로 책을 출판한다. 1886년 니체는 동일한 내용에다 「자기비판의 시도」라는 글을 달면서 『비극의 탄생 또는 그리스 문명과 염세주의』라는 제목으로 책을 다시 출판한다. 그리고 또다시 1889년에 니체는 자신의 삶을 자전적으로 고찰한 『이 사람을 보라』라는 책을 출판하면서 이 책 안에 "비극의 탄생"에 대해서 집필한다. 세 번째 글 역시 『비극의 탄생』의 읽는 방향을 제시한다는 점에서 서문으로 봐도 무리가 없다.

위에서 열거한 세 개의 글은 강조점이 각각 다르다. 니체는 1872

왼쪽부터 『음악정신으로부터 비극의 탄생』 표지, 『비극의 탄생 또는 그리스 문명과 염세주의』 표지, 『이 사람을 보라』 표지(1889년)

년 『비극의 탄생』에서 '음악정신으로부터'에 강조점을 찍고, 1886년 『비극의 탄생』에서 '그리스 문명과 염세주의'에 방점을 찍고, 1889년 『이 사람을 보라』의 "비극의 탄생"에서 '삶에의 의지'를 부각한다. 니체는 저술 기준으로 초창기, 전성기, 말년 『비극의 탄생』을 읽는 세 가지 독해법을 제시한 셈이다. 이 책을 읽는 독자라면, 당연히 세 가지 서문마다 각기 다른 니체의 의도에 따라 책을 읽어보는 게 좋다.

첫 번째 독해 방식은 '음악정신으로부터' 『비극의 탄생』을 읽는 것이다. 이 방식은 일종의 발생론적 관점에서 출발하여 음악과 비극의 관계를 집중적으로 조명한다. 이 방식대로 읽는 독자라면 비극이 음악을 토대로 언제, 어디에서 발생하고 발전했는가를 추적하고 언제, 어디에서, 무엇 때문에 몰락하는가를 찾아야 한다.

이 방식에 따른다면, 음악정신이 무엇인가를 찾아내는 게 가장 중요하다. 이 음악정신을 바탕으로 어떻게 비극이 발생했는가를 찾고, 음악정신에 토대를 둔 비극이 시민들에게 어떤 긍정적 기여를 하는가를 살펴봐야 한다. 반대로 비극에서 음악정신이 몰락하면 어떤 일이 발생하는가, 즉 비극에서 음악정신이 몰락하면 비극은 비극인가 아닌가라는 문제를 사색해 봐야만 한다. 나아가 음악의 몰락에 따른 비극의 몰락 시대는 어떤 시대인지를 살펴보는 게 역시 중요하다.

두 번째 독해 방식은 '그리스 문명과 염세주의'와 연관하여 『비극의 탄생』을 읽는 것이다. 이 방식은 현실과의 대화에서 출발하여, 비극을 문명 진단적 방법으로 살펴보는 것이다. 이 방식에 따른다면, 염세주의가 무엇인가를 찾고 이를 문명의 흥망성쇠와 연결시켜 살펴보는 게 중요하다. 또한 염세주의와 비극의 관계를 살펴보고, 어떤 문명에서 비극이 탄생하고 몰락하는가를 찾는 게 중요하다.

이 독해 방식은 기존 우리의 상식을 완전히 버리고 나서 읽어야 함을 강조한다. 우리 눈에 염세적인 것처럼 보이는 비극을 건강한 아테네 시민들은 청량음료처럼 필요로 했다는 것, 건강한 시민으로 구성된 국가 아테네, 페르시아 대제국을 몰락시킨 소규모 도시국가 아테네가 비극을 필요로 했다는 것, 염세적인 것처럼 보이는 비극이 시민들에게 건강한 정신을 제공했다는 것 등의 이유를 찾아봐야만 한다. 반대로 우리의 상식과 이론에 너무 익숙하고 건강한 것처럼 보이는 소크라테스와 그의 철학이 건강한 시민을 염세주의적으로 만드는 이유 역시 살펴봐야 한다. 니체의 가치 전복, 사유 전복의 시도는 우리가 상식적으로 알고 있는 염세주의의 전복과 비극에 대한 재평가에서 시작한다.

제목에 있는 '그리스 문명'은 모든 문명에 적용되고 비교될 수 있다. 건강한 그리스 문명은 니체 당대의 보불 전쟁에서 승리한 독일 문명과 비교될 수 있다. 더 확장하면 염세주의와 문명은 모든 시대의 문명과 사조에 적용될 수 있는 이론 틀이자, 현재 현실과 대화할 수 있는 기본 도구이다.

마지막 독해 방식은 '삶에의 의지'의 관점에서 『비극의 탄생』을 읽는 것이다. 이 방식은 기본적으로 염세주의적 독해 방식과 반대되는 것으로서 인간의 삶에의 의지를 강조한다. 이 방식은 인간에게 숙명처럼 주어진 고통과 그 고통을 이겨 내는 한 방법으로 비극을 고찰하는 것이다. 이 방식에 따른다면, 삶에 필연적으로 내재된 고통이 무엇인가 알아보고, 비극 속에서 '삶에 대한 긍정'을 찾아내는 게 가장 중요하다.

이 독해 방식은 우리의 삶이 고통으로 가득 차 있음을 전제로 한다. 인간의 삶을 고통의 바다로 바라보는 불교나 원죄에 따른 고통으로 이해하는 기독교의 견해를 따르지 않더라도, 인간의 삶이 고통 그 자체라는 것은 사실이다. 니체는 고통으로서 인간의 삶을 실레노스의 지혜로 표현한다. 대다수의 종교나 철학은 인간에게 주어진 필수적인 고통을 극복하기 위해서 금욕적이고 윤리적인 삶을 주장하고, 착하게 살아서 사후의 행복을 추구해야 한다는 만병통치약을 판다. 니체는 이런 종교적이고 철학적인 태도를 비판하고 삶이 고통스러움에도 불구하고 살 만하다고 강조한다. 니체는 비극 속에서 '삶에의 의지'라는 소중한 가치를 끌어낸다. '삶에의 의지'는 한겨울을 이겨 내고 봄에 잎을 피우는 포도나무 넝쿨과 같다. 포도 넝쿨은 디오니소스의 또 다른 표현이고, 디오니소스는 삶에의 의지를 보여 준다.

> 가장 낯설고 가장 가혹한 삶의 문제에 있어서 삶 자체에 대한 긍정; 삶에의 의지 …… 나는 이것을 디오니소스적이라고 명명한다.[73]

염세주의적 관점이 가장 짙게 녹아들어 간 것은 현재 우리가 너무나 당연하게 받아들이고 하루도 빠지지 않고 학습하는 도덕, 윤리, 종교이다. 염세주의적 관점은 고통스러운 현재 삶의 대가로 사후의 행복을 추구한다. '삶에의 의지'는 고통스럽기 때문에 삶을 포기하는 것이 아니라 삶이 고통스러움에도 불구하고 살 만한 것으로 받아들인다. '삶에의 의지'를 보여 주는 디오니소스적 가치가 꽃을 피운 것은 바로 비극이다. 비극은 염세주의적인 것이 아니라 '삶에의 의지'의 찬양이다.

'음악정신'은 니체 사상의 뿌리이자 토대이며, '염세주의'는 니체 사상의 전방위적인 비판적 태도를 구성하고, '삶에의 의지'는 니체 사상의 미래지향점이다. 이 세 가지 독해 방식은 서로 낱낱이 분리된 게 아니라 상호 연결되어 있다. 디오니소스적 가치인 '음악정신'은 염세주의적 세계관과 대립하고 삶에의 의지를 강조한다. 염세주의적 세계관을 이겨 내기 위해서는 '삶에의 의지'가 필요하고, 현재의 고통을 이겨 내기 위해서는 '음악'과 '음악정신'을 필요로 한다. '삶에의 의지'는 염세주의적 세계관과 대립되고 고통스러운 삶을 살 만한 것으로 바꾸기 위해서 '음악'과 '음악정신'의 도움을 받는다.

세 개의 서문은 출발점과 강조점이 다르지만 종착점은 같다. 니체는 세 가지 독해 방식을 시간에 따라 다르게 제시했지만, 궁극적으로 '지독하게도 고통스럽지만 그래도 살 만한 삶'을 강조한다.

이 세 가지 독해 방식이 상호 연결되어 있다고 하더라고 각각의 강조점을 달리해서 읽는 게 중요하다. 출발점이 다르면 종착점에 도달하는 과정과 길이 각각 다르다. 길이 다르면 길에서 만나는 풍경도 다르듯이, 서로 다른 출발점은 서로 다른 사상, 사유, 논리, 강조점을 만나기 마련이다. 이 책을 읽을 때는 이 세 가지 서로 다른 관점을 유지하면서도 상호 연결하며 읽는 연습이 필요하다.

3. 어떻게 구성되어 있는가?

1) 읽기의 어려움

이 세 가지 독해 방식에 익숙해졌다면, 나만의 글 읽기가 필요하다. 문명사에는 두 개의 탑이 있다. 하나는 강력한 구심력을 발휘하는 소크라테스-플라톤적인 원탑이고, 다른 하나는 원심력을 발휘하는 니체적인 첨탑이다.

소크라테스-플라톤적인 원탑은 주변의 모든 것을 자기화시키는 강력한 '중력'을 발휘한다. 소크라테스-플라톤적인 원탑은 모든 것을 끌어들여 파멸시켜 버리는 블랙홀마냥 주변의 모든 것을 게걸스럽게 먹어 치우고 도덕, 윤리, 학문과 이론, 종교 등으로 무한정 게워 낸다.

니체적인 첨탑은 뾰쪽한 끝으로 원탑에 구멍을 내고 중력의 자장권에 있는 모든 것을 달아나도록 만든다. 소크라테스-플라톤적인 원탑은 복종을 요구하는 반면, 니체적인 첨탑은 탈주를 강조한다.

니체를 읽는다는 것은 '중력'을 벗어나 탈주를 시작한다는 뜻이다. 작지만 커져 나갈 탈주를 위해서 가장 먼저 해야 할 일은 『비극의 탄생』을 나만의 방식으로 읽는 것이다. 하지만 나만의 방식으로 읽기는 쉽지 않다.

이 책은 너무 어렵다. 처음부터 끝까지 인내심을 갖고 읽었다고 해도 남는 건 아폴론과 디오니소스뿐이다. 이 책은 너무 혼란스럽다. 읽다 보면 같은 이야기가 계속 반복되는 것 같다. 아폴론과 디오니소스에서 시작하여 이 두 이름으로 끝이 나는 것처럼 보인다. 이 책은 생경하다. 이전에 우리가 알고 있는 용어와 어휘, 인물을 아주 정반대의 내용과 모습으로 바꿔 버린다. 이 책은 너무 겁난다. 우리가 보편타당하고 올바른 것으로 받아들이던 모든 것을 전면 부정한다. 이 책은 너무 흔들어 댄다. 기존의 사유 체계를 다 뒤집어 엎고 완전히 새로운 사유 방식을 들이민다.

이런 곤란을 극복하기 위한 한 가지 방법이 있다. 제목이 없는

『비극의 탄생』의 각 장과 절에 제목을 달아 보는 것이다. 각 장과 절에 제목을 달면, 글 전체의 흐름을 완전하지는 않지만 비교적 정확하게 이해할 수 있다.

2) 책의 구성

『비극의 탄생』은 「자기비판의 시도」, 「바그너에게 바치는 서문」, 그리고 25개 장의 본문으로 이뤄져 있다. 「자기비판의 시도」와 25개 장의 본문에는 제목이 없다. 여러 책들의 목차는 대개 다음과 같다.

「자기비판의 시도」
「바그너에게 바치는 서문」
25개 장의 본문

「자기비판의 시도」와 본문의 내용은 일반 독자, 심지어 전공자도 다가가기 쉽지 않다. 각 장에 제목이 없어서 읽기의 어려움이 더 가중된다. 이해를 쉽게 하기 위해 각 장과 절에 임의로 제목을 달아 보자. 이 목차를 바탕으로 니체의 의도대로 독해하고, 더 나아가 나만의 방식으로 읽기 위해서 본문의 제목을 토대로 아래와 같이 재구성해 보자. 굵은 글씨는 이해를 돕기 위해 임의로 제목을 잡아 본 것이며, 각 장에다 단 제목 역시 이해를 돕기 위해 임의로 단 것이다.

이런 구분 방법이 믿을 만한가는 4장, 10장, 15장, 20장, 24장의 마지막 절에서 찾을 수 있다. 열거한이 장들의 마지막 절은 다른 절과 문제를 완전히 달리한다. 4장의 마지막은 '지금까지 내가 이 논문의 앞머리에서 언급했던 것을 아래와 같이 다시 상술하겠다.'라고 말하면서 1~3장을 요약한다고 분명히 밝힌다. 10장, 15장, 20장, 24장의 마지막 절들은 기존의 설득력 있는 논증 문체와 완전히 다르게 웅변체로 서술한다. 그리고 5장, 11장, 21장은 앞 장들과 전혀 다른 이야기로 시작한다.

10장 마지막 절은 '신성모독자 에우리피데스여'로, 15장 마지막 절은 '이제 여기서 우리는 불안한 마음으로 현재와 미래의 문을 두드려 보자'로, 20장 마지막 절, 마지막 단락은 '자, 나의 친구들이여, 나와 함께 디오니소스적 삶과 비극의 재탄생을 믿자'로 시작한다. 24장은 '나의 친구들이여, 디오니소스적 음악을 믿는 그대들이여'로 시작한다.

이 책의 대부분 다른 절들이 논증과 추론을 바탕으로 집필되어 있다면, 위 다섯 개 장의 각 절들은 요약하거나 강력한 웅변과 호소 형식의 문체로 쓰여 있다. 니체는 문체를 달리함으로써 각각의 '비극'의 탄생을 다루고 있음을 암시한다.

3) 세 개의 서문에 근거한 구성의 기본적 이해

위의 구성을 바탕으로 세 개의 서문에 근거하여 이 책을 간략하게 요약해 보자. 이 요약은 말 그대로 간략한 요약이므로 깊은 이해를 보여 주지는 못하지만, 이 책이 어떤 주장을 말하는가를 간단하게 볼 수 있는 장점이 있다.

첫째, 위의 목차 구성을 바탕으로 1872년 『음악정신으로부터 비극의 탄생』의 관점에서 내용을 분석해 보자. '음악정신'의 관점에서 『비극의 탄생』은 무엇을 이야기하는가를 살펴보자.

'음악정신'에 근거한 분석은 이 책의 형식적 구성 내용을 간명하게 보여 주는 동시에 가장 중요한 음악정신을 강조한다. 이에 따른다면 1부는 아폴론적인 것과 디오니소스적인 것의 결합을 설명한 서문에 해당한다. 2부는 음악에 근거하여 고전적인 고대 비극의 탄생과 그 구성 요소를 다루고, 3부는 고대 비극 작가인 에우리피데스와 소크라테스에 의한 음악의 죽음과 비극의 죽음을 다루고, 4부는 르네상스에서 시작된 오페라를 '죽은' 비극으로 고찰하고, 5부는 앞의 내용 전체를 요약하는 동시에 음악의 부활과 함께 고전적 비극의 독일적 재탄생을 다룬다.

2부가 서정시, 민요, 합창가무단 등의 음악과 주인공을 중심으로 비극의 구성 요소가 무엇인지를 다룬다면, 3부와 4부는 2부에서 다룬 음악적 요소가 에우리피데스와 소크라테스에 의해 소멸하면, 음악을 중심으로 만들어진 비극 역시 죽음을 맞게 됨을 다루고, 5부는 음악이 되살아나면 비극 역시 왜, 어떻게 되살아나는지를 다룬다.

둘째, 1886년 『비극의 탄생 또는 그리스 문명과 염세주의』의 관점에서 내용을 분석해 보자. '그리스 문명과 염세주의'의 관점에서 『비극의 탄생』은 무엇을 이야기하는가를 살펴보자.

'염세주의'는 '그리스 문명'을 재단하는 도구이다. 염세주의가 지배하지 않는 문명은 '건강한' 그리스 문명이고 염세주의가 지배하는 문명은 '병든' 그리스 문명이다. 1부는 염세주의가 지배하지 않는 '건강한 그리스 문명'이다. 그리스 문명이 건강할 수 있었던 이유는 고전적인 아테네 비극이 건강하게 유지되고 있는 데에서 비롯한다. 고전적 아테네 문명은 아폴론적인 것과 디오니소스적인 것이 잘 결합된 비극이 지배하는 문명이다.

2부는 비극의 음악적 요소와 주인공을 주로 다룬다. 서정시와 민요, 합창가무단, 주인공의 고통스러운 삶으로 구성된 비극이 시민들을 건강하게 만들었다는 내용이 주를 이룬다.

3부와 4부는 염세주의가 지배하는 '병든 문명'을 다룬다. 에우리피데스와 소크라테스는 도덕을 강조하고 종교적 세계관을 열어 놓았고, 이론과 지식을 중심으로 교양이 인간을 지배하게 만들고, 인간을 계산하기 좋아하는 속물로 만든다. 그들은 시민들이 현재의 삶보다는 사후의 삶을 더 고귀한 것으로 여기게 만듦으로서 염세주의가 횡행하게 만든다. 이들의 영향을 받은 문명이 르네상스에 시작한 오페라에도 그대로 투영되었으며, 르네상스 이후 시대 역시 염세주의가 지배하는 시대가 된다.

5부는 니체 당대의 시대에 지배적인 염세주의의 조종이 울리고 있음을 다룬다. 칸트와 쇼펜하우어의 철학, 특히 베토벤과 바그너의 음악이 염세주의를 몰아낼 수 있는 가능성을 보여 준다.

마지막으로 1889년 '삶에의 의지'의 관점에서 『비극의 탄생』을 다뤄 보자. 니체가 1889년에 '삶에의 의지'를 서문으로 달아 책을 냈다고 가정해 보자. 아마도 책 제목은 『삶에의 의지의 관점에서 본 비극의 탄생』 또는 『비극의 탄생과 삶에의 의지』일 것이다.

'삶에의 의지'는 1872년 '음악정신'의 내용이자 1886년 '염세주의'의 대항마이다. 1부는 '삶에의 의지'를 북돋워 주는 요소를 다룬다. 아폴론적인 것과 디오니소스적인 것이 제대로 결합된 비극은 '삶에의 의지'를 강화시켜 준다. 특히 2부는 삶의 능동성을 다룬다. 디오니소스적 요소인 서정시, 민요는 시민들이 더불어 하나가 되게 만듦으로서 삶에 필연적으로 따르는 고통을 잊게 하고, 고통받는 주인공은 개별 시민들에게 삶의 고통을 이겨 내는 힘을 키워 준다.

3부와 4부는 '삶에의 의지'를 꺾게 만드는 내용을 다룬다. 에우리피데스와 소크라테스는 현재의 삶보다는 사후 삶을 소중하게 만들고, 도덕적이고 윤리적인 삶 또는 종교적인 금욕적인 삶을 살게 함으로써 현재의 삶을 생동감 있게 살도록 만들지 않는다. 그들은 인간들에게 현재의 삶보다는 죽음을 더 숭고하게 만드는 염세주의의 시조이다. 소크라테스의 영향을 받은 이론적 정신과 학자적 관심에서 출발한 오페라 역시 현재의 삶 속에서 형이상학적 존재자와 하나가 되지 못하게 만든다는 점에서 염세주의적이다.

5부는 삶에의 의지를 북돋워 주는 내용을 다룬다. 루터에서 시작한 새로운 찬송가는 민요적 요소를 보여 주고, 베토벤의 음악은 만인을 하나로 만들어 주고, 지크프리트의 삶은 신들의 황혼, 우상의 황혼을 가져온다.

앞에서 강조했던 것처럼, 이 책을 읽으면서 '음악정신', '염세주의', '삶에의 의지'를 상호 연결하는 동시에 분리하면서 읽는 것은 아주 중요하다.

4. 더 나은 글 읽기를 위해서

대다수의 사상이나 철학 책이나 글(우리가 아는 대부분의 글)들은 사전 준비 독서를 하면 좋다. 한 사상가의 글은 어느 날 하늘에서 뚝 떨어진 것이 아니다. 대개 사상은 현실에 닥친 문제를 해결하기 위해 출발한다. 니체는 「바그너에게 바치는 서문」에서 다음과 같이 말한다.

> 막 발발한 전쟁의 공포와 흥분 속에서 …… 우리가 독일적인 기대의 한가운데에서 소용돌이와 전환점으로서 적절하게 제기된 독일적인 문제를 얼마나 진지하게 다루고 있는지 ……

니체는 『비극의 탄생』이 현실과의 대화에서 비롯한다고 분명히 밝힌다. 하나의 글을 이해하기 위해서 그 글이 나온 당시의 정치적, 경제적, 역사적 상황 등을 살펴보면 더 좋다. 사전 정보가 많을수록 글 속에 담긴 숨은 뜻을 찾아내기도 쉽고, 그 정보를 현재에 맞춰 재해석하고 발전시킬 수 있는 가능성도 높아진다. 우리는 이 책을 읽기 위해서 니체가 다루고 있는 아테네 시대의 정치적, 사회적 배경을 미리 살펴보고, 니체가 접한 당면의 문제가 무엇인지를 살펴보기 위해서 니체가 살던 시대를 미리 알아볼 필요가 있다.

또한 우리는 이 글을 읽기 위해 많은 사전 독서를 필요로 한다. 대개의 글은 이전 사상과의 대화에서 출발한다. 『비극의 탄생』은 수많은 사상서나 철학서보다 짧은 글이지만 풍부한 사전 독서를 필요로 한다. 이 글은 비극의 내용적 독해가 아닌 음악적 이해를 시도하면서, 음악, 예술 일반, 문학, 철학, 종교 등의 영역을 전면에 다루고, 그 이면에 복잡한 정치적 상황을 깔고 있다. 이 글은 기존의 모든 사유 내용과 체계의 전복, 모든 지배 사상과 철학의 파괴를 시도하고, 소크라테스, 플라톤, 기존의 형이상학과 종교 등의 의심 불가의 성역을 하치장으로 보내야 할 쓰레기나 폐기물로 치부한다. 니체는 이러한 혁명적 전복을 시도하기 위해 기존의 모든 사상과 그 체계에 대한 철저한 이해를 바탕으로 대화를 하고 있다.

하지만 우리는 『비극의 탄생』의 현실적, 정치적, 문학적, 예술적, 철학적, 음악적 배경 등을 다 알 수 없고, 다 찾아볼 수도 없다. 이런 곤란함을 극복하기 위해서 해설 부분을 참조하면 좋다. 그래도 이해가 안 되거나 해설과 다르게 바라본다면, 아래 글들을 찾아 비교해 보는 것도 좋다.

고대 비극 작가 아이스킬로스, 소포클레스, 에우리피데스의 비극과 관련한 내용을 읽고 이해가 잘 안되면, 아이스킬로스의 『아가멤논』, 『제주를 바치는 여인들』, 『자비로운 여신들』을 최소한 읽어야 하고, 거기에 『결박된 프로메테우스』를 읽으면 도움이 된다. 소포클레스의 『오이디푸스왕』, 『콜로노스의 오이디푸스』, 『안티고네』 역시 도움이 된다. 에우리피데스의 『박코스의 여신도들』, 『키클롭스』, 『헤라클레스』, 『타우리케의 이피게네이아』, 『오레스테스』 등도 내용 파악에 도움이 된다. 특히 비극 축제의 상황과 관련해서는 『박코스의 여신도들』, 비극의 능동적 주인공과 관련해서는 『결박된 프로메테우스』, 수동적 영웅과 관련해서는 『오이디푸스왕』, 『콜로노스의 오이디푸스』를 참조하는 게 좋다.

다만 이 비극 작품을 읽으면서 주의할 게 있다. 이 비극 작품을, 우리에게 익숙한 책읽기 방식인 내용 중심으로 읽으면 안 된다. 이해하기 어렵고 실천하기 쉽지 않겠지만 니체의 조언대로라면 음악적으로 읽어야 한다. 번역어라는 한계가 있지만 합창가무단, 주인공, 등장인물의 대사를 마치 노래라고 생각하고 읊조리는 게 좋다.

고대 희극 작가 아리스토파네스의 다음 몇 가지 작품을 읽어 두면 큰 도움이 된다. 소크라테스의 기이한 행적을 그린『구름』, 아이스킬로스와 에우리피데스가 저승에서 어떤 것이 진정한 비극인가를 두고 다툼을 벌이는 내용을 묘사한『개구리』, 신 아티카 디티람보스 작가 키네시아스를 비판한『새』, 유일하게 전승되는 사티로스 극인『키클롭스』등이다.

또한 니체가 셰익스피어와 괴테를 논의한 글이 이해가 잘 안될 경우『햄릿』과 괴테의『파우스트』를 읽어 두면 좋고, 필요한 경우 부분 발췌 독서를 하면 도움이 된다. 이 두 저작은 이 책에서 자주 인용되고 있으며, 니체의 사상에서도 중요한 지위를 차지한다.

니체가 논쟁을 걸고 있는 철학 부분은 생각이 많이 다를 수 있다. 니체의 주장이 낯설거나 니체의 사상에 거부감이 느껴지면 다음 부분을 찾아 읽으면 도움이 된다. 우리가 가장 이해하기 힘든 부분은 헤라클레이토스의 사상을 다룬 글이다. 우리나라에는 소개된 적당한 글이 없다. 우리가 도움을 얻을 수 있는 것은 책세상출판사에서 나온『니체전집』1권 중 "플라톤 이전의 철학자들"과 3권 중 "그리스 비극 시대의 철학"에서 '헤라클레이토스' 부분이다.

소크라테스 4부작인『에우티프론』,『변론(변명)』,『크리톤』,『파이돈』을 읽는 것이 아주 중요하다. 니체의 평생 과업은 소크라테스의 철학적 시도의 전복이다.『비극의 탄생』은 소크라테스의 인간학적인 철학적 시도를 예술론적인 심리학으로의 전환이라고 볼 수 있다. 니체는 소크라테스를 염세주의의 시초로 보았으며, 그 염세주의가 현재까지 강력한 권력을 행사하고 있다고 진단한다. 니체의 이런 주장은 우리에게 너무 낯설고 불편하다. 이런 생각이 들면 소크라테스 4부작을 읽어 보면 도움이 된다.

니체의 형이상학 관련 부분이 이해되지 않는다면 플라톤의 여러 저작 중에서 『국가』를 대칭적으로 읽으면 도움이 된다. 니체의 평생 과업은 한 측면에서 본다면 소크라테스에서 시작되고 플라톤에서 완성된 이데아적 형이상학을 예술적인 형이상학으로의 전환이자 플라톤적인 세계관의 전복이라고 볼 수 있다. 니체는 소크라테스 사상을 정교화한 플라톤을, 결국 종교를 포함한 수많은 우상들의 실질적 아버지로 간주하고 플라톤의 사상 제국 허물기를 시도한다. 그 때문에 플라톤의 사상이 집대성된 『국가』 중에서 형이상학 관련 부분을 찾아 읽는 게 중요하다. 또한 니체의 음악, 모방, 비극, 이데아 등의 용어가 잘 다가오지 않거나, 내가 알고 있던 내용과 다르다면, 『국가』의 2~7권과 10권이 도움이 된다. 또한 색인에서 모방, 비극, 음악, 이데아 등을 찾아서 읽어 보는 것도 큰 도움이 된다.

니체가 동정과 공포, 카타르시스 등을 논쟁적으로 제기한 부분이 낯설면, 아리스토텔레스의 『시학』이 도움이 된다. 『비극의 탄생』은 한 측면에서 본다면 아리스토텔레스가 한 비극의 문학적 이해를 음악적 이해로 전환시킨 것이다. 아리스토텔레스는 비극을 예술, 예술 중에서 문학, 문학 중에서 시에 국한하는 해석을 시도하고, 비극을 동정과 공포에 근거한 카타르시스로 해석한다. 니체는 이와 반대로 비극을 예술 중에서 음악의 관점에서 해석하고, 동정과 공포를 도덕과 종교의 맹아로 해석하는 철학적 도전을 시도한다. 니체의 근원적 힘은 비극을 문학적으로 이해하는 아리스토텔레스와 달리 음악에 토대를 두고 이해한 데서 비롯한다. 니체는 이 지점에서 지금까지 비극을 해석해 왔던 관점에서 완전히 벗어날 수 있는 길을 찾아낸다.

니체의 사상 중에서 너무 생소한 내용이 나오면 쇼펜하우어의 『의지와 표상으로서의 세계 I』중에서 21장, 22장, 43장, 47장, 51장, 52장, 59장, 68장을 찾아 읽으면 좋다. 이 장들에는『비극의 탄생』의 주요 토대가 되는 의지, 비극, 삶, 시, 예술 등에 관한 쇼펜하우어의 기본 사상이 담겨 있다.『비극의 탄생』은 소크라테스와 플라톤이라는 주적을 사상과 철학에서 제거하기 위해 쇼펜하우어 사상에 의존하고 있다.『비극의 탄생』에서 니체의 주요 철학적 주장은 쇼펜하우어의 변형이라고 봐도 무방할 정도이므로, 위의 글들은 읽어 보면 도움이 될 것이다.

마지막으로 니체의 음악관과 비극관이 이해되지 않으면 다양한 설명을 찾아 읽고, 여러 음악을 듣는 게 좋다. 우선 니체는 음악철학의 많은 부분, 특히 공통성으로서의 음악을 베토벤에게 의지하여 설명한다. 이 설명이 낯설다면 베토벤의《전원》과《합창》에 충분히 심취하는 것이 좋다. 또한 베토벤 7번 교향곡을 들어 보는 것도 좋다. 베토벤은 7번 교향곡 4악장을 평가하면서 "나는 인류를 위해 좋은 술을 빚은 바쿠스(디오니소스)이며, 그렇게 빚은 술로 세상의 풍파에 시달린 사람들을 취하게 하고 싶다."[74]라는 말을 하기도 했다.

음악에 근원을 두고 있는『비극의 탄생』은 눈과 머리로 읽기보다는 몸과 마음으로 느끼는 게 훨씬 더 좋다. 쇼펜하우어가 모방음악의 전형으로 지적한 하이든의〈사계〉를 듣는 것도 좋다.

니체가 바라보는 이상적 비극에 잘 접근할 수 없다면, 현재 니체가 말한 이상적 비극을 찾아보고 싶다면, 바그너의 〈로엔그린〉, 〈트리스탄과 이졸데〉, 니벨룽겐의 반지 4부작인 〈라인의 황금〉, 〈발퀴레〉, 〈지크프리트〉, 〈신들의 황혼〉이 도움이 된다. 『비극의 탄생』은 바그너에서 시작(헌정사를 표방한 서문)하여 바그너 작품의 예시를 통한 비극의 재탄생(4부)을 설명한 글이나 다름없다. 『비극의 탄생』을 집필할 무렵, 바그너는 니체의 학문의 스승이자 인생의 동반자이자 정신적인 아버지나 다름없었다. 헌정사에서 나온 '이 길 위에 서 있는 저의 숭고한 개척자'에서 보듯이 『비극의 탄생』은 바그너의 영향을 받아 바그너를 위해 집필한 책이라고 해도 과언이 아니다. 위에서 열거한 바그너의 작품들은 니체의 입장에서 고대 아테네 비극의 재탄생과 그 내용의 현대적인 재구현이다. 이 작품을 보는 데 아주 많은 시간이 걸리고, 바그너의 음악극이 맞지 않는다고 생각한다면, 대본을 찾아 읽어 보면 좋다. 이 음악극들은 니체가 이상적으로 바라본 비극이 무엇인지 알 수 있는 데 도움이 된다.

5. 무엇을 조심해야 하는가?

이 책을 읽으면서 주의할 점은 니체가 「자기비판의 시도」에서 스스로 인정한 자신의 한계를 중심에 두고 살펴봐야 한다는 점이다.

니체는 첫째, 「자기비판의 시도」 2장에서 청년 시절 집필한 『비극의 탄생』이 '청년기의 실수로 범벅', '지나치게 사족이 많고', '질풍노도로 가득 찬 책'이라고 스스로 비판하고 있다. 니체는 '이 책이 16년이 지난 요즈음 나에게 얼마나 혐오스럽게 보이며, 얼마나 이질적으로 보이는지'라며 스스로 비판한다.

우리는 이 글을 읽으면서 니체의 전복적인 문제 제기를 충분히 받아들이되, 아직 학문적으로 원숙하지 못한 글이라는 점을 염두에 두고 읽는 게 좋다. 우리는 이 책이 기존의 사상과 그 체계 전복의 시도로서 읽되, 그 시도가 완성되었다고 봐서는 안 된다. 그 완성은 읽는 독자인 우리에게 달려 있다. 어떤 용어나 문제의식이 나오면 이와 연관된 니체의 다른 글들을 찾아 읽어 보고, 이를 우리의 현실에 맞게 다시 생각해 보는 게 필요하다.

니체는 둘째, 「자기비판의 시도」 3장에서 이 책이 논리적 부정확성과 적절한 논증 부재의 오류를 범한다고 스스로 비판한다. 이 글을 읽으면서 우리는 눈을 부라리며 니체가 논리적으로 어떤 실수를 하는지 찾아야 한다. 이런 실수를 찾아 읽는 독자라면, 아마도 최고의 지적 능력을 갖춘 독자일 것이다. 니체가 논증하지 않고 넘어간 부분이 있다면, 그 부분을 채워 읽는 것도 필요하다. 채워 읽기를 위해서는 니체의 다른 저작을 두루 섭렵할 필요가 있다. 이런 노력을 하는 독자라면, 아마도 훌륭한 사유 능력을 갖춘 독자일 것이다. 우리는 이 책이 드문드문 비어 있고 헐겁게 짜 맞춰진 글이지 완성된 글이 아니라는 점을 반드시 기억하고, 비어 있는 부분을 채워 읽는 독서를 하자.

니체는 셋째, 「자기비판의 시도」 6장에서 이 책을 집필할 당시 나만의 언어세계와 사유 형식을 가지고 있지 못했다고 스스로 비판한다. 또한 그는 '나만의 **언어**를 사용하려는 용기(또는 대담함)를 가지고 있지 않았'으며, 칸트와 쇼펜하우어와 '정반대인 미지의 새로운 가치 평가를 칸트와 쇼펜하우어의 형식을 따라 표현'함을 부끄러워하고 스스로 비판한다. 또한 그는 바그너 중심의 독일 음악이 마치 그리스 음악과 정신의 계승자인 것처럼 오판했다고 고백한다.

우리는 칸트나 쇼펜하우어의 사상과 관련된 부분이 나오면, 긴장을 하고 읽어야 한다. 니체가 칸트와 쇼펜하우어의 용어와 사상을 어떻게 변화 발전시키고 있는지 꼼꼼히 추적해서 읽어야 한다. 니체는 후일 그토록 추종했던 바그너도 부정한다. 심지어 니체는 바그너를 전면 부정한다.

그 텍스트에서 바그너라는 말이 나오면, 주저하지 말고 나의 이름이나 '자라투스트라'라는 말로 대체해도 좋다.'[75]

이 글에서 바그너라는 이름이 나오면, 우리는 바그너가 가져온 혁명적 성격에 주의를 기울이는 동시에 어떤 한계가 있는지 미리 생각하면서 읽는 게 좋다.

우리는 이 책을 읽을 때 니체가 스스로 인정한 한계를 고려하자. 우리는 이 책을 니체의 모든 것이나 전부가 아니라 모든 것의 시작점으로 받아들이도록 하자. 우리는 니체가 어린 나이에도 '노숙한 문제'를 제기한 것에 주의를 기울이고, 니체의 근본 문제의식이 무엇인가를 집중적으로 살펴보도록 하자. 우리는 여기에 나오는 각종 용어와 문제의식을 니체 사상의 출발점으로 받아들이고, 현재 우리에게 필요한 것은 무엇이고 어떻게 발전시킬지를 생각하도록 하자. 이런 독해법이 충실히 달성되었다고 한다면 이제는 나의 길이다.

나만의 독해법으로 이 책을 읽어 보자.
자, 무엇을 얻을 것이고, 무엇을 버릴 것인가?
나에게 달려 있다.

주석

1. 플라톤, 『메넥세노스』, 이정호 옮김, 135쪽.

2. 플라톤, 『메넥세노스』, 이정호 옮김, 130-133쪽.

3. 플라톤, 『메넥세노스』, 이정호 옮김, 141쪽.

4. DW-1 — Die dionysische Weltanschauung: § 1. Abgeschlossen ca. 11/08/1870.

5. NF-1870,7[122] — Nachgelassene Fragmente Ende 1870 — April 1871.

6. 다르게 말하면 국가와 관련되지 않은 일은 기록으로 남지 않았다는 뜻이기도 하다. 피티아는 사적인 일과 공적인 일을 애매하게 걸쳐 예언한 경우도 있다. 예컨대 오이디푸스가 피티아의 신탁을 받은 경우이다. 피티아는 오이디푸스에게 근친상간과 아버지 살해를 예언했지만, 이는 국가 권력을 바꾸는 일이기 때문이었다.

7. 플라톤, 『국가』, 540b.

8. 플라톤, 『법률』, 624a.

9. 플라톤, 『법률』, 662c.

10. 플라톤, 『법률』, 766b.

11. 플라톤, 『법률』, 946a.

12. 플라톤, 『법률』, 936e.

13. NF-1871,9[38] — Nachgelassene Fragmente 1871.

14. NF-1871,16[15] — Nachgelassene Fragmente Sommer 1871 — Frühjahr 1872.

15. DW-1 — Die dionysische Weltanschauung: § 1. Abgeschlossen ca. 11/08/1870.

16. Cicero, TUSCULAN DISPUTATIONS, pp. 60~61.

17. NF-1869,1[37] — Nachgelassene Fragmente Herbst 1869.

18. NF-1872,19[279] — Nachgelassene Fragmente Sommer 1872 — Anfang 1873.

19. 고대 비극에서는 합창가무단으로, 〈트리스탄과 이졸데〉에서는 합창(가무)단으로 용어를 통일하고자 했다. 바그너의 악극에서 합창단은 가무의 역할을 하지 않지만, 고대 비극에서는 합창가무단과 유사한 역할을 하기 때문이다.

20. NF-1871,9[10] — Nachgelassene Fragmente 1871.

21. DW-1 — Die dionysische Weltanschauung: § 1. Abgeschlossen ca. 11/08/1870.

22. Homer, Iliad, I , 11~13.

23. Homer, Illad, I , 582~585.

24. NF-1870,7[102] — Nachgelassene Fragmente Ende 1870 — April 1871.

25. NF-1875,11[15] — Nachgelassene Fragmente Sommer 1875.

26. NF-1875,11[15] — Nachgelassene Fragmente Sommer 1875.

27. NF-1872,19[285] — Nachgelassene Fragmente Sommer 1872 — Anfang 1873.

28. NF-1871,13[2] — Nachgelassene Fragmente Frühjahr – Herbst 71.

29. NF-1875,12[29] — Nachgelassene Fragmente Sommer – Ende September 1875.

30. WB-2 — Richard Wagner in Bayreuth: § 2. Erste Veröff. 10/07/1876.

31. 음형音型이란 몇 개 음이 연속하여 어떤 가락이나 악곡의 요소가 되는 음의 모양을 말한다.

32. https://www.gutenberg.org/files/6798/6798-h/6798-h.htm#link2H_4_0047

33. Aristotle, *Politics*, 1341a 20~1341a 24.

34. Aristotle, *Politics*, 1341b 2~1342b 7.

35. Aristotle, *Poetics*, 1349b 28.

36. Aristotle, *Politics*, 1341b 32~1342b 17.

37. Aristotle, *Poetics*, 1455b 15.

38. Aristotle, *Politics*, 1341a 26~35.

39. https://archive.org/stream/correspondencebe01schi/correspondencebe01schi_djvu.txt
    1797년 12월 9일 괴테가 실러에게 보낸 편지 중의 일부.

40. Schopenhauer, *Parerga And Paralipomena* VOLUME TWO, Tr. by E. F. J. Payne, CLARENDON
    PRESS · OXFORD UNIVERSITY PRESS. https://archive.org/stream/23341891SchopenhauerPare
    rgaAndParalipomenaV2/23341891-Schopenhauer-Parerga-and-Paralipomena-V-2_djvu.txt

41. 이에 대해서는 적절하게 설명할 수 없다. 말로 표현할 수 없는 감동을 느끼는 사람이 거의 없기 때
    문이기도 하거니와 그 느낌을 말로 표현할 수도 없기 때문이다. 형이상학적 느낌을 구체적으로
    표현한다는 것 자체가 어불성설이다. 더구나 독일인적인 시각에서 느끼는 감정과 우리가 느끼는
    감정은 다를 수밖에 없으며, 세계 시민적인 관점에서 느끼는 감정 역시 다를 것이기 때문이다. 결
    국 표현할 수 없는 감동은 스스로 느낄 수밖에 없다. 느끼지 못한다면 니체가 말하는 미학적 관객
    이 될 수 없다.

42. NF-1874,32[15] — Nachgelassene Fragmente Anfang 1874 — Frühjahr 1874.

43. NF-1881,11[251] — Nachgelassene Fragmente Frühjahr – Herbst 1881.

44. NF-1884,26[406] — Nachgelassene Fragmente Sommer – Herbst 1884.

45. WA-9 — Der Fall Wagner: Turiner Brief vom Mai 1888, § 9. Erste Veröff. 22/09/1888.

46. NF-1871,9[125] — Nachgelassene Fragmente 1871.

47. NF-1875,11[18] — Nachgelassene Fragmente Sommer 1875.

48. 플라톤, 『국가』, 378d~e.

49. WB-8 — Richard Wagner in Bayreuth: § 8. Erste Veröff. 10/07/1876.

50. NF-1875,6[12] — Nachgelassene Fragmente Sommer 1875.

51. NF-1875,6[12] — Nachgelassene Fragmente Sommer 1875.

52. 플라톤, 『국가』, 369d.

53. NF-1875,6[13] — Nachgelassene Fragmente Sommer 1875.

54. 플라톤, 『에우티프론』, 4b~c.

55. Hesiod, *Theogony*, 170~230.

56. Hesiod, *Theogony*, 450~499.

57. 플라톤, 『국가』, 377e~378e.

58. 플라톤, 『국가』, 379b.

59. NF-1870,5[31] — Nachgelassene Fragmente September 1870~Januar 1871.

60. NF-1875,6[41] — Nachgelassene Fragmente Sommer 1875.

61. NF-1873,26[16] — Nachgelassene Fragmente Frühjahr 1873.

62. NF-1885,38[5] — Nachgelassene Fragmente Juni–Juli 1885.

63. SE-6 — Schopenhauer als Erzieher: § 6. Erste Veröff. 15/10/1874.

64. NF-1884,25[271] — Nachgelassene Fragmente Frühjahr 1884.

65. FW-358 — Die fröhliche Wissenschaft: § 358. Erste Veröff. 24/06/1887.

66. 이에 대한 자세한 내용은 다음의 글을 참조한다. 이상일, 「루터의 음악 신학과 예배에서의 음악 사용」, *Korea Presbyterian Journal of Theology*, Vol. 48, No. 4, 2016. 12. 이효상, 「개혁자 마르틴 루터와 두 가지 개혁운동」, https://www.christiantoday.co.kr/news/294373

67. NF-1883,16[49] — Nachgelassene Fragmente Herbst 1883.

68. GD-Vernunft-1 — Götzen-Dämmerung: Die „Vernunft" in der Philosophie, § 1. Erste Veröff. 24/11/1888.

69. 플라톤, 『법률』, 주석 44번 참조.

70. 상징적 의미로 받아들이자. 연극이나 영화, 오페라나 뮤지컬을 보면서 눈을 감으면 아무것도 볼 수 없다. 눈에 보이는 현상에 너무 집착해서 음악적 요소를 느끼게 못하게 하지 말자.

71. Aristotle, *Poetics*, 1453b 25~35.

72. GD-Alten-5 — Götzen-Dämmerung: Was ich den Alten verdanke, § 5. Erste Veröff. 24/11/1888.

73. EH-GT-3 — Ecce homo: Die Geburt der Tragödie, § 3. Druckfertig 02/01/1889. GD-Alten-5 — Götzen-Dämmerung: Was ich den Alten verdanke, § 5. Erste Veröff. 24/11/1888.

74. www.doctorstimes.com/news/articleView.html?idxno=11899

75. EH-GT-4 — Ecce homo: Die Geburt der Tragödie, § 4. Druckfertig 02/01/1889.

디오니소스적인 것 ① 14-16, 19, 25, 29, 46, 47, 49, 61, 64, 78, 79, 83, 85-87, 102, 129, 133, 138, 140, 142, 157, 189, 190, 193-195, 197-200, 222, 224, 225, 231, 244, 250, 251, 254, 256, 264, 277, 285, 286, 293, 308, 309, 338, 376-379, 382, 383, 384, 386, 391, 395, 404, 407, 408, 409, ② 8, 20, 223, 238, 239, 245, 247, 249, 307-309, 311, 350, 351, 354-357, 366, 369-371, ③ 83, 88, 89, 94, 95, 108, 113, 115, 118, 139, 249, 257, 279, 292, 329, 330, 349, 358, 361-363, ④ 24, 27, 34, 40, 58, 59, 91, 115, 193, 194, 212-215, 221, 228, 229, 245, 250, 255, 258, 260, 262, 275, 282-284, 295, 296, 315, 324, 327-329, ⑤ 5, 23, 37, 40, 41, 51, 60, 63, 65, 66, 69, 75, 76, 78-82, 90-93, 108, 176, 179, 182, 197, 220-229, 238, 241-243
디오니소스적(인) 결합 ① 390, ② 72
디오니소스적(인) 길 ② 354, 355, ④ 137
디오니소스적(인) 보편성 ⑤ 59, 81
디오니소스적(인) 사조 ① 381, 382
디오니소스적(인) 삶 ① 406, ② 355, 368, ③ 360, ④ 309, 326, ⑤ 86, 240
디오니소스적(인) 상태 ① 193, 194, 378, ② 62, 160, 222, 317, ③ 271, 273, ④ 175, 296
디오니소스적(인) 융합 ② 239
디오니소스적(인) 음악 ① 13, 16, 183, 265, 283, 285, 287-291, 293-295, 379, 404, 406, ② 39, 50, 92, 93, 97, 103, 109, 150, 331, 333, 343, 366, 368, ③ 114, 148-152, 358, 360, ④ 21, 56, 58, 94, 105, 111, 116, 118, 122, 215, 242, 275, 284, 324, 326, ⑤ 50, 61, 78, 91, 92, 111, 155, 156, 174-176, 207, 212, 238, 240
디오니소스적(인) 주연 ① 264, 265

디오니소스적(인) 흥분 ② 225, ③ 25, 122, ⑤ 17, 24, 29, 30, 96, 98
디오니소스적(의) 시종 ① 17, 93, 283, 404, ② 127-130, 172, 173, 185, 192, ③ 24, 329, 358, ④ 84, 324, ⑤ 238
반디오니소스적 ① 290, 405, ② 355, 367, ③ 101, 221, 292, 359, ④ 325, ⑤ 238
비디오니소스적 ③ 93, 94, 107, 119, 122, ④ 111, 124, 130
디오도로스 ② 327
디티람보스(적) ① 18, 92, 266, 289, 291, 292, 382-386, ② 18, 21, 33, 47, 118, 120, 121, 122, 172, 200, 211, 214, 215, 233, 235, 374, ③ 18, 44, 243, ④ 12, 110, 117-120, 122, 257, 262, ⑤ 38, 225, 226
딜레마 ① 57, 58
딜레탕티즘 → 아마추어 참조

딜레탕티즘 → 아마추어 참조

ㄹ

라미아 ④ 195, 197, 198, 199, 200
라오다메이아 ① 327
라이트모티브 ⑤ 71, 215, 216
라케시스 → 운명의 여신 참조
레싱 ③ 66, 73, 300, 301, 308
레치타티보 ④ 9, 10, 212-215, 218, 219, 221-226, 228-236, 240, 244, 245, 249-253, 261-263, 275, 277, 283, 285-288, 342, ⑤ 46, 51, 73, 76, 209
레토 ⑤ 79
로고스 ② 42, 207, ④ 161, 168
로마 ① 240, 242, 263, 266, 268, 313, 338, 373, ② 344, 346, ③ 21, 22, 24, 39, 115, 131, 137, 225, 237, 295, 299, 306, 307, ④ 169, 231, 252, 280, 281, 294, 295, 312, ⑤ 17, 30, 31, 33, 34, 36, 37, 43, 44, 130, 131, 133, 153, 154, 164-169, 211, 213
루소 ① 129, 135, 154, 168, 346, 350, ④ 179

반성 ① 85, 139, 153, 154, ② 9, 60, 160, 164, 166, 167, ③ 238, 344, ④ 243, ⑤ 148

　자기비판 ① 11-13, 23 25, 26, 33, 35, 66, 67, 70, 75, 84, 85, 129, 131, 136, 144, 153-155, 157, 162, 170, 197, 270, 397, ② 219, 238, ③ 266

　　참회 ① 13, 153, 154, ② 166, 298, ③ 179, 344, ⑤ 137, 148

반신반인 ① 272, 313, 343, 351 ③ 30, 34, 35, 37, 38, 46, 47, 56, 218 ④ 77, 126, 127

　반인반수 ② 159, 175-177, 184, 186, 226, ③ 22, 30, 45, 47

반정치적 ② 109, ⑤ 25

반출생주의 ① 317

발레 ④ 17, 18

배심원 ② 331, ③ 172, 183, 191, 197, 204-207, 209, 236, 241, 267, ⑤ 19, 185

배우론 ② 197, ③ 112, 116

백조 ③ 259, ⑤ 6, 67, 86, 98, 120, 168

뱀 ① 152, 216, 220, 239, 275, 277, ② 45, 130, 295, ③ 99, 201, ④ 197, ⑤ 65, 168

벌거벗은 여신 ③ 300, 306, 308

베르디 ② 22

베리타스 → 영원한 진리 참조

베토벤 ① 37, 136, 178-180, 184, 186, 231, 242, 243, 244, 249, 408, 409, 414, ② 7, 31, 90, 93, 96-98, 103-105, 351, 370, 371, 376, ③ 362, 363, 368, ④ 10, 20, 39, 48, 56, 78, 104, 253, 266, 271, 273, 275, 276, 282, 299, 300, 305, 310, 328, 329, 334, ⑤ 7, 42, 43, 46, 48, 59, 113, 116, 154, 156, 167, 213, 214, 242, 243, 248

변덕 ② 282, 291, ③ 52, 59, ④ 98

변신론 ① 321, 341, 342

　신의론 ① 341

　신정론 ① 341

　호신론 ① 341

변용(적) ① 264, 278-280, 362, 366, 367, ② 198, 212, 233, 256, 266, 267, ④ 25, 27, 37, ⑤ 85, 89, 158, 189, 192, 220, 221, 223, 225

　미화 ① 278, 279, 280, 321, 347, ③ 201, ④ 166, 259, ⑤ 220

변증법(적) ① 80, 82, 85, 191, 194, 197, 198, 384, ② 47, 238, 240, 256, 257, 311, 351, ③ 113, 246

보불 전쟁 ① 7, 30-33, 35, 37-40, 42, 43, 103, 133, 135, 155, 176, 180, 399, ② 361, ③ 353, ④ 276, 283, 319, ⑤ 17, 18, 23, 32, 153, 167, 169, 172, 184, 233

보수주의 ② 136

보탄 ⑤ 204, 205, 206, 211

보편적인 나(Ichheit) → 주관적인 나(ich) 참조

본능 ① 45, 46, 49, 99, 102, 113, 115, 125, 222, 224, 232, 254-257, 262, 266, 320, 323, 324, 339, 347, 351-353, 361, 373, 374, 378, ② 36, 99, 184, 185, 191, 192, 202, 233, 267, ③ 8, 25, 84, 182, 186, 187, 190, 191, 196, 198, 199, 216-218, 267, 301, 309, 313, 315, 327, 330, 338, 339, 342, ④ 61, 64, 106-109, 112, 161, 274, ⑤ 30, 34, 97, 105, 155, 223

　모방본능 → 모방 참조

　본능적 욕망 ① 352, ③ 321, 323-326, 330, 331

　본능적 인간 ② 39

　본능적인 것 ② 180, 182, 183, 185, 186, 191, 204

　본능적(인) 정신 ④ 130

　생명 본능 ③ 330, ④ 265

　예술적 본능 ④ 221, 222, 229

　정치적 본능 ⑤ 17, 24, 25, 31

　죽음 본능 ③ 330, ④ 265

　헬레니즘적 본능 ④ 296

아이기스 ① 274-277

아이기스토스 ① 334-336, 388

아이러니 ① 34, 46-48, 50, 52, ② 127, 344,
③ 249

아이스킬로스 ① 15, 16, 40, 41, 89, 91-94,
329, 330, 411, 412, 423, ② 45, 79, 81,
82, 115, 122, 123, 125, 134, 206, 221, 235,
249, 281-283, 290, 291, 293, 294, 302-
305, 308, 309, 332, 337, 339, 340, 347-
349, 351, 353, 356, 373, 374, ③ 7, 8, 18,
30, 34-39, 41, 43, 44, 46, 47, 49, 50,
54, 63, 64, 66, 69, 71-75, 77-81, 83, 85,
88, 89, 96, 104, 121, 124, 129, 130, 138,
139, 141-144, 164, 175-181, 188, 189,
258, 263, 264, 266, 343, 344, 348, 365,
366, ④ 35, 92, 98, 104, 114, 119, 124-
126, 129, 132, 245, 258, 263, 300, 331,
332, ⑤ 43, 44, 52, 129, 225, 245, 246

아침놀 → 저녁놀 참조

아코이테스 ① 234

아킬레우스 ① 305, 306, 307, 322, 327, 343-
345, 352, 353, ② 50, 52-54, 58, 270,
274, 348, 351, ③ 115, 293, 297-299, ⑤
131

아테나 ① 228, ② 155, 195, ③ 134, ④ 100,
⑤ 185, 186

아테나이오스 ③ 142

아트레우스 ① 320, 332-336, 339, 374, ②
267, 330, 331, ⑤ 148

아트로포스 → 운명의 여신 참조

아틀라스 ② 307, 309, ⑤ 39, 40

아파레우스 ③ 304

아폴로니오스 ③ 175

아폴론 ① 14, 16-18, 191, 196, 197, 199, 205,
207-211, 213-215, 218, 219, 221, 264,
274, 275, 277-279, 282, 283, 285-287,
289, 293, 294, 296, 298, 300, 311, 362,
363, 371-377, 379, 382-384, 388, 389,
402, 404, ② 10-13, 18, 21, 33, 93, 213-
215, 260, 261, 271, 307, 308, 317, 323,
325, 340, 341, 347, 350, 353, 355-357,
364, 366, ③ 7-9, 22, 78, 95, 100, 111,
113, 117, 130, 131, 145, 147-149, 173, 174,
258, 259, 277-280, 283, 306, 329, 349,
356, 358, ④ 25, 35, 37, 40, 75, 93-95,
97, 230, 231, 233, 234, 269, 275, 296,
322, 324, ⑤ 5, 10, 17, 26-30, 35, 55, 60,
62-67, 77, 79-81, 89, 101, 103, 134, 160,
175, 222, 223, 226, 236, 238

아폴론 신전 ① 372, 389, ② 28, 211, ⑤
28, 35

아폴론적(인) 가치 ① 236, ② 209, ③
279, 280, 329, ④ 36, ⑤ 31

아폴론적(인) 꿈 ① 198, 238, 254, 353,
371, ② 10, 32, 219, 233 ⑤ 129

아폴론적(인) 문화 ① 298, 348, ④ 130,
⑤ 31, 168

아폴론적(인) 요소 ② 78, 97, 98, 102,
103, 105, 117, 247, 342, ③ 7, 108, 260,
261, ④ 21, 59, ⑤ 8, 29, 176, 178, 179

아폴론적(인) 원리 ① 16, 348, 351, 364,
371, ② 217, 219, 223, ④ 27, 40, 116

아폴론적(인) 육화 ② 220, 222

아폴론적(인) 음악 ① 285-288, 295, ②
86, 93, ③ 148-152, ④ 275

아폴론적(인) 조각가 ① 200, 354

아폴론적(인) 통찰 ① 277, 279, 280

아폴론적(인) 환상 ① 347, 351, ④ 251

아폴론적인 것 ① 14-16, 189, 190, 191, 193-
195, 197-201, 205, 224, 237, 250, 254,
256, 258, 265, 277, 285, 293, 376-384,
386, 390, 391, 395, 404, 407-409, ②
10, 20, 72, 209, 223, 237-239, 245-247,
249, 308, 309, 311, 350, 351, 353-357,
366, 369-371, ③ 83, 88, 89, 108, 113-
115, 118, 119, 122, 249, 329, 330, 349,

오이디푸스(적) ① 108, 176, 212, 316, 317, 320, 331, 332, 339, 344, 371, 374, 375, 387-390, ② 11, 12, 129, 172, 173, 249-251, 256-265, 266-281, 283, 294, 299, 300, 303, 312, 313, 316, 321, 330, 331, 355, 356, ③ 6, 38, 42, 49, 57, 60, 62, 69, 76-80, 85, 89, 90, 135, 174, 180, 262, 263, 279, 281, 335, 336, ④ 64, 65, 94, 97, 98, 126, 128, 137, 138, 179, 201, 261, 265, ⑤ 9, 72, 73, 90, 91, 99, 104, 105, 107, 129, 135-137, 144, 183, 187, 195, 211, 212, 252

오이아그로스 ③ 145

오케스트라 ② 8, 97, 104, 143, 192, 223-226, 384, ③ 44, 270, 272, ⑤ 51, 52, 54, 73, 175

오토 얀 ④ 267, 272, 273, ⑤ 116

오페라(적) ① 16, 73, 117, 250, 395, 405, 407-409, ② 8, 22, 84, 107, 124, 143, 223, 224, 226, 238, 357, 367, 369, 371, ③ 283, 346, 349, 359, 361-363, ④ 5, 9, 10, 20-22, 25, 35, 42, 43, 50, 53, 55, 149, 152, 162, 206, 211-220, 222-230, 232-236, 240-246, 248-254, 256-263, 265-271, 275, 277, 283-288, 306, 308, 312, 315, 325, 327-329, ⑤ 46, 51, 76, 94, 108-111, 122, 140, 159, 204, 205, 209, 229, 239, 241-243, 254

오필리아 ⑤ 160, 163, 168, 169

올바름 ① 52, 95, 122, 303, 318, 333, 335, 336, ② 11, 12, 166, 277, 282, 289, 290, 308, 309, 311, 356, ③ 9, 11, 71, 76, 78, 80, 81, 117-119, 166, 226, 227, 231, 243, 253, 255, 258, 264, 266, 289, 291, 294, 295, 317, 319, 335, 337, ④ 27, 67-71, 90, 91, 95, 132, 138-140, 156, 238, ⑤ 32, 110, 116, 136, 137, 145, 148, 164, 187, 190, 200

시적 올바름 ③ 258, 264-266, ⑤ 107

시적 정의 ⑤ 97, 107, 116

정의 ① 122, 134, 165, 303, ② 166, 289, 290, 304, ③ 76, 86, 89, 90, 118, 119, 166, 181, 209, 264, 289, 308, ④ 68, 138, 140, 192, ⑤ 108, 110

옴팔레 ④ 266-269

왜소화 → 평준화 참조

욕망 ① 42, 45, 123, 149, 164, 167, 207, 257, 272, 301, 303, 305, 308, 314, 321, 324, 336-339, 345, 349, 351, 352, ② 19, 27, 28, 32, 38, 42, 47, 48, 50, 52, 60, 99, 125, 177, 182, 184-186, 191, 197, 202, 226, 227, 265, 275, 277, 281, 320, 346, ③ 6, 10, 11, 45-47, 179, 182, 203, 218, 219, 226, 235, 238, 283, 291, 314, ④ 66, 101, 112, 152, 202, ⑤ 20, 45, 49, 80, 101, 102, 105, 106, 194, 195

삶에 대한 본능적 욕망 ③ 321, 323-326, 330, 331

삶의 욕망 ⑤ 7, 74, 79

우라노스 ① 300, 310, ② 278, 302, ④ 95, ⑤ 131, 144, 145

우라니아 ③ 19

우상의 황혼 → 신들의 황혼 참조

우울감 ① 62, 66

우화(시) ① 160, 215, 311, ③ 9, 10, 11, 223, 228, 230-233, 240, 241, 242, 247, 250, 253-256, 278, 283, ⑤ 38

동굴의 우화 ① 215, ③ 248

이솝 우화 ③ 222, 228, 247, 275, 277, 278

호저 우화 ⑤ 113-117

운명의 여신 ① 317, 324-328, 342, 351, ② 237, 270, 280, ③ 76, 80

모이라 ① 320, 324, 328, 339, 351, 374, ② 267, 270, 280, 282, 291, ③ 76, 80

클로토 ① 325, 326

318, 322, 324, 346, ④ 108, 314, ⑤ 143, 144

인문과학 ③ 322, 324

인문사회과학적 ① 381

자연과학(적) ③ 261, 304, 305, 313, 316, 322, 324, ⑤ 143

학문적 인식 ④ 123, 125

한스 → 몽상가 참조

합리성 ① 61, 95, 103, ② 309, 354, ③ 119, 260, ④ 158

합창가무단 ① 95, 100, 156, 222, 228, 247, 255, 256, 404, 407, 408, 412, ② 5, 8-10, 14, 15, 109, 113-115, 117-119, 121-133, 135, 136, 138-144, 146-152, 154, 159, 160, 162, 165, 166, 172-177, 179, 181-183, 186-190, 192-194, 196-199, 202-204, 210-231, 233-235, 237-239, 245, 317-319, 339, 343, 350, 366, 369, 370, 374, 382, 384, ③ 5, 9, 11, 21, 43-45, 47, 50, 51, 53, 70, 72, 74, 88, 89, 180, 188, 249, 270-275, 329, 358, 361, 362, 366, ④ 24, 34, 83, 84, 88-93, 104, 123, 124, 129, 324, 327, 328, 332, 343, ⑤ 10, 41, 50-52, 87, 122, 124, 175, 180, 204, 215, 216, 238, 241, 242, 246, 252

코로스 ② 79, 142, 144, 146, 147, 150, 382, 384, ③ 50, 136, 137, 180, ④ 293, 343

코로스론 ② 8, 9, 141, ④ 296

합창단 ② 8, 9, 117-119, 122, 153, 174, 189, 204, 216-218, 224-227, 285, ⑤ 122, 252

햄릿 ① 45, ② 9, 159, 160, 163-168, 171, ④ 88, 94, 97, 161, ⑤ 107

허무주의 ① 141, 143, 144

헌팅턴 무도병 → 성 무도병 참조

헤라 ① 233, 303, 308, 309, ② 278, 326-328, 343, ③ 146, ④ 91, 198, 267, ⑤ 160

헤라클레스(적) ② 236, 237, 332, 347-350, ③ 40, ④ 148, 231, 266-269

헤라클레이토스 ① 108-110, 215, 236, 237, 250, 412, ② 309, 310, 322, 374, ③ 53, 366, ④ 76, 79, 101, 102, 193, 201, 267, 273, 274, 305, 332, ⑤ 8, 9, 160, 201, 202, 211, 212, 246

헤로도토스 ② 318, 319, 385, ③ 249

헤르메스 ① 268, ② 303, 323, 337-339, ③ 21, 22, 130, ④ 94, 230, ⑤ 87, 88

헤시오도스 ① 209, 330, 343, 375, 423, 424, ② 30, 300-302, 385, ③ 59, 215, 216, 224, 255, 376

헥토르 ① 275, ② 274, ③ 115

헨델 ⑤ 46

헬레나 ① 145, 146, 273, ④ 183

헬레네(적) ① 17, 302, 304-310, 334, 344, 346, 354, ⑤ 209

헬레노스 ① 307

헬레니즘(적) ① 270, 341, ② 18, ③ 295, ④ 33, 35, 133, 145-147, 148, 149, 168, 176, 206, 207, 310, ⑤ 30, 31, 37

현상세계 ① 215, ② 57, 92, 181, 182, 189, ③ 332, ④ 27, 28, 41, 46, 47, 49, 52, 116, 185, 191-192, ⑤ 86, 93, 95, 98, 178, 189, 199

협화음 ④ 130, ⑤ 8, 99, 199, 200, 203

불협화음(Dissonanz)(적) ① 108, 405, ② 367, ③ 359, ④ 83, 129, 132, 137, 271, 275, 325, ⑤ 8, 10, 173, 197-203, 215, 217, 220, 221, 224, 239

형이상학 ① 5-8, 65, 66, 84, 106, 108-112, 129, 147, 149, 150, 152, 168, 179, 182-184, 186, 187, 191, 361, 364, 365, 368, 395, 411, 413, ② 7, 8, 32, 37, 59, 69, 100, 109, 137, 184, 223, 251, 282, 291, 357, 373, 375, ③ 10, 112, 140, 288, 290, 314, 318, 349, 365, 367, ④ 6, 7, 42, 49,

참고문헌

니체 저서 약어

NW, Nietzsche contra Wagner, 『니체 대 바그너』

EH, Ecce homo 『이 사람을 보라』

AC, Der Antichrist, 『안티크리스트』

NF, Nachgelassene Schriften, 『유고』

GD, Götzen-Dämmerung, 『우상의 황혼』

GM, Zur Genealogie der Moral, 『도덕의 계보학』

M, Morgenröte. 『아침놀』

JGB, Jenseits von Gut und Böse, 『선악의 저편』

ZA, Also sprach Zarathustra, 『자라투스트라는 이렇게 말했다』

GT, Die Geburt der Tragödie aus dem Geiste der Musik, 『비극의 탄생』

DW, Die dionysische Weltanschauung, "디오니소스적 세계관" - 『유고』(1870-1873년)

GG, Geburt des tragischen Gedankens, "비극적 사유의 탄생" - 『유고』(1870-1873년)

VM, Vermischte Meinungen und Sprüche, "혼합된 의견과 잠언들" - 『인간적인 너무나 인간적인 Ⅱ』

GMD, Das griechische Musikdrama, "그리스 음악 드라마" - 『유고』(1870-1873년)

ST, Das griechische Musikdrama, "소크라테스와 비극" - 『유고』(1870-1873년)

MA, Menschliches, Allzumenschliches, 『인간적인 너무나 인간적인』

CV, Fünf Vorreden zu fünf ungeschriebenen Büchern, "쓰여지지 않은 다섯 권의 책의 다섯 가지 서문" - 『유고』(1870-1873년)

WS, Der Wanderer und sein Schatten, "방랑자와 그림자" - 『인간적인 너무나 인간적인 Ⅱ』

PHG, Die Philosophie im tragischen Zeitalter der Griechen, "그리스 비극 시대의 철학" - 『유고』(1870-1873년)

WB, Richard Wagner in Bayreuth, 『바이로이트의 리하르트 바그너』

HL, Vom Nutzen und Nachteil der Historie für das Leben, "삶에 대한 역사의 공과" - 『반시대적 고찰 Ⅱ』

BA, Gedanken über die Zukunft unserer Bildungsanstalten, "우리 교양기관의 미래에 관하여" - 『유고』(1870-1873년)

FW, Die fröhliche Wissenschaft, 『즐거운 학문』

WA, Der Fall Wagner, 『바그너의 경우』

SE, Schopenhauer als Erzieher, "교육자로서의 쇼펜하우어" - 『반시대적 고찰 Ⅲ』

니체 저서 출처 표기 방식

NW-loskommen-1 — Nietzsche contra Wagner: Wie ich von Wagner loskam, § 1. Gedruckt 02/01/1889를 가지고 알아보도록 한다. NW는 니체의 독일어 원문 Nietzsche contra Wagner, 우리 번역문으로는 『니체 대 바그너』를 뜻한다. Wie ich von Wagner loskam, § 1.은 Nietzsche contra Wagner(『니체 대 바그너』) 안에 있는 1절로 '나는 바그너에게서 어떻게 벗어났는가' 장의 1절을 뜻한다. 이를 바탕으로 국내 번역본을 찾아볼 경우에는 『니체 대 바그너』의 "나는 바그너에게서 어떻게 벗어났는가"의 1절을 찾아보면 된다. 원문과 대조하고 싶을 경우에는 http://www.nietzschesource.org에 들어가서 해당 부분을 찾아보면 된다. 이 책에 사용된 인용문은 국내 역자들과 용어와 번역을 달리하고 있으므로, 다른 점을 염두에 두고 읽어야 한다.

NF-1884,25[203] — Nachgelassene Fragmente Frühjahr 1884는 조금 다른 예이다. NF는 니체가 죽은 뒤 출판된 글을 말한다. 위 예시는 니체가 1884년에 생각을 정리한 25번째 203번이란 글이다. 국내 번역본에서는 『유고』 중 1884년이란 연도가 적힌 글 중에서 25번째 203번 글을 찾아보면 된다. 원문과 대조하고 싶은 경우에는 http://www.nietzschesource.org에 들어가 확인해보면 된다.

니체 원전 자료

http://www.nietzschesource.org/

니체 한글 번역

니체전집 1 ~ 21권, 2013년, 책세상.
니체전집 1 ~ 10권, 1993년, 청하.

국내

니코스 카잔차키스, 이윤기 옮김, 『그리스인 조르바』, 열린책들, 2017.
레지날드 J. 홀링데일, 김기복·이원진 옮김, 『니체-그의 삶과 철학』, 북캠퍼스, 2017.
마키아벨리, 이남석 해제, 『군주론-시민을 위한 정치를 말하다』, 평사리, 2017.
베르길리우스, 천병희 옮김, 『아이네이스』, 숲, 2011.
셰익스피어, 박종철 옮김, 『햄릿』, 민음사, 2009.
소포클레스, 천병희 옮김, 『소포클레스 비극 전집』, 숲, 2008.
아르킬로코스, 사포 외, 『고대 그리스 서정시』, 민음사, 2018.
아르투어 쇼펜하우어, 홍성광 옮김, 『의지와 표상으로서의 세계』, 을유문화사, 2018.
아이스킬로스, 천병희 옮김, 『아이스킬로스 비극 전집』, 숲, 2011.
아리스토텔레스, 김재홍 옮김, 『정치학』, 길, 2017.
아리스토텔레스, 천병희 옮김, 『시학』, 숲, 2011.
아리스토텔레스, 이종오, 김용석 옮김, 『수사학 I, II, III』, 리젬, 2008.
아리스토파네스, 천병희 옮김, 『아리스토파네스 희극 전집 1』, 숲, 2010.
아리스토파네스, 천병희 옮김, 『아리스토파네스 희극 전집 2』, 숲, 2010.

아폴로도로스, 『원전으로 읽는 그리스 신화』, 숲, 2011.

에우리피데스, 천병희 옮김, 『에우리피데스 비극 전집 1』, 숲, 2009.

에우리피데스, 천병희 옮김, 『에우리피데스 비극 전집 1』, 숲, 2011.

오비디우스, 천병희 옮김, 『변신이야기』, 숲, 2011.

요한 볼프강 폰 괴테, 김인순 옮김, 『파우스트』, 열린책들, 2017.

크세노폰, 최혁순 옮김, 『소크라테스 회상』, 범우, 2015.

크세노폰, 오유석 옮김, 『경영론·향연』, 부북스, 2015.

크세노폰, 이은종 옮김, 『크세노폰 소작품집』, 주영사, 2016.

키케로, 김창성 옮김, 『국가론』, 한길사, 2009.

키케로, 성 염 옮김, 『법률론』, 한길사, 2007.

투퀴디데스, 『펠로폰네소스전쟁사』, 숲, 2011.

프로이트, 김인순 옮김, 『꿈의 해석』, 열린책들, 2010.

프로이트, 박성수, 한승완 옮김, 『정신분석학 개요』, 열린책들, 2009.

프로이트, 김명희 옮김, 『늑대인간』, 열린책들, 2009.

프리드리히 실러, 이재진 옮김, 『메시나의 신부』, 지식을 만드는 지식, 2011.

플라톤, 박종현 역주, 『에우티프론, 소크라테스의 변론, 크리톤, 파이돈』, 박종현 역주, 서광
    사, 2008.

플라톤, 박종현 역주, 『국가(정체)』, 한길사, 2007.

플라톤, 박종현 역주, 『법률』, 한길사, 2009.

플라톤, 김태경 옮김, 『정치가』, 한길사, 2009.

플라톤, 박종현 역주, 『필레보스』, 서광사, 2009.

플라톤, 박종현 김영균 공동 역주, 『티마이오스』, 서광사, 2000.

플라톤, 김주일 옮김, 『파이드로스』, 이제이북스, 2012.

플라톤, 강철웅 옮김, 『향연』, 이제이북스, 2011.

플라톤, 이정호 옮김, 『메넥세노스』, 이제이북스, 2008.

플라톤, 김인곤 옮김, 『고르기아스』, 이제이북스, 2011.

플라톤, 강성훈 옮김, 『프로타고라스』, 이제이북스, 2011.

플라톤, 강철웅, 김주일, 이정호 옮김, 『편지들』, 이제이북스, 2009.

플라톤, 김인곤, 이기백 옮김, 『크라튈로스』, 이제이북스, 2007.

플라톤, 김주일, 정준영 옮김, 『알키비아데스 Ⅰ, Ⅱ』, 이제이북스, 2010.

플라톤, 이상인 옮김, 『메논』, 이제이북스, 2010.

플라톤, 정준영 옮김, 『테아이테토스』, 이제이북스, 2013.

플라톤, 김주일 옮김, 『에우튀데모스』, 이제이북스, 2008.

플라톤, 이창우 옮김, 『소피스트』, 이제이북스, 2011.

플라톤, 이정호 옮김, 『크리티아스』, 이제이북스, 2007.

헤로도토스, 천병희 옮김, 『역사』, 숲, 2012.

헤시오도스, 천병희 옮김, 『신들의 계보』, 2009.

호메로스, 천병희 옮김, 『일리아스』, 숲, 2011.

호메로스, 천병희 옮김, 『오뒷세이아』, 숲, 2011.

국외

Aeschylus, tr. by Theodore Alois Buckley, *Prometheus Bound and The Seven Against Thebes*, DAVID McKAY, Philadelphia, 1987.

Aristophanes, tr. by Ian Johnston, *Clouds: A Dual Language Edition*, Faenum Publishing, Oxford, 2017.

Aristophanes, tr. by Ian Johnston, *Frogs: A Dual Language Edition*, Faenum Publishing, Oxford, 2015.

Aristophanes, *Archarnes*.

Aristophanes, tr. by Ian Johnston, *Birds: A Dual Language Edition*, Faenum Publishing, Oxford, 2017.

Aristotle, ed. by Jonathan Barnes, *The Complete Works of Aristotle*, Princeton Univ., New Jersey, 1995.

Athenaeus, tr. by C. D. Yonge, *The Deipnosophists, or Banquet of the Learned of Athenæus, Book 1*, London, 2011. https://www.gutenberg.org/files/36921/36921-h/36921-h.htm

Babich, Babette, "NIETZSCHE'S ARCHILOCHUS", *New Nietzsche Studies*, Vol. 10, Nos. 1 and 2 (Spring/Summer 2016), pp. 85~122.

Carey, C., "Archilochus and Lycambes", *The Classical Quarterly*, Vol. 36, No. 1 (1986), pp. 60~67. https://www.jstor.org/stable/638943

Davis, Malcolm., "Aristotle Fr. 44 Rose: Midas and Silenus", in *Mnemosyne*, Fourth Series, Vol. 57, Fasc. 6 (2004), pp. 682~683.

DiLeo, Daniel, "Tragedy against Tyranny", *The Journal of Politics*, Vol. 75, No. 1 (Jan. 2, 2013), pp. 254~265. https://www.jstor.org/stable/10.1017/s0022381612001004

Diogenes Laertius, tr. by C. D. Yonge, *The Lives and Opinions of Eminent Philosophers*, London, 2018. https://www.gutenberg.org/files/57342/57342-h/57342-h.htm

Euripides, tr. by Ian Johnston, *BACCHAE*, Vancouver Island University, 2003.
http://johnstoniatexts.x10host.com/euripides/bacchaepdf.pdf

Euripides, tr. by Ian Johnston, *Orestes*, Vancouver Island University, 2010.
http://johnstoniatexts.x10host.com/euripides/oresteshtml.html

Forley, Helene., "Choral Identity In Greek Tragedy", *Classical Philology*, Vol. 98, No. 1 (January 2003), pp. 1~30, The University of Chicago Press.

Henrichs, Albert., "The Last of Detractors: Friedrich Nietsche's Condemnation of Euripides" in *Greek, Roman and Byzantine Studies*, Cambridge, Mass., etc. Vol. 27, Iss. 4, (Winter 1986): 369. https://grbs.library.duke.edu/article/viewFile/4871/5431

Homer, tr. by William Cowper, *Iliad*, New York, 2005.
https://www.gutenberg.org/files/16452/16452-h/16452-h.htm

Homer, tr. by William Cowper, *The Odyssey*, New York, 2008.

Horace, tr. by C. Smart, *THE WORKS OF HORACE*, Pembroke College, Cambridge, 2004. https://www.gutenberg.org/files/14020/14020-h/14020-h.htm.

Lucretes, tr. by Cyril Bailey, *Lucretes ON THE NATURE OF THINGS*, Oxford University Press, 1948.
http://files.libertyfund.org/files/2242/Lucretius_1496_Bk.pdf
https://www.gutenberg.org/files/24269/24269-h/24269-h.htm

Davies, Malcolm., "Aristotle Fr. 44 Rose: Midas and Silenus", *Mnemosyne*, Fourth Series, Vol. 57, Fasc. 6 (2004), pp. 682~697. https://www.jstor.org/stable/4433603

Plato, ed. by John M. Cooper, *The Complete Works of Aristotle*, Hackett Publishing Company, Indiana, 1997.

Plutarch, tr. by Aubrey Stewart and George Long, *PLUTARCH'S LIVES. VOL. III. LIFE OF ALEXANDER*, London, 2004. https://www.gutenberg.org/files/14140/14140-h/14140-h. htm

Podlecki, A. J., "Archilochus and Apollo", in *Phoenix*, Vol. 28, No. 1, Studies Presented to Mary E. White on the Occasion of Her Sixty Fifth Birthday (Spring, 1974). https://www.jstor.org/stable/1087227

Schiller, Produced by Tapio Riikonen and David Widger, "Of The Cause Of The Pleasure W Derive From Tragic Objects" in *The Aesthetical Essays*. 2008. https://www.gutenberg.org/files/6798/6798-h/6798-h.htm#link2H_4_0047

Schlegel, A. W. 1846. *Vorlesungen über dramatische Kunst und Literatur I*. Vol. 5 of Sämtliche Werke, ed. E. Böcking. Leipzig. Trans. John Black under the title *Course of Lectures on Dramatic Art and Literature*(London, 1846; reprint, New York, 1973).

Schopenhauer, tr. by R. B. Haldane and J. Kemp, *The World As Will And Idea I*, Kegan Paul, Trench, Trübner & Co. London, 2011.
https://www.gutenberg.org/files/38427/38427-h/38427-h.html

Schopenhauer, tr. by E. F. J. Payne, *Parerga And Paralipomena VOLUME TWO*, CLARENDON PRESS·OXFORD UNIVERSITY PRESS, 2000.
https://archive.org/stream/23341891SchopenhauerParergaAndParalipomenaV2/23341891-Schopenhauer-Parerga-and-Paralipomena-V-2_djvu.txt

Sophocles, ed. by Lewis Campbell, *The Seven Plays in English Verse*, Oxford Univ. Press, 2004. https://www.gutenberg.org/files/14484/14484-h/14484-h.htm

Sophocles, tr. by Gilbert Murray, *King Oedipus*, Oxford Univ. London, 2008.
https://www.gutenberg.org/files/27673/27673-h/27673-h.htm

Wagner, R., tr. by William Ashton Ellis, *Beethoven*, 1896.
http://users.belgacom.net/wagnerlibrary/prose/wlpr0133.htm

Weiner, Albert, "The Function of the Tragic Greek Chorus", *Theatre Journal*, Vol. 32, No. 2(May, 1980), pp. 205~212. http://www.jstor.org/stable/3207113.

기타 자료

김애령, 이대학보, "철학자의 우정 4. 자기 극복: 니체와 바그너", 2013. 5. 27.

이상일, "루터의 음악 신학과 예배에서의 음악 사용", *Korea Presbyterian Journal of Theology*, Vol. 48, No. 4, 2016. 12.

이효상, "개혁자 마르틴 루터와 두 가지 개혁운동"
   https://www.christiantoday.co.kr/news/294373.

오페라와 바그너 음악극 대본 및 번역자료 http://www.goclassic.co.kr

http://letteraturaartistica.blogspot.com/2018/03/winckelmann-etruscan-art.html

http://www.pressian.com/news/article.html?no=68194

https://www.literarymatters.org/11-1-archilochus-122/

http://www.doctorstimes.com/news/articleView.html?idxno=142155

https://penelope.uchicago.edu/Thayer/E/Roman/Texts/Plutarch/Moralia/De_defectu_oraculorum*.html

도판 출처

35쪽 파타르 나이트 사진, wikicommons